Hütten der Schweizer Alpen
Cabanes des Alpes Suisses
Capanne delle Alpi Svizzere

D1619962

# Hütten der Schweizer Alpen

# Cabanes des Alpes Suisses

# Capanne delle Alpi Svizzere

## Remo Kundert / Marco Volken

8. vollständig überarbeitete und ergänzte Auflage
mit 330 Fotos, 6 Übersichtskarten und 314 Kartenausschnitten

8. édition, complètement revue et augmentée
avec 330 photos, 6 plans de situation et 314 extraits de carte

8. edizione interamente riveduta ed ampliata
con 330 fotografie, 6 carte d'insieme e 314 cartine sinottiche

**SAC-Verlag**
**Editions du CAS**
**Edizioni del CAS**

**Schweizer Alpen-Club SAC**
Club Alpin Suisse
Club Alpino Svizzero
Club Alpin Svizzer

© 2006 SAC-Verlag, 8. Auflage
© 2006 Editions du CAS, 8. édition
© 2006 Edizioni del CAS, 8. edizione
Alle Rechte beim Schweizer Alpen-Club SAC
Tous droits réservés par le Club Alpin Suisse CAS
Ogni diritto riservato al Club Alpino Svizzero CAS
Satz / Composition / Composizione: Marco Volken, Zürich
Karten / Cartes / Cartine: Guido Köhler, Basel; Marco Volken, Zürich
Druck / Impression / Stampa: Salvioni arti grafiche, Bellinzona
Bindung / Reliure / Rilegatura: Buchbinderei Schumacher AG, Schmitten
Printed in Switzerland
ISBN-Nr. 3–85902–240–7

# Inhaltsverzeichnis
# Table des matières
# Indice

# Zum Geleit

*«Unsere Clubhütte am Grünhorn besteht aus vier solid erstellten, ca. 4 Fuss dicken Mauern. (...) Der Grundriss ist oblong, circa 6' breit und 10' lang. Die Mauern 6' hoch. Vier Giebelbretter, in stumpfwinkligen Dreiecken zugeschnitten, gestatten, eine grosse rothe Harzdecke als Dach über die Mauern zu ziehen. Bei der Abreise wird diese Decke zusammengerollt und in der Hütte untergebracht. Der Eingang, gen Nordost gerichtet, ist schmal, nicht breiter, als um einen Mann knapp passiren zu lassen. Ein Verschluss fand sich nicht vor. Die Möblirung der Hütte besteht aus vier Blechkasten, roth angestrichen und mit den Buchstaben S.A.C. versehen, die in der Mauer eingelassen sind. In derselben eine Thee- und Kaffeemaschine, Spiritusvorräthe etc. etc. Nebenbei einen Blechkasten zur Aufnahme eines Barometers und eines Thermometers à Minima.*

*Unsere Expedition freute sich sehr in ihrem ermüdeten Zustand über die Hütte und liess die Erbauer hochleben. Dass sie fast 1000 Fr. gekostet, war ihr damals noch unbekannt, und das war gut; denn sonst wäre die Freude etwas gestört geworden. In den Gletscherregionen des Berner Oberlandes hatte Hugi während seiner Excursionen mehrere bedeckte Steinhütten mit ungleich geringeren Kosten nur mit Hilfe seiner Führer erbaut.»*

Sie waren wirklich nicht verwöhnt, die Bergsteiger im letzten Jahrhundert. Der «Generalbericht» im Jahrbuch von 1864, verfasst durch den ersten Präsidenten des Alpen-Clubs, Dr. Th. Simler, beschreibt die allererste Clubhütte und weist kurz auf die finanziellen Probleme hin. Diese haben wir auch heute noch, doch bewegen sich die Beträge in ganz anderen Grössenordnungen... Die Hütten sind in der breiten Bevölkerung zum eigentlichen Symbol für den SAC geworden.

Zum Glück kämpfen wir heutzutage wenigstens nicht mehr mit jenen «kleinen Thierchen, genannt pulex», die den frühen Alpinisten bei Übernachtungen in den Sennhütten oft zu schaffen machten. Für die allermeisten Touren in den Schweizer Alpen stehen heute saubere Clubhütten, Biwaks oder andere Unterkünfte als Ausgangspunkte zur Verfügung. Oft ist aber auch die Hütte selber das Ziel einer Mehrtages- oder Familienwanderung. Wieviele Kindheitserinnerungen sind wohl mit einer Übernachtung in den Alpen verbunden?

Zuverlässigen Unterlagen über die Alpen herauszugeben und sie so zu erschliessen, das war eines der wichtigsten Ziele des SAC. Er publizierte in den ersten Jahren seines Bestehens eine Reihe von eigenen Karten. Seit vielen Jahren geniessen die Clubführer aus dem Verlag des Alpenclubs einen ausgezeichneten Ruf. Entsprechend den vielfältigen Betätigungsformen sind in den letzten Jahren auch spezielle Führer für Kletterer, Tourenfahrer und Wanderer erarbeitet worden. Neben den Lehrschriften war besonders das Hüttenverzeichnis sehr begehrt.

Dieses Verzeichnis zeigt den Wanderern und Bergsteigern, wo sie übernachten und welche Annehmlichkeiten sie dort erwarten können. Die Adressen für die Reservationen sind ebenso aufgeführt wie die üblichen Zugänge im Sommer und im Winter. Manchmal ist bereits der Anmarsch eine Bergtour.

Es gibt mehrere SAC-Hütten, die sehr gut besucht sind, so dass es in der Saison schwierig sein kann, einen Schlafplatz zu erhalten. Für einen Drittel der Alpenclub-Unterkünfte gibt aber die Statistik eine Belegung von weniger als 20 Nächten pro Schlafplatz und Jahr an - es ist also durchaus möglich, fernab vom grossen Strom die Alpenwelt zu geniessen...

Dort ist es auch die Regel, dass der Besucher selber kocht. In den grösseren Hütten ohne separate Kochstelle ist das aus organisatorischen Gründen kaum mehr möglich. Die Hüttenwartin und der Hüttenwart sind die guten Seelen, sie sorgen für das Haus und das leibliche Wohl, und geben Auskünfte über Wetter und Verhältnisse. Sie verdienen unseren Respekt, denn die Umstände, unter denen sie ihre Arbeit erledigen, sind gar nicht immer einfach!

Marco Volken und Remo Kundert haben die bisherigen Angaben überprüft und ergänzt. Als Unterkünfte wurden neben den SAC-Hütten und -Biwaks neu auch jene Berghäuser und Hütten aufgenommen, die als Ausgangsort für beliebte Touren dienen. Das gleiche gilt für Hütten knapp jenseits der Grenze. Die beiden Autoren haben sich - nicht zuletzt aufgrund ihrer eigenen Erfahrungen - dafür eingesetzt, dass die neue Ausgabe des Hüttenverzeichnisses möglichst benützergerecht wird. Für ihre wertvolle Arbeit danke ich den beiden herzlich.

Bei der Vielzahl der Angaben ist es wahrscheinlich, dass bald einmal Veränderungen eintreten. Wir bitten die Benützer, Meldungen dazu, Anregungen und Kommentare der Geschäftsstelle des SAC, 3000 Bern 23, zukommen zu lassen. Schon jetzt herzlichen Dank für die Mitarbeit! Ich wünsche allen Lesern und Benützern viel Vorfreude, schöne Erlebnisse unterwegs und erholsame Stunden in unseren Hütten.

Oberwichtrach, im April 1998
Für die Verlagskommission des SAC: Martin Gurtner

## Vorwort zur 7. Auflage

Marco Volken und Remo Kundert haben auch für diese Ausgabe die Angaben überprüft und ergänzt. Aus dem früheren SAC-Hüttenbüchlein ist ein stattlicher Band geworden mit vielen Angaben auch zu Berghäusern und privaten Hütten, die als Ausgangspunkte für beliebte Touren dienen. Für ihre wertvolle Arbeit und die benützergerechte Aufbereitung der Daten danke ich im Namen aller Hüttenbesucher den beiden Autoren ganz herzlich.

Bei der Vielzahl der Informationen und den teilweise rasanten Veränderungen in der Umwelt ist es wahrscheinlich, dass bald einige Angaben angepasst werden müssen. Wir bitten die Benützer, Meldungen, Anregungen und Kommentare zum Hüttenverzeichnis über die Homepage des SAC-Verlags www.sac-verlag.ch oder direkt an die Geschäftsstelle des SAC, Postfach, 3000 Bern 23 zu melden. Schon jetzt und im Namen aller künftigen Benützer besten Dank für die Mitarbeit!

Ich wünsche allen Lesern und Benützern viel Vorfreude, schöne Erlebnisse unterwegs und erholsame Stunden in unseren Hütten.

Meyrin-Genf, im November 2005
Für die Verlagskommission des SAC: Hans Bräm

# Préface

«Notre cabane au Grünhorn est constituée de quatre murs solides, épais d'environ 4 pieds. (...) Le plan est rectangulaire, environ 6 pieds de large et 10 de long. La hauteur des murs est de 6 pieds. Quatre planches de fronton découpées pour former des angles obtus permettent de faire un toit en tirant une couverture de résine rouge par-dessus les murs. En repartant, cette couverture est roulée et rangée dans la cabane. L'entrée, orientée au Nord-Est est étroite, juste assez large pour laisser passer un homme. Il n'y avait pas de fermeture. Le mobilier de la cabane est constitué de quatre casiers de tôle peinte en rouge fixés au mur sur lesquels sont inscrites les lettres S.A.C. On y trouve une machine à thé et à café, des réserves d'alcool à brûler, etc. etc. A côté, un casier en tôle pour accueillir un baromètre et un thermomètre à minima.

Fourbus, les membres de notre expédition furent très heureux de trouver la cabane et louèrent ses bâtisseurs. Ils ne savaient heureusement pas encore qu'elle avait coûté presque 1000 francs; leur plaisir en aurait été altéré. En effet, dans les régions glaciaires de l'Oberland Bernois, Hugi avait, au cours de ses excursions, construit plusieurs cabanes de pierre avec l'aide de ses guides pour des coûts nettement inférieurs.»

Les alpinistes du siècle passé n'étaient vraiment pas gâtés. Dans l'annuaire de 1864, le «Rapport général» signé par le premier président du Clup Alpin, le dr. Th. Simler, décrit la toute première cabane du club et signale brièvement les problèmes financiers. Aujourd'hui, ils existent toujours, mais les montants sont d'un autre ordre de grandeur... Pour un large public, les cabanes sont devenues le véritable symbole du CAS.

Au moins, nous ne luttons plus aujourd'hui contre les «petites bêtes dénommées pulex» qui incommodaient souvent les alpinistes d'autrefois lors des nuits passées dans les cabanes de berger. A présent, l'alpiniste et le randonneur disposent de cabanes, de bivouacs ou d'autres refuges propres qui sont autant de points de départ pour la plupart des courses dans les Alpes suisses. Souvent la cabane est elle-même le but d'une excursion de plusieurs jours ou d'une randonnée familiale. Combien de souvenir d'enfance ne sont-ils pas liés à une nuit passée dans les Alpes?

L'un des objectifs les plus importants du CAS a été la publication de documents fiables sur les Alpes pour les faire connaître et encourager leur développement. Dans les premières années de son existence, il a en effet publié une série de propres cartes. Les guides publiés par les éditions du Club Alpin jouissent d'une excellente renommée depuis fort longtemps. Répondant à la multiplication de ses activités, le CAS a aussi édité des guides spéciaux pour les grimpeurs, les randonneurs à ski et les promeneurs. A côté des guides techniques, le répertoire des cabanes jouit d'un très grand intérêt.

Aux randonneurs et aux alpinistes, ce répertoire signale où passer la nuit et les commodités de chaque site. Les adresses pour les réservations, ainsi que les accès d'été et d'hiver figurent également dans le livre. Quelques fois, l'itinéraire d'accès est une course à elle seule.

En saison, certaines cabanes du CAS sont si fréquentées qu'il peut être difficile de trouver une couchette. Les statistiques révèlent toutefois qu'un tiers des refuges du CAS ne comptabilisent que 20 nuitées ou moins par couchette et par année. Il est donc encore possible de jouir de l'espace alpin à l'écart de la grande masse des touristes...

Dans ces cas, le visiteur fait lui-même sa cuisine. Dans les grandes cabanes dépourvues de cuisinière séparée, cela n'est plus possible pour des raisons d'organisation. La gardienne et le gardien jouent les bonnes âmes, s'occupent de la maison et des visiteurs, donnent des renseignements sur la météo et les conditions. Ils méritent notre respect; les conditions dans lesquelles ils travaillent ne sont pas toujours simples!

Marco Volken et Remo Kundert ont vérifié et complété les anciennes données. En plus des cabanes et des bivouacs du CAS, la nouvelle édition recense les auberges et cabanes de montagne qui servent de point de départ aux courses fréquentées, ainsi que les cabanes situées à proximité immédiate de la frontière. Sur la base de leurs propres expériences, les deux auteurs ont tout mis en oeuvre pour que la nouvelle édition du répertoire des cabanes réponde aux besoins des utilisateurs. Je les remercie cordialement pour leur précieux travail.

Les informations étant fort nombreuses, on peut prévoir que des modifications interviendront un jour ou l'autre. Nous prions les utilisateurs d'envoyer leurs remarques, propositions et commentaires au Secrétariat du CAS, 3000 Berne 23. D'avance un cordial merci pour votre collaboration! A tous les lecteurs et utilisateurs, je souhaite bonne lecture, de belles excursions et des heures de repos bien méritées dans nos cabanes.

Oberwichtrach, avril 1998
Pour la Commission des éditions du CAS: Martin Gurtner


## Préface à la 7. édition

Marco Volken et Remo Kundert ont vérifié et complété, pour cette nouvelle édition encore, les différentes indications. L'ancien livret des cabanes du CAS s'est mué en un livre respectable, comportant de nombreuses informations aussi sur des auberges de montagnes et des cabanes privées servant de point de départ pour des courses fréquentées. Au nom de tous les visiteurs des cabanes, je remercie très chaleureusement les deux auteurs de leur précieux travail ainsi que pour la présentation des données répondant aux attentes des utilisateurs.

Vu la multitude d'informations et les modifications en partie très rapides du milieu, il est probable que certaines indications devront être adaptées dans peu de temps. Nous prions donc les utilisateurs de transmettre les informations, suggestions et commentaires relatifs au livre des cabanes, en passant par le site Internet des Editions du CAS www.sac-verlag.ch ou directement au secrétariat administratif du CAS, case postale, 3000 Berne 23. Au nom de tous les futurs utilisateurs nous vous remercions d'ores et déjà de votre collaboration!

A tous les lecteurs et utilisateurs, je souhaite bien du plaisir lors de la préparation de courses, de belles aventures en route et des séjours reposants dans nos cabanes.

Meyrin-Genève, novembre 2005
Pour la Commission des éditions du CAS: Hans Bräm

# Prefazione

*«Il nostro rifugio sul Grünhorn è composto da quattro solide mura spesse circa 4 piedi. (…) Ha una pianta oblunga di circa 6' di larghezza e 10' di lunghezza. I muri sono alti 6'. Quattro timpani a triangolo ottusangolo consentono di stendere sulle mura un telone di resina rosso che funge da tetto e che viene arrotolato e riposto all'interno del rifugio prima della partenza. L'ingresso, rivolto verso nord-est, è stretto e consente a malapena il passaggio di un uomo. Non vi sono serrature. L'arredamento del rifugio consiste in quattro cassoni rossi di metallo incassati nel muro e con sopra impresse le lettere S.A.C. Dentro vi si trovano una macchina per il tè e per il caffè, scorte di spirito, ecc. ecc. Inoltre si nota un mobiletto di metallo che contiene un barometro e un termometro a minima.*

*I nostri compagni di spedizione, data la loro stanchezza, furono molto felici del rifugio e fecero un evviva per coloro che lo avevano costruito. Allora non sapevano ancora che era costato quasi 1000 franchi; tanto meglio, altrimenti questo avrebbe un poco turbato la loro gioia. Nelle regioni dei ghiacciai dell'Oberland bernese, Hugi, nel corso delle sue escursioni, aveva costruito a costi di gran lunga inferiori diversi rifugi in pietra coperti facendosi aiutare solo dalle sue guide.»*

Non si potevano certo definire viziati gli alpinisti del secolo scorso. Nel «rapporto generale» contenuto nell'annuario del 1864, il primo presidente del Club Alpino, il Dr. Th. Simler, descrive il primo rifugio in assoluto del Club e accenna brevemente ai problemi finanziari, problemi che sussistono tuttora ma che coinvolgono cifre di tutt'altra grandezza… I rifugi sono diventati per gran parte della popolazione il vero simbolo del CAS.

Almeno, per fortuna oggi non dobbiamo più lottare con quei «minuscoli animalini chiamati pulex» che spesso infastidivano i primi alpinisti durante il pernottamento nelle malghe. Oggi, per offrire un punto di partenza per la maggior parte delle escursioni nelle Alpi svizzere, il Club mette a disposizione rifugi, bivacchi o altri luoghi di stazionamento puliti. Spesso, piuttosto che un punto di partenza, il rifugio stesso costituisce la meta di un'escursione di vari giorni o di una camminata in famiglia. Quanti ricordi d'infanzia sono legati ad un pernottamento sulle Alpi?

Uno degli scopi principali del CAS è stato quello di realizzare pubblicazioni affidabili per rendere accessibili le Alpi. Nei primi anni della sua esistenza, il Club ha pubblicato una serie di carte geografiche. Da tanti anni le guide della casa editrice del Club Alpino godono di un'ottima fama e negli ultimi anni sono state realizzate anche speciali guide per le varie attività alpine: l'arrampicata, lo sci-alpinismo e l'escursionismo. Oltre ai testi didattici ha riscosso particolare successo anche il catalogo dei rifugi.

Questo catalogo indica agli escursionisti e agli alpinisti dove è possibile pernottare e quali comodità sono disponibili nei vari rifugi. Ci si trovano anche gli indirizzi per la prenotazione e dei suggerimenti per le più comuni vie di accesso percorribili d'estate e d'inverno. Talvolta anche solo il percorso fino al rifugio è un'ascensione in sé.

Svariati rifugi CAS sono molto frequentati e quindi può essere difficile trovarvi posto in alta stagione. In base alle statistiche però, in un terzo dei rifugi del Club Alpino le presenze non raggiungono 20 notti per posto letto l'anno: questo significa che è perfettamente possibile godersi il mondo delle Alpi anche lontano dalla folla…

In questi luoghi è consuetudine che sia il visitatore a cucinarsi da mangiare da solo. Nei rifugi più grandi senza fornello separato questo non è quasi più possibile per motivi organizzativi. I custodi del rifugio sono dei bonaccioni, si occupano della casa e del benessere fisico e forniscono informazioni sul tempo e sulle condizioni ambientali. Meritano il nostro rispetto perché le condizioni in cui lavorano non sono sempre delle migliori!

Marco Volken e Remo Kundert hanno controllato e integrato i dati finora disponibili. Nel nuovo catalogo hanno incluso, oltre ai rifugi e ai bivacchi del CAS, anche quelle baite e quei rifugi che servono da punto di partenza per le spedizioni più apprezzate. Lo stesso vale per i rifugi che si trovano subito oltre il confine. Entrambi gli autori si sono adoperati, specialmente anche in base alla loro esperienza personale, per rendere più pratica possibile la nuova edizione del catalogo rifugi. Per il prezioso lavoro che hanno svolto rivolgo a loro i miei più sentiti ringraziamenti.

Visto il gran numero di dati, è probabile che subentrino dei cambiamenti prima o poi. Saremo quindi lieti di ricevere dagli utenti comunicazioni, spunti e commenti che possono essere inviati al Segretariato del CAS, 3000 Berna 23. Già da ora vi siamo profondamente grati per la collaborazione! Auguro a tutti i lettori e gli utenti una gioiosa attesa, belle esperienze di viaggio e una permanenza riposante nei nostri rifugi.

Oberwichtrach, aprile 1998
Per la Commissione delle edizioni del CAS: Martin Gurtner

**Prefazione alla 7. edizione**

Anche in questa edizione Marco Volken e Remo Kundert ne hanno aggiornato ed ampliato i contenuti. Il vecchio libretto delle capanne del CAS è ormai diventato un volume importante, ricco di informazioni anche su alberghi di montagna e capanne private utili quali punti d'appoggio per ascensioni frequentate. A nome di tutti i visitatori delle capanne ringrazio vivamente i due autori per il loro prezioso lavoro e per la presentazione intelligente dei dati.

Vista la densità delle informazioni ed i cambiamenti ambientali, per certi versi molto rapidi, con ogni probabilità alcuni dati andranno già presto riveduti. Preghiamo gli utenti di comunicarci modifiche, proposte e commenti pertinenti a questa guida sul sito delle edizioni del CAS www.sac-verlag.ch o direttamente al Segretariato del CAS, casella postale, 3000 Berna 23. Un grazie cordiale sin d'ora e a nome di tutti i futuri utenti per la collaborazione!

Auguro a tutti i lettori ed utenti una piacevole attesa, tante belle esperienze in montagna e momenti rilassanti nelle nostre capanne.

Meyrin-Ginevra, novembre 2005
Per la Commissione delle edizioni del CAS: Hans Bräm

© Marco Volken
Arbenbiwak SAC

# Hinweise zum Gebrauch

## Allgemeines

Dieses Buch präsentiert in konzentrierter Form umfassende Informationen über die Hütten und Biwaks des Schweizer Alpen-Club SAC sowie über eine grosse Anzahl weiterer, alpinistisch relevanter Hütten.

Um die Angaben möglichst sprachunabhängig zu halten, werden viele Symbole und Abkürzungen verwendet. Eine zusammenfassende Zeichenerklärung auf Deutsch, Französisch, Italienisch und Englisch befindet sich jeweils auf der Innenseite der vorderen und hinteren Umschlagsklappe.

Wo weitere Erklärungen in Textform nötig sind, werden sie zweisprachig angegeben; in der Sprache der Region, in der sich die Hütte befindet, sowie in einer zweiten Landessprache.

Die Angaben stammen zum grössten Teil von den Hüttenwarten und Hütteneigentümern und werden ohne Gewähr wiedergegeben. Bekanntlich werden Hütten verändert und umgebaut, Bewartungszeiten und Hüttenwarte wechseln, und auch die Zugangswege können sich ändern. Die Monatszeitschrift des Schweizer Alpen-Clubs «Die Alpen» informiert laufend über Änderungen, die SAC-Clubhütten betreffen. Daneben finden sich unter der Internet-Adresse **www.alpenonline.ch** aktuelle Informationen, Angaben zur Anreise mit öffentlichen Verkehrsmitteln sowie weiterführende Links zu den Homepages vieler Hütten.

Dieses Verzeichnis ist eine Ergänzung zu den Landeskarten und der entsprechenden Alpinliteratur, doch niemals ein Ersatz dafür. Die Landeskarten gehören unbedingt zu einer seriösen Tourenplanung.

Einige Hütten können von weniger geübten Wanderern oder Berggängerinnen nicht erreicht werden, da die Zugangswege über Gletscher führen oder Trittsicherheit bzw. Schwindelfreiheit voraussetzen. Aus diesem Grund wird für jede Hütte die Schwierigkeit der Zustiege einzeln angegeben.

## Hütten sind keine Hotels!

Schon nur aufgrund ihres abgelegenen Standortes können Berghütten den im Flachland üblichen Komfort nicht bieten. Äusserst selten stehen Doppelzimmer oder Duschen zur Verfügung, und die Platzverhältnisse lassen bei voll belegter Hütte keine grosse Privatsphäre zu. Das möglichst reibungslose Zusammenleben vieler Menschen mit unterschiedlichen Zielen und Tagesrhythmen (Kletterer, Wanderer, Alpinisten) auf engem Raum setzt ein grosses Mass an Rücksichtnahme und Verständnis voraus. Einige wichtige Richtlinien sind in den meisten Hütten angeschlagen, und es ist selbstverständlich, dass man sich daran hält. In unbewarteten Hütten, wo kein Hüttenwart über die Einhaltung der Regelungen wacht, sollte man die Hütte so verlassen, wie man sie anzutreffen hofft – und natürlich auch alle Abfälle wieder mit ins Tal nehmen.

In den Hütten des SAC und einiger anderer Verbände geniessen die SAC-Mitglieder sowie Angehörige von Bergsteigerverbänden, welche ein Gegenrechtsabkommen unterzeichnet haben, vergünstigte Konditionen. Darüber hinaus profitieren SAC-Mitglieder auch in zahlreichen Hütten anderer Vereinigungen von reduzierten Tarifen. Vergünstigungen werden nur gegen Vorweisung des entsprechenden Clubausweises gewährt. Informationen zur Mitgliedschaft sind bei der Geschäftsstelle des Schweizer Alpen-Clubs, Postfach, 3000 Bern 23 und unter www.sac-cas.ch erhältlich.

## Das Einmaleins der Hüttenübernachtung

### Bewartete Hütten

Wann auch immer, wo auch immer: Eine Voranmeldung für die Übernachtung ist dringend empfohlen. In der bewarteten Zeit ruft man dazu direkt in der Hütte an, während der unbewarteten Zeit hingegen wendet man sich an die übrigen angegebenen Telefonnummern. Mit der Anmeldung kann man sich über die aktuellen Öffnungs- und Bewartungszeiten, die besonders anfangs und Ende Saison witterungsabhängig sind, und über die herrschenden Verhältnisse informieren.

Wer reserviert, meldet sich auch ab, falls die Tour nicht zustande kommt. Die Annullation der Reservation ist bei allen SAC-Unterkünften und bei den meisten anderen Berghütten kostenlos. Die Hüttenwarte sind aber berechtigt, eine so genannte no-show-Gebühr zu erheben, wenn Sie ausbleiben, ohne Ihre Reservation rechtzeitig abzusagen.

Nach Ankunft in der Hütte werden Schuhe, Wanderstöcke, Pickel und Steigeisen im Schuhraum deponiert, wo meist Hüttenfinken, Zoccoli oder ähnliches bereitstehen. Das Betreten der Schlafräume ist mit Bergschuhen verboten.

Anschliessend wendet man sich an die Hüttenwarte, die einem die Schlafplätze zeigen und das Hüttenbuch zum Eintrag vorlegen. Bei voll belegter Hütte werden die Übernachtungstaxe und der Preis für die Halbpension bereits jetzt einkassiert; in der Regel wird aber erst am nächsten Morgen abgerechnet, falls man nicht allzu früh los will.

Wer nasse Kleider hat, fragt am besten die Hüttenwarte nach geeigneten Trocknungsmöglichkeiten und umgeht so mögliche Konflikte.

Das Hüttentelefon steht den Gästen zur Verfügung, sofern es die Umstände erlauben. Wer mit dem Hüttentelefon telefonieren möchte, informiert den Hüttenwart und bekommt für einen Zuschlag von einigen Franken (für die Amortisierung der Funk- oder Richtstrahlverbindung) die gewünschte Leitung. Nicht alle Hütten liegen im Empfangsbereich des Mobiltelefons.

In einigen Hütten kann Wasser nicht gratis abgegeben werden, da dort zur Trinkwassergewinnung Schnee geschmolzen oder Bachwasser abgekocht werden muss. Besonders im Hochgebirge ist Wasser ein kostbares und entsprechend kostenpflichtiges Gut.

Das Nachtessen findet zu festgelegter Zeit statt, meist um etwa 18.30 Uhr. Geboten werden meistens eine Suppe zur Vorspeise, dann eine Hauptspeise und oft noch ein Dessert. Vegetarier bringen ihre Wünsche mit Vorteil bereits bei der Reservation oder spätestens bei Ankunft in der Hütte an. Vor einigen Jahren war es noch üblich, dass die Hüttenbesucher ihr Essen selber mitbrachten, und noch heute besteht in den SAC-Hütten kein Konsumationszwang. Besonders bei stark frequentierten Hütten hat es sich aber in letzter Zeit eingebürgert, die Mahlzeiten bei bewarteter Hütte vom Hüttenwart zu beziehen, da die Kochmöglichkeiten beschränkt sind. Es gilt auch zu bedenken, dass die Einnahmen aus der Konsumation die wichtigste Verdienstquelle der Hüttenwarte darstellen, da die Übernachtungstaxen meistens den Hüttenbesitzern zugute kommen. Für Mahlzeiten ist eine Vorbestellung erwünscht bzw. bei grösseren Gruppen unerlässlich. Abfälle von mitgebrachten Mahlzeiten und Getränken müssen unbedingt selber wieder ins Tal hinunter getragen werden.

In den meisten Hütten sind zudem Sandwichs, Schokolade, Brot, Müsliriegel etc. für den nächsten Tag erhältlich. Tee für den nächsten Tag («Marschtee») ist bei einigen Hütten im Übernachtungspreis inbegriffen: Die Flaschen werden meist abends durch die Hüttenwarte eingesammelt und stehen am Morgen gefüllt bereit.

Um 22.00 Uhr ist in den Hütten Nachtruhe, da vor allem Bergsteiger noch vor Tagesanbruch wieder das Weite suchen. Bei frühem Aufstehen ist es von Vorteil, noch am Vorabend alle nicht zum Schlafen benötigten Gegenstände im Rucksack zu verstauen: So kann man den Schlafraum leise verlassen, ohne gleich die anderen Gäste zu wecken. Ohropax und ein Leintuch- oder Seidenschlafsack können den Schlaf- und Liegekomfort erhöhen.

Die Frühstückszeit wird individuell mit den Hüttenwarten am Vorabend ausgehandelt. In Wanderhütten findet das Morgenessen normalerweise zwischen 06.30 und 08.00 Uhr statt, damit für die Hüttenwarte anschliessend Zeit bleibt, die Schlafräume wieder herzurichten und die Hütte auf Vordermann zu bringen, bevor die nächsten Gäste eintreffen. Das bedingt aber, dass man seine sieben Sachen im Schlafraum gleich nach dem Frühstück zusammenpackt und die Decken zusammenfaltet, um Platz für die Putzequipe zu schaffen.

Die Übernachtungstaxen betragen in den meisten SAC-Hütten für SAC-Mitglieder rund Fr. 20.– für Erwachsene, ungefähr die Hälfte für Kinder je nach Altersstufe. Nicht-Mitglieder bezahlen einen Zuschlag von Fr. 7.– bis 15.–. Die Halbpension schlägt für Erwachsene mit ungefähr Fr. 30.– zu Buche. Obwohl die Menüs in den Hütten punkto Quantität und häufig auch Qualität die Angebote in Gasthäusern übertreffen, sind die verlangten Preise für das Gebotene oft niedriger als unten im Tal.

Bitte nehmen Sie ihre Abfälle wieder ins Tal hinunter, und gehen Sie sehr sparsam mit Wasser, Elektrizität und Holzvorrat um. Die Hüttenwarte erklären ihnen gerne warum.

## Unbewartete Hütten

Alle SAC-Hütten und einige andere Berghütten verfügen über einen so genannten Winterraum, der auch in der unbewarteten Zeit geöffnet ist. Darin finden sich meist ein knappes Dutzend Schlafplätze mit Matratzen und Wolldecken, ein Heiz- und Kochofen mit Brennmaterial, Pfannen, Essgeschirr und manchmal Getränke im Selbstbedienungsverfahren.

Auch bei unbewarteten Hütten meldet man sich mit Vorteil an. Das ermöglicht den Eigentümern eine gewisse Planung und erspart Ihnen eine böse Überraschung für den Fall, dass die Hütte bereits vollständig von einer angemeldeten Gruppe belegt ist. Die beschränkten Platz- und Kochmöglichkeiten setzen bei Andrang ein grosses Mass an Absprache und sozialen Fähigkeiten voraus. Wer die Hütte als letzter verlässt, ist verantwortlich für ihren ordentlichen Zustand.

Wasser muss in vielen Fällen von Bächen geholt oder aus Schnee gewonnen werden. Gespaltenes Holz ergibt einen besseren Brennwert als grosse Holzscheite, das Kochen mit Deckel spart bis zu 70% Energie. Auch hier gilt der Grundsatz, dass man den Abfall selbst wieder ins Tal schafft. Lassen Sie Lebensmittel nur dann in der Hütte zurück, wenn es sich um haltbare Esswaren handelt, die von späteren Hüttenbesuchern realistischerweise gebraucht werden können.

Zur Begleichung der Übernachtungs- und Brennmaterialtaxe nimmt man einen Einzahlungsschein mit oder steckt das abgezählte Bargeld in einen bereitliegenden Umschlag, den man in die Hüttenkasse einwirft. Leider kommt immer wieder vor, dass viele Hüttenbenützer die Übernachtungstaxe bei unbewarteter Hütte nicht bezahlen. Wenn diese Entwicklung anhält, werden viele dieser Winterräume in Zukunft nicht mehr allen offen stehen – wie dies in den übrigen Alpenländern bereits weitgehend der Fall ist.

**Symbolerklärungen und Abkürzungen**

**Hüttenname**
In der Regel wird der von den Besitzern angegebene Hüttenname verwendet. Kleinere Abweichungen zum Eintrag in der Landeskarte sind möglich. Wo zusätzliche Namen gebräuchlich sind, werden sie in Klammern angegeben.

 **Höhenangabe und Koordinaten**
Die Höhenangabe bezieht sich auf die aktuelle Ausgabe der Landeskarte im Massstab 1 : 25 000 oder, falls die Höhenangabe fehlt, auf eine Schätzung. Die zwei sechsstelligen Zahlen unter der Höhenangabe geben die Position der Hütte an, basierend auf dem Netz der schweizerischen Landeskoordinaten. Die Koordinaten sind auf 10m gerundet. Zur Erläuterung des Koordinatensystems siehe die einschlägige Literatur (z.B. Martin Gurtner, Karten lesen, SAC-Verlag).

 **Landeskarten**
Dieses Verzeichnis basiert auf den bei Drucklegung aktuellen Ausgaben der Landeskarte im Massstab 1 : 25 000. Angegeben werden Nummer und Name des Kartenblattes im Massstab 1 : 25 000 und 1 : 50 000, auf dem die Hütte eingezeichnet ist. Die erwähnten Zustiege und Übergänge können sich jedoch auch auf benachbarten Kartenblättern befinden.

 **Hüttentelefon**
Diese Nummer bezeichnet den Telefonanschluss, unter dem die Hütte während (und vielfach auch ausserhalb) der Bewartungszeiten erreicht werden kann.

 **Eigentümer**
Unter diesem Symbol finden sich die Eigentümer der Hütte. Für Reservationen und Auskünfte sind allerdings die in den Adressfeldern angegebenen Personen zuständig.

 **Schlafplätze**
Das zweigeteilte Symbol gibt in der oberen Hälfte die Anzahl Schlafplätze bei bewarteter Hütte und in der unteren Hälfte die Anzahl Schlafplätze bei unbewarteter Hütte an.

 **Getränke**
Dieses Symbol gibt an, ob Getränke erhältlich sind. Ist das Symbol durchgestrichen, müssen Getränke selber mitgebracht werden.

 **Einfache Mahlzeiten**
Dieses Symbol gibt an, ob bei bewarteter Hütte einfache Mahlzeiten erhältlich sind. Ist das Symbol durchgestrichen, müssen alle Mahlzeiten selber mitgebracht werden.

**Halbpension**

Dieses Symbol gibt an, ob bei bewarteter Hütte Halbpension (Frühstück und Nachtessen) auf Vorbestellung erhältlich ist. Ist das Symbol durchgestrichen, gibt es keine Halbpension.

 **Kreditkarten**

Dieses Symbol weist auf die Annahme von Kreditkarten zur Bezahlung der Übernachtungstaxe und weiterer Konsumationen hin, allerdings nur bei bewarteter Hütte [VI = Visacard, MC = Euro/Mastercard, AX = American Express Card]. Bei durchgestrichenem Symbol wird der Gesamtbetrag in bar eingezogen.

 **Duvets**

Dieses Symbol gibt an, ob die Schlafplätze bei bewarteter Hütte mit Duvets (Daunendecken) ausgestattet sind. Bei offenem Symbol verfügen alle Schlafplätze über Duvets. Ist das Symbol durch eine senkrechte gestrichelte Linie unterbrochen, beschränken sich die Duvets auf einzelne Schlafplätze. Bei durchgestrichenem Symbol gibt's für alle Wolldecken statt Duvets.

 **Kochen unbewartet**

Dieses Symbol gibt an, ob bei unbewarteter Hütte eine Kochstelle, Brennmaterial und Pfannen vorhanden sind. Ist das Symbol durchgestrichen, bietet die Hütte keine eingerichtete Kochstelle.

 **Licht**

Dieses Symbol gibt an, ob die Hütte über eine Beleuchtung (auch Kerzen oder Öllampen) verfügt. Ist das Symbol durchgestrichen, ist in der Hütte kein Licht vorhanden.

 **SOS**

Dieses Symbol gibt an, ob die Hütte über ein Nottelefon oder Notfunk verfügt, mit dem auch ausserhalb der Bewartungszeiten Rettungskräfte wie Polizei oder Rettungsflugwacht alarmiert werden können. Bei durchgestrichenem Symbol befindet sich keine solche Alarmierungsmöglichkeit in der Hütte.

 **Empfang Mobiltelefon**

Dieses Symbol gibt an, ob sich die Hütte im Empfangs- und Sendebereich des Swisscom-Mobiltelefonnetzes befindet. Liegt die Hütte selbst nicht im Netzbereich, aber findet sich in Hüttennähe (2–3 Gehminuten) eine Stelle mit Empfang, ist dies im Symbol mit dem Zusatz 2'–3' angegeben. Das Symbol ist durchgestrichen, falls sich auch die nähere Hüttenumgebung bei Redaktionsschluss nicht im Netzbereich befand.

**Klettern mit Schwierigkeitsbereich**

Dieses Symbol gibt an, ob sich in Hüttennähe ein oder mehrere Klettergärten befinden. Die Ziffern in diesem Symbolfeld geben den Schwierigkeitsbereich der Routen in der französischen Skala an. Ist das Symbol durchgestrichen, so ist kein Klettergarten vorhanden.

 **Klettern für Kinder**

Dieses Symbol gibt an, ob sich in Hüttennähe ein oder mehrere speziell für Kinder eingerichtete Klettergärten befinden. Solche Klettergärten zeichnen sich durch besonders gut abgesicherte Routen mit kleinen Hakenabständen aus. Ist das Symbol durchgestrichen, so ist kein Klettergarten für Kinder vorhanden.

## Öffnungs- und Bewartungszeiten

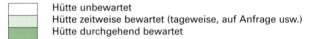

| I | II | III | IV | V | VI | VII | VIII | IX | X | XI | XII |
|---|----|----|----|---|----|-----|------|----|----|----|-----|

Dieser horizontal geteilte Balken weist in der oberen Hälfte auf die Öffnungszeiten und in der unteren Hälfte auf die Bewartungszeiten der Hütte hin.

Die Farben in der oberen Hälfte bedeuten:

Hütte durchgehend offen
Hütte zeitweise offen (tageweise, mit Schlüsseldepot, auf Anfrage)
Hütte geschlossen

Die Farben in der unteren Hälfte bedeuten:

Hütte unbewartet
Hütte zeitweise bewartet (tageweise, auf Anfrage usw.)
Hütte durchgehend bewartet

Bekanntlich ändern die Öffnungs- und Bewartungszeiten sehr oft, so dass diese Angaben nur zur Orientierung dienen. Namentlich am Anfang und am Ende der jeweiligen Saison sind die Öffnungs- und Bewartungszeiten sehr witterungsabhängig. Besonders bei teilweise offenen oder teilweise bewarteten Hütten wird eine vorgängige Anfrage dringend empfohlen.

Entsprechend liest sich der oben abgebildete Balken wie folgt:
• Anfang Februar – Mitte Mai: durchgehend offen, teilweise bewartet
• Mitte Mai – Ende Juni: durchgehend offen, unbewartet
• Anfang Juli – Ende September: durchgehend offen, durchgehend bewartet
• Anfang Oktober – Ende Oktober: teilweise offen, teilweise bewartet
• Anfang November – Ende Januar: geschlossen, unbewartet

## Adressfelder

In diesen Feldern finden sich Adressen und Telefonnummern der Hüttenwarte, der für Informationen und Reservationen zuständigen Personen, sowie allfälliger Schlüsseldepots. Die dafür verwendeten Symbole lauten:

☺ **Hüttenwart**          R **Reservationen**

i **Informationen**          ☛ **Schlüsseldepot**

## Zustiege

Die Symbole für die Zustiege sind mit Nummern versehen, die auch auf den Kartenausschnitten angegeben sind. Die Reihenfolge und Nummerierung der Zustiege entspricht nicht zwingend deren Schwierigkeit, Länge oder Üblichkeit. Nicht in diesem Verzeichnis aufgeführte Zustiegsvarianten finden sich in den Detailbeschreibungen der SAC-Clubführer.

 **Zustieg Sommer**

Dieses Symbol bezeichnet einen gebräuchlichen Hüttenzustieg im Sommer und Herbst, in der Regel also dann, wenn die Route schneefrei ist und keine Lawinengefahr droht.

 **Zustieg Winter**

Dieses Symbol bezeichnet einen gebräuchlichen Hüttenzustieg mit Ski im Winter und/oder Frühling bei günstiger Schneelage und Gefahrensituation. Das Fehlen einer ausdrücklichen Lawinenwarnung heisst nicht, dass der Zustieg auch bei erhöhter Lawinengefahr benutzbar ist. Die aktuelle Situation erfordert unter Umständen ein Abweichen von der angegebenen Zustiegsroute. Deshalb sollten Winterzustiege nur von geübten Skialpinisten mit entsprechender Ausrüstung und Erfahrung begangen werden.

 **Zustieg Sommer und Winter**

Dieses Symbol bezeichnet einen gebräuchlichen Hüttenzustieg, der sowohl im Sommer wie auch im Winter benutzt werden kann. Dies bedeutet allerdings nicht zwingend, dass er ganzjährig begehbar ist. So sind beispielsweise viele Hütten in Gletscherregionen im Frühwinter wegen der Spaltengefahr nicht erreichbar, obwohl der entsprechende Zustieg sowohl für Sommer als auch für Winter angegeben ist.


## Wegbeschreibungen

Die meisten Hüttenzustiege sind markiert, im Winter sogar teilweise mit Stangen bezeichnet, dennoch erübrigt sich eine detaillierte Wegbeschreibung nicht. Diese enthält die wichtigsten Ortsbezeichnungen, Flurnamen oder Koten aus der Landeskarte 1 : 25 000 und beginnt bei der geeigneten Haltestelle eines öffentlichen Verkehrsmittels. Die Zusatzsymbole ⛟ oder ⮢ weisen darauf hin, dass der Ausgangspunkt eines Zustiegs (auch) mit Seilbahn oder Skilift erreicht werden kann. Unter den Begriff «Seilbahn» fallen Luftseilbahnen und Sessellifte.


## Schwierigkeitsangaben

Die Bewertung der Zustiege erfolgt mit Hilfe der Schwierigkeitsskalen für Wandern, Hochtouren und Skitouren des Schweizer Alpen-Clubs SAC. Die Schwierigkeitsangaben beziehen sich immer auf günstige Verhältnisse. Bei misslichen Bedingungen (Nebel, Wind, Nässe, Schnee) können die Anforderungen rasch zunehmen. Die schwierigste Stelle einer Zustiegs bestimmt die Gesamtbewertung der Route. Folgende Abkürzungen werden gebraucht:

# Wanderungen

| Grad | Weg/Gelände | Anforderungen | Beispieltouren |
|---|---|---|---|
| **T1**<br>Wandern | Weg gut gebahnt.<br><br>Falls nach SAW-Normen markiert: gelb.<br><br>Gelände flach oder leicht geneigt, keine Absturzgefahr. | Keine, auch mit Turnschuhen geeignet.<br><br>Orientierung problemlos, in der Regel auch ohne Karte möglich. | Läntahütte,<br>Vermigelhütte, Cabane du Mont Raimeux, Cabane Mont Raimeux,<br>Capanna Pairolo,<br>Capanna Cadagno |
| **T2**<br>Bergwandern | Weg mit durchgehendem Trassee.<br><br>Falls SAW-konform markiert: weiss-rot-weiss.<br><br>Gelände teilweise steil, Absturzgefahr nicht ausgeschlossen. | Etwas Trittsicherheit. Trekkingschuhe sind empfehlenswert.<br><br>Elementares Orientierungsvermögen. | Wildhornhütte,<br>Bergseehütte,<br>Cabane d'Arpittettaz,<br>Cabane de Moiry,<br>Capanna Cristallina,<br>Capanna Piansecco |
| **T3**<br>anspruchsvolles Bergwandern | Weg am Boden nicht unbedingt durchgehend sichtbar. Ausgesetzte Stellen können mit Seilen oder Ketten gesichert sein. Evtl. braucht man die Hände fürs Gleichgewicht.<br><br>Falls markiert: weiss-rot-weiss.<br><br>Zum Teil exponierte Stellen mit Absturzgefahr, Geröllflächen, weglose Schrofen. | Gute Trittsicherheit. Gute Trekkingschuhe.<br><br>Durchschnittliches Orientierungsvermögen.<br><br>Elementare alpine Erfahrung. | Bietschhornhütte,<br>Martinsmadhütte,<br>Bivouac du Dolent,<br>Pas d'Encel–Col de Susanfe–Salanfe,<br>Capanna Cognora,<br>Capanna Ribia |
| **T4**<br>Alpinwandern | Wegspur nicht zwingend vorhanden. An gewissen Stellen braucht es die Hände zum Vorwärtskommen.<br><br>Falls markiert: weiss-blau-weiss.<br><br>Gelände bereits recht exponiert, heikle Grashalden, Schrofen, einfache Firnfelder und apere Gletscherpassagen. | Vertrautheit mit exponiertem Gelände. Stabile Trekkingschuhe.<br><br>Gewisse Geländebeurteilung und gutes Orientierungsvermögen.<br><br>Alpine Erfahrung. Bei Wettersturz kann ein Rückzug schwierig werden. | Schreckhornhütte,<br>Dossenhütte,<br>Mischabelhütte,<br>Cabane de Bertol,<br>Cabane de Saleinaz,<br>Piz Terri von der Capanna Motterascio |
| **T5**<br>anspruchsvolles Alpinwandern | Oft weglos. Einzelne einfache Kletterstellen.<br><br>Falls Route markiert: weiss-blau-weiss.<br><br>Exponiert, anspruchsvolles Gelände, steile Schrofen. Gletscher und Firnfelder mit Ausrutschgefahr. | Bergschuhe. Sichere Geländebeurteilung und sehr gutes Orientierungsvermögen.<br><br>Gute Alpinerfahrung und im hochalpinen Gelände. Elementare Kenntnisse im Umgang mit Pickel und Seil. | Stockhornbiwak,<br>Salbitbiwak,<br>Cabane de la Dent Blanche,<br>Pass Cacciabella Sud |
| **T6**<br>schwieriges Alpinwandern | Meist weglos. Kletterstellen bis II.<br><br>Meist nicht markiert.<br><br>Häufig sehr exponiert. Heikles Schrofengelände. Gletscher mit erhöhter Ausrutschgefahr. | Ausgezeichnetes Orientierungsvermögen.<br><br>Ausgereifte Alpinerfahrung und Vertrautheit im Umgang mit alpintechnischen Hilfsmitteln. | Eiger-Ostegghütte,<br>Glärnisch Guppengrat,<br>Sex Rouge–Refuge de Pierredar,<br>Via Alta della Verzasca |

## Anwendungs- und Interpretationshinweise

Die Touren im Bereich des Berg- und Alpinwanderns werden jeweils unter der Annahme günstiger Verhältnisse bewertet, also bei guter Witterung und Sicht, trockenem Gelände, geeigneter Schnee- und Firnbedeckung usw.

Unter **«bewanderbaren» Gletschern** versteht die Wanderskala Folgendes: Gletscher und Firnfelder, die im Sommer bei normalen Verhältnissen soweit ausgeapert werden, dass allfällige Spalten sicher erkennbar sind und ohne Spaltensturzgefahr umgangen werden können. (Dies entspricht der Realität auf verschiedenen Hüttenwegen). Unter diesen Voraussetzungen ist eine Hochtourenausrüstung nicht erforderlich. Es versteht sich aber von selbst, dass auf solchen Touren bei ungünstigen Verhältnissen eine elementare Ausrüstung (Anseilmaterial, Steigeisen) und Kenntnisse über deren Anwendung erforderlich sein kann.

Ein ernstes und immer wieder zu heiklen Situationen führendes Missverständnis ist die Annahme, dass Wandern dort aufhört, wo die Hochtourenskala einsetzt. In Wirklichkeit ist eine Alpinwanderung im oberen Schwierigkeitsbereich (T5, T6) in aller Regel bedeutend anspruchsvoller als beispielsweise eine Hochtour mit der Bewertung L. Ein wesentlicher Unterschied zur leichten Hochtour liegt darin, dass auf einer T5 oder T6 Route (früher BG) selten bis nie mit Seil oder sonstigen Hilfsmitteln gesichert werden kann und deshalb das entsprechende Gelände absolut beherrscht werden muss, was ein hohes technisches wie auch psychisches Niveau erfordert. Typische Beispiele dazu sind extrem steile Grashänge, wegloses Schrofengelände mit schlechtem Fels oder sehr exponierte Gratpassagen. Auf Grund der unterschiedlichen Merkmale einer typischen Hochtour und einer typischen «Extremwanderung» lässt sich ein Vergleich kaum anstellen, doch kann man davon ausgehen, dass **eine T6 Route vergleichbare Anforderungen stellt wie eine Hochtour im Bereich von WS bis ZS–!**

## Hochtouren / Skitouren

| | | |
|---|---|---|
| **L** | leicht | Diese Schwierigkeitsbewertungen beziehen sich auf Zustiege mit hochalpinem Charakter (Gletscher, steile Firnfelder, Grate, Fels) oder auf potentiell lawinengefährdete Winterzustiege. Hochalpine Ausrüstung und entsprechende Kenntnisse sind unbedingt erforderlich. |
| **WS** | wenig schwierig | |
| **ZS** | ziemlich schwierig | |
| **S** | schwierig | |

Das Symbol ⟋ weist darauf hin, dass der Zustieg über Gletscher oder Firn führt. Beim Symbol 〰 wurden entlang des Zustiegs künstliche Sicherungen wie Leitern oder Fixseile angebracht. Das Symbol ◀⁞ weist auf die Durchquerung eines unbeleuchteten Stollen oder Tunnels hin, eine Taschenlampe kann dort sehr nützlich sein.

### Zeitangaben

Bei den Zeitangaben handelt es sich um Durchschnittszeiten bei guten Verhältnissen für geübte Berggänger mit Rucksack. Bei Zustiegen mit Winter- und Sommersymbol gelten die Zeitangaben lediglich für den Aufstieg im Sommer; Zeitbedarf sowie Anforderungen im Winter können je nach Verhältnissen stark von den Angaben für den Sommer abweichen.

 **Haltestellen öffentliche Verkehrsmittel Sommer/Winter**

Diese Felder geben Auskunft über die geeigneten Haltestellen öffentlicher Verkehrsmittel (Bahn, Bus, Taxi, Seilbahn oder Skilift) zu den aufgeführten Zustiegen im Sommer bzw. im Winter.

 Bahnen. Standseilbahnen gehören auch in diese Kategorie.

 Busse. Darunter fallen auch Ortsbusse, die evtl. im Kursbuch nicht aufgeführt sind. Fahrplanauskünfte beim lokalen Verkehrsverein.

 Taxi. Die mit diesem Symbol bezeichneten Strassen sind unter Umständen nicht für den privaten Verkehr geöffnet, oder nur mit einer Spezialbewilligung befahrbar. Ein Verzeichnis verschiedener Alpen-Taxis in der Schweiz ist unter www.alpentaxi.ch sowie in gedruckter Form bei Mountain Wilderness Schweiz, Postfach 1622, 8040 Zürich, erhältlich. In der Regel erteilen auch die Hüttenwarte Auskunft über Taxiunternehmen ihrer Region.

 Seilbahnen und Sessellifte. Telefonnummern von Anlagen, die im Kursbuch nicht aufgeführt sind, werden zusätzlich angegeben.

↳ Skilifte. Nur saisonal in Betrieb.

 **Übergänge**

Unter diesem Symbol findet sich eine Auswahl möglicher Übergänge zu weiteren Hütten oder Ortschaften. Einige dieser Übergänge sind nur mit hochalpiner Ausrüstung und entsprechender Erfahrung begehbar. Informationen darüber finden sich in den SAC-Clubführern des jeweiligen Gebietes.

© Remo Kundert

Cabane de Valsorey CAS

# Pour bien utiliser ce guide

## Généralités

Ce livre contient, sous forme condensée, de nombreuses informations sur les cabanes et les abris-bivouacs du Club Alpin Suisse (CAS) ainsi que sur un grand nombre d'autres refuges présentant un intérêt pour la pratique de la montagne.

Afin que ce guide ne devienne pas trop volumineux, nous avons eu recours aux pictogrammes et aux abréviations pour les définitions fréquemment utilisées. L'explication des pictogrammes en allemand, français, italien et anglais figure au début et à la fin du livre, à l'intérieur de la jaquette. Dans certains cas, pour en faciliter la compréhension, certains éclaircissements sont donnés sous forme de texte et en deux langues: dans la langue de la région où se trouve la cabane et dans une seconde langue nationale.

Nos informations proviennent en général des gardiens et des propriétaires de cabane et sont donc données à titre indicatif. Il peut arriver qu'entretemps des cabanes soient transformées et rénovées, que les périodes d'ouverture et les gardiens changent, idem pour les chemins d'accès. Dans la revue mensuelle du Club Alpin Suisse «Les Alpes», toutes les informations concernant les cabanes du club sont régulièrement mises à jour. De plus, sous l'adresse Internet **www.alpesonline.ch** on trouve des informations actuelles, les indications pour l'accès au moyen des transports publics et les liens aux homepages de nombreuses cabanes.

Ce guide complète les Cartes nationales et la littérature alpine mais ne les remplace en aucun cas. Les Cartes nationales font partie de toute préparation sérieuse à une randonnée ou une course d'alpinisme.

Il y a des cabanes que les randonneuses ou randonneurs moins expérimentés devront laisser de côté car leur accès emprunte du terrain glaciaire ou exige d'avoir le pied sûr et de ne pas être sujet au vertige. C'est la raison pour laquelle chaque montée est aussi évaluée en fonction de sa difficulté.

## Les cabanes ne sont pas des hôtels!

Situées souvent dans des lieux isolés, les refuges de montagne ne peuvent offrir le confort auquel on est habitué en plaine. Chambres doubles et douches sont extrêmement rares et quand les cabanes affichent complet, il ne faut pas compter sur beaucoup d'intimité. Pour que la vie en commun se déroule sans anicroches malgré la promiscuité entre des gens aux objectifs divergeants et au rythmes de vie dissemblables (grimpeurs, randonneurs, alpinistes), il importe que chacun se montre respectueux et compréhensif envers les autres. Dans la plupart des cabanes, quelques règles de base sont affichées et il est clair que l'on doit s'y tenir. Dans les cabanes non gardées, là où il n'y a personne pour veiller à ce que les règles soient respectées, il va de soi qu'on quitte la cabane dans l'état où l'on souhaite la trouver – et que chacun redescend ses ordures dans la vallée.

Dans les cabanes du CAS et de quelques autres propriétaires, les membres du CAS ainsi que les membres des associations d'alpinisme ayant signé une convention de réciprocité, bénéficient de conditions avantageuses. Les membres CAS profitent en outre de tarifs réduits dans de nombreuses cabanes d'autres organisations. Ces avantages ne sont accordés que sur présentation de la carte de membre du club. Des informations sur l'adhésion peuvent être obtenues au secrétariat administratif du Club Alpin Suisse, case postale, 3000 Berne 23, ou sous www.sac-cas.ch.

## Le B. A.-BA des séjours en cabane

### Cabanes gardiennées

N'importe quand, n'importe où: une annonce préalable pour la nuitée est toujours vivement recommandée. Pour cela, en période de gardiennage, on appellera directement la cabane, hors gardiennage on s'adressera aux autres numéros de téléphone indiqués. En même temps, on a la possibilité de se renseigner sur les périodes actuelles d'ouverture et de gardiennage qui, en particulier au début et à la fin de saison, dépendent de la météo, ainsi que sur les conditions des accès et des courses.

Celui qui a réservé sa place avertit également si la course n'a pas lieu. L'annulation de la réservation est gratuite dans toutes les cabanes du CAS et dans la plupart des autres logements alpins. Cependant, les gardiens sont autorisés d'exiger le paiement d'une taxe d'annulation «no-show» au cas où vous ne vous présenteriez pas sans révocation de votre réservation.

En arrivant à la cabane, on dépose les chaussures, bâtons, piolets et crampons au local des chaussures, où l'on trouve en général des pantoufles de cabane, des sabots ou semblables. Il est interdit de pénétrer dans les dortoirs avec les souliers de montagne.

Ensuite, on s'approche des gardiens qui nous assigneront les couchettes et nous présenteront le livre de cabane afin de nous inscrire. Parfois, si la cabane est fortement occupée, les taxes de nuitée et pour la demi-pension sont déjà encaissées en ce moment; mais en règle générale les comptes seront réglés le matin, pour autant que le départ ne soit pas trop matinal.

Si l'on a des habits mouillés, le mieux est de demander au gardien les possibilités de séchage, évitant ainsi des possibles conflits.

Dans la mesure des possibilités, le téléphone de la cabane est a disposition des hôtes. Celui qui désire utiliser le téléphone de la cabane s'adressera au gardien et, contre paiement de quelques francs (pour l'amortissement de la liaison radio ou hertzienne), obtient la ligne désirée. Toutes les cabanes ne sont pas situées dans le périmètre de réception de la téléphonie mobile.

Dans certaines cabanes, l'eau ne peut pas être distribuée gratuitement, car pour obtenir de l'eau potable il faut fondre la neige ou cuire l'eau du ruisseau. En haute montagne en particulier, l'eau est un bien précieux et doit par conséquent être facturée.

Le repas du soir est pris à une heure fixe, normalement autour de 18h30. En général, il y a un potage comme entrée suivi du plat principal et souvent encore d'un dessert. Les végétariens ont avantage d'exprimer leurs désirs déjà lors de la réservation, mais au plus tard au moment de l'arrivée à la cabane. Il y a quelques années, il était encore d'usage que les visiteurs apportent eux-mêmes leur nourriture, et aujourd'hui encore les cabanes du CAS ne connaissent aucune obligation de consommation. Cependant, en particulier dans les cabanes gardiennées et très fréquentées, le recours aux repas du gardien s'est imposé, du fait des possibilités très limitée de cuisiner soi-même. Il faut aussi prendre en compte que les recettes générées par les consommations représentent la principale source de revenu pour le gardien, les taxes de nuitée revenant généralement au propriétaire de la cabane. Pour les repas, la commande préalable est souhaitée, voire obligatoire pour les groupes plus importants. Les déchets provenant des repas et boissons apportés par soi-même doivent évidemment être ramenés dans la vallée.

Dans la majorité des cabanes on peut, en plus, obtenir des sandwiches, du chocolat, du pain, des barres de céréales, etc. pour le lendemain. Dans certaines cabanes, le thé pour le lendemain («thé de route») est compris dans la taxe de nuitée: en général les gourdes sont collectées le soir par les gardiens pour être à disposition au petit matin.

Dans les cabanes, l'extinction des feux est fixée à 22.00 h, puisque des alpinistes surtout repartent bien avant l'aurore. En cas de départ très matinal, il est conseillé de ranger dans le sac à dos tous les objets non nécessaires pour la nuit la veille déjà: ainsi on pourra quitter le dortoir sans faire du bruit, sans réveiller les autres hôtes. Les tampons auriculaires (Ohropax) et un sac de couchage en drap ou en soie peuvent améliorer le confort de la couche et du sommeil.

L'heure du petit déjeuner est fixée individuellement avec les gardiens le soir. Dans les cabanes de randonnée, le petit déjeuner est normalement servi entre 06h30 et 08h00, de sorte que les gardiens disposent du temps nécessaire pour mettre en ordre les dortoirs et préparer la cabane avant l'assaut des hôtes suivants. La condition en est cependant que tout le monde récupère ses affaires dans le dortoir et plie les couvertures immédiatement après le petit déjeuner, afin que l'équipe de nettoyage puisse entrer en action.

Les taxes de nuitée se situent dans la plupart des cabanes du CAS autour des 20 frs pour les membres CAS adultes, à peu près la moitié pour les enfants en fonction de l'âge. Les non membres paient un supplément entre 7 et 15 frs. Pour la demi-pension, il faut compter environ 30 frs pour les adultes. Bien que les menus dans les cabanes dépassent ceux offerts dans les auberges en ce qui concerne la quantité et souvent aussi la qualité, le prix demandé est fréquemment inférieur à ceux de la vallée.

Veuillez s.v.p. reprendre vos déchets pour les déposer dans la vallée, et utilisez parcimonieusement l'eau, l'électricité et les réserves de bois. Les gardiens vous expliquent volontiers les raisons.

## Cabanes non gardiennées

Toutes les cabanes du CAS et quelques autres cabanes en montagne disposent de ce que l'on appelle local d'hiver, ouvert également en période non gardiennée. On y trouve en général une petite douzaine de couchettes dotées de matelas et de couvertures, un poêle servant au chauffage et à la cuisson, ainsi que combustible, casseroles, vaisselle et parfois même des boissons en self-service.

Même pour les cabanes non gardiennées on a intérêt à s'annoncer. Ceci permet au propriétaire une certaine planification et vous évite une mauvaise surprise dans le cas d'une cabane entièrement occupée par un groupe annoncé. Par grande affluence, les possibilités limitées de cuisson et de place exigent une bonne dose de concertation et de capacités sociales. Celui qui quitte la cabane en dernier est responsable pour son bon état.

Il arrive fréquemment qu'il faut chercher l'eau dans un ruisseau ou la gagner en fondant de la neige. Le bois fendu donne plus de chaleur que les grosses bûches, le couvercle sur la casserole permet d'économiser jusqu'à 70% d'énergie. Dans ces cas également s'applique le principe de l'évacuation des déchets vers la vallée par chacun. N'abandonnez à la cabane que des victuailles qui pourront être consommées raisonnablement par d'autres visiteurs.

Pour le règlement des taxes de nuitée et de bois, on emporte un bulletin de versement ou l'on glisse le montant exact dans une pochette mise à disposition qu'on dépose dans la caisse de la cabane. Malheureusement, il arrive toujours et encore que de trop nombreux utilisateurs des cabanes ne s'acquittent pas des taxes de nuitée dans une cabane non gardiennée. Si cette évolution devait se poursuivre, beaucoup de ces locaux d'hiver ne seraient plus accessibles à tout le monde – comme c'est déjà largement le cas dans les autres pays alpins.

## Pictogrammes et abréviations

### Nom de la cabane

La plupart du temps, c'est le nom donné par le propriétaire qui est cité. Des écarts minimes par rapport aux mentions portées sur la Carte nationale sont possibles. Il peut arriver que le même lieu ait plusieurs dénominations, dans ce cas, les autres seront mentionnées entre parenthèses.

 **Données d'altitude et coordonnées**

L'altitude indiquée se base sur l'édition actuelle de la Carte nationale de la Suisse au 1 : 25 000 ou, à défaut, sur une estimation.

Les deux nombres à six chiffres figurant sous l'altitude donnent la position de la cabane selon le réseau des coordonnées topographiques suisses. Les coordonnées sont arrondies à 10 m. Pour plus d'informations sur le système des coordonnées, se reporter à la littérature spécialisée (ex. Martin Gurtner, Lecture de carte, Editions CAS).

 **Cartes nationales**

Cette édition se base sur les données actuelles des Cartes nationales à l'échelle 1 : 25 000. Le numéro et le titre des cartes au 1 : 25 000 et 1 : 50 000 sur laquelle la cabane figure sont indiqués. Il arrive toutefois que les montées et les traversées mentionnées se trouvent sur les cartes adjacentes.

 **Téléphone dans la cabane**

Ce numéro indique le téléphone qui permet d'atteindre la cabane durant (et souvent aussi en-dehors) les périodes gardiennées.

 **Propriétaire**

Sous ce pictogramme sont indiqués les propriétaires des cabanes. Toutefois les responsables des réservations et des informations figurent sous la rubrique des adresses.

 **Couchettes**

Le pictogramme est divisé en deux et donne dans la partie supérieure le nombre de couchettes en période de gardiennage et dans la partie inférieure le nombre de couchettes hors de celles-ci.

 **Boissons**

Ce pictogramme indique qu'on y trouve des boissons; s'il est barré, c'est qu'il n'y en a pas et qu'il faut les prendre avec soi.

 **Repas simples**

Ce pictogramme indique que des repas simples peuvent être servis dans la cabane en période de gardiennage; le même pictogramme barré signifie qu'il faudra prendre ses provisions avec soi.

**Demi-pension**

Ce pictogramme indique la possibilité de prendre une demi-pension (petit déjeuner et repas du soir) en période de gardiennage et sur réservation; si le pictogramme est barré, il n'y a pas de demi-pension.

 **Cartes de crédit**

Ce pictogramme indique l'acceptation des cartes de crédit pour le paiement des taxes de nuitée et des autres consommations, toutefois seulement lorsque la cabane est gardiennée [VI = Visacard, MC = Eurocard/Mastercard, AX = American Express Card]. Si le pictogramme est barré, la totalité du montant est encaissée au comptant.

 **Duvets**

Ce pictogramme indique si les couchettes, lorsque la cabane est gardiennée, sont équipées de duvets. Si le pictogramme est plein, toutes les couchettes disposent de duvets. S'il est coupé par une ligne verticale interrompue, les duvets se limitent à certaines couchettes. Le pictogramme barré indique que toutes les couchettes sont munies de couvertures à la place de duvets.

 **Possibilité de cuisiner en l'absence du gardien**

Ce pictogramme indique qu'en dehors des périodes de gardiennage, un poêle ou réchaud, du combustible et des casseroles sont à disposition. Si le symbole est barré, c'est que rien n'est prévu pour cuisiner.

 **Eclairage**

Ce pictogramme signifie qu'il y a de la lumière (le cas échéant sous forme de bougies ou de lampe à huile), si le pictogramme est barré, c'est qu'il n'y a pas d'éclairage dans la cabane.

 **SOS**

Ce pictogramme indique si la cabane dispose d'un téléphone ou d'une liaison radio d'urgence, permettant d'alarmer les services de sauvetage comme police ou Rega même en-dehors des périodes gardiennées. Lorsque ce pictogramme est barré, aucune installation d'alerte ne se trouve dans la cabane.

 **Réception téléphonie mobile**

Ce pictogramme indique si la cabane se trouve dans la zone de réception du réseau de téléphonie mobile de Swisscom. Au cas où la cabane même ne se trouve pas dans la zone mais que cette possibilité existe à proximité (2 à 3 minutes de marche), ce fait est signalé par l'adjonction 2'-3' dans le pictogramme. Celui-ci est barré, si lors de la mise sous presse les environs proches de la cabane ne se trouvaient pas intégrés au réseau.

**Ecoles d'escalade avec aperçu des cotations**

Ce pictogramme indique la présence d'une ou plusieurs écoles d'escalade à proximité de la cabane. Les chiffres dans les cases indiquent la cotation minimale et maximale des voies selon l'échelle française. Si le pictogramme est barré, c'est qu'il n'y a pas d'école d'escalade.

 **Ecoles d'escalade pour les enfants**

Ce pictogramme indique la présence d'une ou plusieurs écoles d'escalade spécialement aménagées pour les enfants à proximité de la cabane. Ces sites se caractérisent par des voies particulièrement bien équipées offrant une protection rapprochée. Si le pictogramme est barré, c'est qu'il n'y a pas d'école d'escalade pour enfants.

**Périodes d'ouverture et de gardiennage**

| I | II | III | IV | V | VI | VII | VIII | IX | X | XI | XII |
|---|----|-----|----|---|----|----|------|----|----|----|-----|

Cette barre divisée horizontalement indique dans la partie supérieure les périodes d'ouverture et dans la partie inférieure, les périodes de gardiennage de la cabane.

Les couleurs dans la partie supérieure indiquent que la cabane est:

ouverte en permanence
ouverte sous réserve (certains jours, sur demande, dépôt de clés)
fermée

Les couleurs dans la partie inférieure indiquent que la cabane est:

non gardée
partiellement gardée (certains jours, sur demande, etc)
gardée en permanence

Les périodes d'ouverture et de gardiennage sont variables et sont donc données à titre indicatif. Elles fluctuent surtout au début et à la fin de la saison en fonction des conditions climatiques. Dans le cas de cabanes partiellement ouvertes ou partiellement gardées, il est vivement recommandé de se renseigner auparavant.

Par exemple, la barre dessinée ci-dessus s'interprète ainsi:
• début février – mi-mai: cabane toujours ouverte, partiellement gardée
• mi-mai – fin juin: cabane toujours ouverte, non gardée
• début juillet – fin septembre: cabane toujours ouverte, toujours gardée
• début – fin octobre: cabane partiellement ouverte, partiellement gardée
• début novembre – fin janvier: cabane fermée, non gardée

**Rubrique «adresses»**

Sous cette rubrique figurent les adresses des gardiens de cabane, des personnes à contacter pour des informations ou des réservations ainsi que du dépôt de clés éventuel. Les pictogrammes utilisés sont les suivants:

 **Gardien**           **Réservations**

 **Informations**      **Dépôt des clés**

**Accès**

Les pictogrammes pour les accès sont munis de numéros qui sont reportés sur les extraits de carte. L'ordre dans la présentation et la numérotation des accès ne sont pas obligatoirement en rapport avec leur difficulté, leur longueur ou leur caractère usuel. Pour les variantes d'accès qui ne se trouvent pas dans ce volume, veuillez vous reporter aux descriptions de détail du guide du CAS de la zone.

 **Accès en été**

Ce pictogramme indique le chemin de montée usuel en été et en automne, donc généralement quand l'itinéraire est dégagé et qu'il n'y a pas de risque d'avalanche.

 **Accès en hiver**

Ce pictogramme indique l'accès usuel à la cabane à skis en hiver et/ou au printemps quand les conditions d'enneigement sont favorables et qu'il n'y a pas de situation de danger connue. L'absence de mise en garde explicite par rapport aux avalanches ne signifie pas pour autant que l'accès soit praticable quelque soit le niveau de risque. Les conditions du moment peuvent exiger dans certaines circonstances de modifier l'itinéraire. Les accès en hiver restent de fait réservés aux skieurs entraînés, expérimentés et équipés de façon adéquate.

 **Accès été et hiver**

Ce pictogramme indique que l'accès décrit est utilisable aussi bien en été qu'en hiver. Cela ne signifie pas forcément qu'il soit praticable toute l'année. De nombreuses cabanes situées en zone glaciaire sont difficilement accessibles en début d'hiver en raison du danger de crevasses bien que l'accès soit indiqué comme usuel aussi bien en été qu'en hiver.


**Description d'itinéraire**

Bien que la plupart des accès aux cabanes soient balisés, et parfois même partiellement signalés en hiver par des perches, une description détaillée de l'itinéraire n'a pourtant rien de superflu. Celle-ci démarre du plus proche point de desserte de transport public et mentionne les noms topographiques, les lieux-dits ou les points côtés les plus significatifs figurant sur la Carte nationale au 1 : 25 000. Les symboles supplémentaires ⚓ ou ⚐ indiquent que le point de départ d'une montée peut aussi être atteint en téléphérique ou par remonte-pente. Le terme téléphérique inclue aussi les télésièges.


**Indication du degré de difficulté**

L'évaluation des accès se fait à l'aide des échelles des difficultés pour la randonnée, la haute montagne et les courses à ski du Club Alpin Suisse CAS. Ces indications se réfèrent toujours à des conditions favorables. En cas de conditions défavorables (brouillard, vent, humidité, neige), les exigences peuvent augmenter rapidement. L'évaluation d'ensemble de l'itinéraire est donnée par le passage le plus difficile. Les abréviations suivantes sont utilisées:

# Randonnées

| Degré | Sentier / terrain | Exigences | Exemples |
|---|---|---|---|
| **T1**<br><br>Randonnée | Sentier bien tracé.<br><br>Si balisé aux normes FSTP: jaune.<br><br>Terrain plat ou en faible pente, pas de risques de chute. | Aucune, convient aussi pour baskets.<br><br>L'orientation ne pose de problème, en général possible même sans carte. | Läntahütte, Vermigelhütte, Cabane du Mont Fort, Cabane Mont Raimeux, Capanna Pairolo, Capanna Cadagno |
| **T2**<br><br>Randonnée en montagne | Sentier avec tracé ininterrompu.<br><br>Si balisé FSTP: blanc-rouge-blanc.<br><br>Terrain parfois raide, risques de chute pas exclus. | Avoir le pied assez sûr. Chaussures de trekking recommandées.<br><br>Capacité élémentaire d'orientation. | Wildhornhütte, Bergseehütte, Cabane d'Arpitettaz, Cabane de Moiry, Capanna Cristallina, Capanna Piansecco |
| **T3**<br><br>Randonnée en montagne exigeante | Sentier pas forcément visible partout dans le terrain. Les passages exposés peuvent être équipés de cordes ou de chaînes. Event. appui des mains nécessaire pour l'équilibre.<br><br>Si balisé: blanc-rouge-blanc.<br><br>Quelques passages exposés avec risques de chute, pierriers, pentes mêlées de rochers sans trace. | Avoir le pied très sûr. Bonnes chaussures de trekking.<br><br>Capacité d'orientation dans la moyenne.<br><br>Expérience élémentaire de la montagne. | Bietschhornhütte, Martinsmadhütte, Bivouac du Dolent, Pas d'Encel–Col de Susanfe–Salanfe, Capanna Cognora, Capanna Ribia |
| **T4**<br><br>Randonnée alpine | Trace parfois manquante. L'aide des mains est quelquefois nécessaire pour la progression.<br><br>Si balisé: blanc-bleu-blanc.<br><br>Terrain déjà assez exposé, pentes herbeuses délicates, pentes mêlées de rochers, névés faciles et passages sur glacier non recouverts de neige. | Etre familier du terrain exposé. Chaussures de trekking rigides.<br><br>Une certaine capacité d'évaluation du terrain et bonne capacité d'orientation.<br><br>Expérience alpine. En cas de mauvais temps le repli peut s'avérer difficile. | Schreckhornhütte, Dossenhütte, Mischabelhütte, Cabane de Bertol, Cabane de Saleinaz, Piz Terri de la Capanna Motterascio |
| **T5**<br><br>Randonnée alpine exigeante | Souvent sans trace. Quelques passages d'escalade faciles.<br><br>Si balisé: blanc-bleu-blanc.<br><br>Terrain exposé, exigeant, pentes raides mêlées de rochers. Glaciers et névés présentant un risque de glissade. | Chaussures de montagne.<br><br>Evaluation sûre du terrain et très bonne capacité d'orientation.<br><br>Bonne expérience de la haute montagne et connaissances élémentaires du maniement du piolet et de la corde. | Arbenbiwak, Stockhornbiwak, Salbitbiwak, Cabane de la Dent Blanche, Pass Cacciabella Sud |
| **T6**<br><br>Randonnée alpine difficile | La plupart du temps sans trace, passages d'escalade jusqu'à II.<br><br>En général non balisé.<br><br>Souvent très exposé. Pentes mêlées de rochers délicates. Glaciers avec risque accru de glissade. | Excellente capacité d'orientation.<br><br>Expérience alpine confirmée et habitude de l'utilisation du matériel technique d'alpinisme. | Eiger-Ostegghütte, Glärnisch Guppengrat, Sex Rouge–Refuge de Pierredar, Via Alta della Verzasca |

## Indications pour l'application et l'interprétation

Les courses dans le domaine de la randonnée en montagne et alpine sont toujours évaluées en supposant des conditions favorables, donc par beau temps et bonne visibilité, terrain sec, couverture neigeuse appropriée, etc.

La présente échelle entend, par **«glaciers de randonnée»**, les glaciers et névés qui, en été et par conditions normales, sont dégarnis de neige de sorte que les éventuelles crevasses soient bien visibles et peuvent être contournées sans risque de chute en crevasse. (Ceci correspond à la réalité de différents accès aux cabanes). Dans ces conditions, un équipement de haute montagne n'est pas nécessaire. Cependant, il va sans dire que, lorsque les conditions sont moins favorables, un équipement élémentaire (matériel d'encordement, crampons) et les connaissances y relatives peuvent se révéler nécessaires pour ces courses.

L'hypothèse que la randonnée s'arrête là où l'échelle pour la haute montagne commence, est un grave malentendu, toujours vrai et encore source de situations délicates. En réalité, une randonnée alpine en haut de l'échelle de difficulté (T5, T6) est en règle générale nettement plus exigeante que, par exemple, une course de haute montagne cotée F. Une différence décisive par rapport à une course facile de haute montagne est le fait que, dans un itinéraire T5 ou T6 (anciennement RE), on ne puisse que rarement ou pas du tout assurer avec une corde ou avec d'autres moyens, donc le terrain en question doit être absolument maîtrisé, ce qui exige un haut niveau technique tout comme aussi psychique. Les pentes herbeuses extrêmement raides, le terrain mêlé de rochers peu solides et sans trace ou les passages très exposés sur des arêtes en sont des exemples typiques. En raison des caractéristiques très différentes d'une course de haute montagne et d'une «randonnée extrême» typiques, la comparaison est très malaisée, mais on peut partir sur la base qu'**un itinéraire T6 pose des exigences comparables à une course en haute montagne dans le domaine de PD à AD–!**

| Courses de haute montagne / courses à ski | |
|---|---|
| **L** (F)     facile (haute montagne/course à ski)<br>**WS** (PD)     peu difficile<br>**ZS** (AD)     assez difficile<br>**S** (D)     difficile | ces évaluations des difficultés se rapportent à des accès de caractère de haute montagne (glaciers, névés abrupts, arêtes, rochers) ou aux accès hivernaux potentiellement menacés par les avalanches. Un équipement de haute montagne et les connaissances correspondantes sont indispensables. |

Le symbole ➚ indique que l'itinéraire emprunte des glaciers ou des névés. Le symbole ▱ indique la présence d'aménagements de sécurité tels échelles ou cordes fixes. Le symbole ◄▮ indique une traversée de galerie ou de tunnel non éclairée où une lampe de poche peut s'avérer précieuse.

### Indications des temps de marche

Les horaires de montée correspondent à des temps de marche moyens pour des randonneurs entraînés avec sac à dos et par bonnes conditions. Pour des montées désignées par le pictogramme hiver et été, les données concernent seulement la montée en été. Les temps de marche en hiver peuvent donc fortement varier par rapport à l'été suivant les conditions.

 **Arrêts des transports publics en été / en hiver**

Ces rubriques renseignent sur les arrêts appropriés des transports publics (train, bus, taxi, téléphérique ou remonte-pente) pour accéder au point de départ de la montée en été, respectivement en hiver.

🚋      Trains, funiculaires.

🚐      Bus, y compris les bus locaux qui ne sont pas forcément mentionnés dans l'indicateur officiel. Renseignements sur les horaires auprès de l'office de tourisme local.

🚖      Taxi. Les routes qui portent ce symbole ne sont pas forcément autorisées à la circulation de véhicules privés ou seulement sur autorisation spéciale. Une liste des différents taxis alpins en Suisse peut être obtenue sous www.alpentaxi.ch ainsi que sous forme imprimée auprès de Mountain Wilderness Suisse, case postale 1622, 8040 Zurich. Les gardiens des refuges sont en général aussi en mesure de fournir des informations sur les taxis locaux de la région.

🚠      Téléphériques et télésièges. Les numéros de téléphone des installations ne figurant pas dans l'indicateur officiel sont donnés à part.

🎿      Remonte-pente, seulement en saison de ski.

 **Traversées**

Sous ce pictogramme est proposé un choix de traversées permettant de rejoindre d'autres cabanes ou localités. Quelques-unes de ces traversées requièrent un équipement de haute montagne et une expérience correspondante. Les informations se trouvent dans les guides du CAS de la région en question.

© Marco Volken                                    Capanna Cristallina CAS

# Indicazioni per la consultazione

### Generalità

Il presente libro fornisce in forma succinta le informazioni essenziali sulle capanne e sui rifugi del Club Alpino Svizzero CAS, nonché su un gran numero di altre capanne di interesse alpinistico.

Per facilitare la comprensione delle indicazioni in ogni lingua, si è fatto largo uso di simboli e di abbreviazioni. La leggenda riassuntiva in tedesco, francese, italiano ed inglese si trova sui risvolti della copertina.

Ove sono necessarie ulteriori spiegazioni scritte, esse sono date in due lingue: nella lingua della regione in cui è situata la capanna e in una seconda lingua nazionale.

Molte indicazioni ci sono state fornite dai guardiani e dai proprietari e vengono riportate senza garanzia. Le capanne possono subire trasformazioni, indirizzi e periodi di presenza dei guardiani cambiano, talvolta persino le vie d'accesso. La rivista mensile del Club Alpino Svizzero «Le Alpi» comunica regolarmente eventuali cambiamenti riguardanti le capanne del CAS. Il sito **www.alpesonline.ch** riporta informazioni attuali, indicazioni circa l'accesso con mezzi di trasporto pubblici e permette inoltre di accedere con i suoi link alle pagine Web di numerose capanne, dove si trovano ulteriori informazioni.

Questo libro viene ad aggiungersi alla Carta nazionale e alla letteratura specializzata, e non a sostituirle. La Carta nazionale va consultata in ogni caso.

Le vie d'accesso ad alcune capanne possono presentare serie difficoltà ad escursionisti poco esperti. Spesso esse attraversano ghiacciai, richiedono passo sicuro o non sono adatte a chi dovesse soffrire di vertigini. Per ogni capanna viene quindi indicata la difficoltà delle vie d'accesso.

### Una capanna non è un albergo!

Le capanne alpine, spesso situate in luoghi fuori mano, non possono disporre di tutte le comodità cui siamo abituati. Camere doppie e docce sono rare ed è difficile trovare un minimo di privacy, soprattutto quando la capanna è al completo. Il rispetto e la tolleranza verso gli altri sono le premesse per una pacifica convivenza di tante persone con mete e tempi differenti (arrampicatori, escursionisti, alpinisti) in condizioni di spazio costrette. In molte capanne le direttive più importanti sono affisse e vanno rispettate. Lo stesso vale per i rifugi incustoditi dove manca la presenza coordinatrice del guardiano. Una capanna va sempre lasciata nello stato in cui è stata trovata e in cui si desidera trovarla. I propri rifiuti devono essere riportati a valle.

Nelle capanne del CAS i soci del CAS e di alcune associazioni alpinistiche che hanno sottoscritto un accordo di reciprocità godono di prezzi di favore. Parimenti, i soci del CAS godono di agevolazioni nelle capanne di proprietà di queste associazioni e in numerose capanne di altre società. Le agevolazioni sono concesse solo se si è in grado di esibire una tessera di appartenenza alla rispettiva associazione valida. Chi è interessato a diventare socio del Club Alpino Svizzero può ottenere informazioni presso il segretariato, casella postale, 3000 Berna 23 oppure www.sac-cas.ch.

# Il manuale del pernottamento in capanna

## Capanne custodite

È vivamente consigliato prenotare quando si intende pernottare in una capanna, indipendentemente dal luogo e dal periodo scelto.

Durante il periodo custodito si telefona direttamente in capanna, quando il guardiano è assente ci si rivolge agli altri numeri telefonici indicati. A inizio e fine stagione l'apertura della capanna e la presenza del guardiano possono dipendere sia dalle condizioni delle vie d'accesso sia da quelle meteorologiche. Annunciandosi per tempo si ottengono pure informazioni utili a questo riguardo.

Avendo prenotato si è anche tenuti a disdire la propria prenotazione nel caso in cui si dovesse rinunciare alla gita. La disdetta della prenotazione per tempo è gratuito in tutte le capanne del CAS e nella maggioranza delle altre capanne. Tuttavia il guardiano ha il diritto di richiedere un risarcimento nel caso di un «no-show», se non ci si presenta senza disdire in tempo utile la prenotazione.

Gli scarponi, bastoni, ramponi, piccozze e simili vanno depositati nell'apposito locale quando si arriva in capanna. Di regola vi si trovano delle ciabatte o altre calzature da portare in capanna. È vietato accedere ai dormitori con gli scarponi.

In seguito ci si rivolge ai guardiani. Sono loro che indicano i posti a dormire. Occorre inoltre registrarsi sul libro della capanna. Se la capanna è completa o se si intende partire molto presto la mattina seguente capita di dover saldare già adesso i conti per il pernottamento e la mezza pensione, altrimenti questo si fa al momento della partenza.

Per evitare discussioni, è opportuno chiedere al guardiano dove appendere eventuali indumenti bagnati da asciugare.

Condizioni permettendo, il telefono della capanna è a disposizione degli ospiti che però devono pagare alcuni franchi di tassa, dato che spesso si tratta di telefoni con un collegamento via radio. In ogni caso occorre annunciarsi dal guardiano per utilizzare il telefono. Non in tutte le capanne si ha ricezione coi telefoni portatili.

In alcune capanne occorre pagare per l'acqua, specie se il guardiano deve sciogliere della neve o far bollire acqua torrentizia. In alta montagna l'acqua è un bene particolarmente prezioso e quindi non sempre può essere gratis.

La cena è servita all'orario stabilito dai guardiani, di regola intorno alle 18.30. Normalmente la cena consiste di una minestra seguita da un piatto principale. Spesso e volentieri si finisce con un dolce. Ai vegetariani raccomandiamo di informare i guardiani già al momento della prenotazione o al più tardi quando si arriva in capanna.

Fino ad alcuni anni fa era consuetudine portare con se i propri pasti da consumare in capanna, e tuttora non esiste alcun obbligo di consumazione nelle capanne. Ultimamente è però divenuto uso comune consumare pasti offerti dal guardiano, soprattutto in capanne molto frequentate. Il costo è spesso inferiore a quello di un pasto simile in valle. I proventi di pasti e bibite costituiscono la fonte di guadagno principale dei guardiani, siccome le tasse di pernottamento di regola spettano all'associazione proprietaria. Per la consumazione di pasti offerti dal guardiano è vivamente consigliata una prenotazione in anticipo; per gruppi numerosi questa è d'obbligo. Ovviamente, chi preferisce consumare le proprie provviste è pregato di riportarne a valle i rifiuti.

Nella maggior parte delle capanne è inoltre possibile acquistare panini, cioccolato, bastoncini energetici e altri spuntini per il giorno seguente. Il te di marcia è spesso compreso nel prezzo di pernottamento. Il guardiano raccoglie le borracce la sera prima in modo da poterle consegnare piene la mattina al momento della partenza.

Gli alpinisti lasciano le capanne spesso prima dell'alba, quindi il silenzio notturno inizia alle 22.00. Quando ci si alza presto, è consigliabile preparare lo zaino già la sera prima e uscire dalla stanza in silenzio senza svegliare gli altri ospiti. Per dormire meglio sono utili i tappi per le orecchie e un saccoletto di seta o di cotone leggero.

L'orario per la colazione va fissato col guardiano la sera prima. Nelle capanne frequentate principalmente da escursionisti di regola si fa colazione tra le 6.30 e le 8.00 circa. Dopo colazione, i guardiani hanno bisogno di tempo per sistemare le stanze, prima dell'arrivo dei prossimi ospiti. Perciò è importante liberare le stanze subito dopo la colazione senza dimenticare di piegare le coperte.

La tassa di pernottamento per i soci del CAS si aggira intorno ai 20.– franchi nelle capanne del CAS, per i bambini il prezzo è pressappoco la metà. Per chi non è socio del CAS la tassa è dai 7.– ai 15.– franchi superiore. La mezza pensione costa circa 30.– franchi. Il menu in capanna non ha niente da invidiare ad un menu offerto in valle, anzi, spesso e volentieri è quantitativamente e qualitativamente superiore. Ciononostante il prezzo richiesto è inferiore a quello di un ristorante.

Tutti i visitatori sono pregati di riportare a valle i propri rifiuti e di usare con parsimonia acqua, elettricità e legna. I guardiani vi spiegheranno volentieri l'importanza di questi beni primari.

**Capanne non custodite**

Tutte le capanne del CAS e alcune altre capanne dispongono di un locale invernale che rimane aperto anche durante il periodo in cui la capanna non è custodita. Il locale invernale di regola offre una dozzina di posti a dormire, con materassi e coperte di lana, una stufa per riscaldare e cucinare, legna da ardere, padelle, piatti e posate. A volte sono disponibili alcune bevande «self-service».

È consigliabile annunciarsi anche quando si ha l'intenzione di visitare una capanna non custodita. Ci si possono risparmiare delle brutte sorprese, semmai la capanna fosse già occupata interamente da un gruppo. Inoltre si da la possibilità ai custodi della capanna di coordinare i pernottamenti e i rifornimenti. Lo spazio limitato in un locale invernale presuppone da parte di tutti i visitatori un grande grado di rispetto e tolleranza nei confronti degli altri utenti. Chi lascia il rifugio per ultimo è responsabile che sia lasciata in ordine e pulita, e anche qui vale la regola che ognuno deve riportare a valle i propri rifiuti.

Spesso occorre prendere l'acqua in un torrente o sciogliere della neve per ottenerla. È più efficace riscaldare con legna tagliata fine che non con grandi pezzi, e cucinare col coperchio sulla pentola necessita fino al 70% in meno di energia. Si possono lasciare viveri nel rifugio invernale, ma devono essere viveri che non vanno a male e che possono essere utili ai prossimi ospiti.

Il pagamento si effettua tramite i bollettini di versamento che si trovano nel rifugio, altrimenti si possono depositare i soldi in contanti nella cassa utilizzando le apposite buste. Purtroppo capita che molti visitatori non paghino la tassa quando la capanna non è custodita. La conseguenza logica di questo comportamento è che in un futuro prossimo molti rifugi invernali rimarranno chiusi, come per altro è già il caso negli altri paesi alpini.

## Simboli e abbreviazioni

### Nome della capanna
In generale è stato adottato il nome usuale indicato dal proprietario, che talvolta può differire da quello riportato nella Carta nazionale. Eventuali nomi supplementari sono indicati fra parentesi.

 ### Altitudine e coordinate
Le indicazioni di altitudine si basano sull'ultima edizione della Carta nazionale in scala 1 : 25 000 o su una stima, dove manca un'indicazione.
I due numeri a sei cifre riportati sotto l'altitudine indicano la posizione della capanna sulla base della rete chilometrica delle coordinate nazionali svizzere. Le coordinate sono di regola arrotondate a 10 m. Per dettagli al riguardo rimandiamo ai testi specializzati (p.es. Martin Gurtner, Lecture de carte, Edizioni del CAS).

 ### Carta nazionale
Il presente libro si basa sull'edizione della Carta nazionale in scala 1 : 25 000 in vigore al momento di stampa. Vengono indicati numero e nome del foglio in scala 1 : 25 000 e 1 : 50 000 su cui appare la capanna. Tuttavia è possibile che le vie d'accesso e le traversate menzionate si trovino anche su fogli adiacenti.

 ### Telefono

Questo numero indica il recapito telefonico della capanna durante il periodo di presenza dei custodi, spesso questo numero è in funzione anche quando non sono presenti i guardiani.

 ### Proprietario
Questo simbolo indica i proprietari della capanna. Per riservazioni e informazioni vanno tuttavia contattate le persone indicate alla voce corrispondente.

 ### Posti letto
Il simbolo riporta nella parte superiore il numero di posti letto quando la capanna è custodita, e in quella inferiore i posti quando la capanna è incustodita.

 ### Bibite
Questo simbolo indica che in capanna vi sono bibite in vendita. Il simbolo sbarrato significa che le bibite devono essere portate con sé.

 ### Pasti semplici
Questo simbolo indica che in presenza del guardiano si possono ottenere pasti semplici. Il simbolo sbarrato significa che i pasti devono essere portati con sé.

**Mezza pensione**

Questo simbolo indica che in presenza del guardiano vi è un servizio di mezza pensione dietro prenotazione. Il simbolo sbarrato significa che non vi è servizio di mezza pensione.

 **Carte di credito**

Questo simbolo indica che si accettano carte di credito per il pagamento di pernottamenti e consumazioni quando il guardiano è presente in capanna [VI=Visa, MC=Eurocard/Mastercard, AX= American Express]. Se il simbolo è cancellato la fattura va pagata in contanti.

 **Piumini**

Questo simbolo indica che durante il periodo custodito i posti letto hanno i piumini invece delle coperte di lana. Quando il simbolo è interrotto da una linea tratteggiata verticale significa che i piumini non sono disponibili in tutti i posti letto, quando invece il simbolo è cancellato si dorme tutti nelle coperte di lana.

 **Cucinare in assenza del guardiano**

Questo simbolo indica che quando la capanna non è custodita è a disposizione una cucina con combustibile e pentole. Il simbolo sbarrato significa che non vi è possibilità di cucinare.

 **Illuminazione**

Questo simbolo indica che la capanna dispone di un impianto d'illuminazione elettrico, a candele o a lampade a petrolio. Il simbolo sbarrato significa che in capanna non vi è luce.

 **SOS**

Indica la presenza di un telefono o un ricetrasmettitore di emergenza utilizzabile anche nel periodo non custodito per chiamare i soccorsi quali la polizia, colonna di soccorso o la Rega (soccorso eliportato). Se il simbolo è cancellato significa che in capanna non ci sono possibilità di allarmare i soccorsi.

 **Ricezione telefonia mobile**

Indica che la capanna si trova in una zona con ricezione per la telefonia mobile sulla rete Swisscom. Se in capanna stessa non si ha ricezione, ma nelle vicinanze della capanna (2-3 minuti a piedi) si trova un punto con ricezione, questo è indicato dall'aggiunta di: 2'-3'. Il simbolo è cancellato se al momento della messa in stampa di questa guida non c'era ricezione nemmeno nelle vicinanze della capanna.

**Palestra di roccia, difficoltà minime e massime**

Questo simbolo indica che nei dintorni della capanna vi sono una o più palestre di roccia. Le cifre indicano le quotazioni minime e massime degli itinerari nella scala francese. Il simbolo sbarrato significa che nei dintorni della capanna non vi sono palestre di roccia.

 **Palestra di roccia per bambini**

Questo simbolo indica che nei dintorni della capanna vi sono una o più palestre di roccia adatte ai bambini, con itinerari particolarmente sicuri e chiodatura ravvicinata. Il simbolo sbarrato significa che nei dintorni della capanna non vi sono palestre di roccia per bambini.

### Periodi di apertura e di presenza del guardiano

| I | II | III | IV | V | VI | VII | VIII | IX | X | XI | XII |
|---|----|-----|----|----|----|-----|------|----|----|----|-----|

Questo elemento indica nella parte superiore i periodi di apertura della capanna, in quella inferiore i periodi di presenza del guardiano.

I colori della parte superiore significano che la capanna è:

sempre aperta
aperta saltuariamente (a giorni, dietro richiesta, deposito chiavi)
chiusa

I colori della parte inferiore significano che la capanna è:

incustodita
parzialmente custodita (a giorni, dietro richiesta ecc.)
sempre custodita

I periodi di apertura e di custodia variano frequentemente e hanno carattere orientativo; specialmente all'inizio e alla fine della stagione dipendono pure dalle condizioni climatiche. Consigliamo vivamente di informarsi sempre in anticipo, soprattutto se la capanna è solo parzialmente aperta o custodita. A titolo di esempio, l'elemento raffigurato qui di sopra va letto come segue:
•inizio febbraio – metà maggio: capanna sempre aperta, parzialmente custodita
•metà maggio – fine giugno: capanna sempre aperta, incustodita
•inizio luglio – fine settembre: capanna sempre aperta, sempre custodita
•inizio – fine ottobre: capanna parzialmente aperta, parzialmente custodita
•inizio novembre – fine gennaio: capanna chiusa, incustodita

### Indirizzi

Queste voci riportano gli indirizzi e i recapiti telefonici dei guardiani, delle persone addette a informazioni e prenotazioni, nonché di chi è a carico delle chiavi depositate. I simboli utilizzati sono i seguenti:

 **Guardiano**     **R** **Riservazioni**

 **Informazioni**      **Deposito chiavi**

## Accessi

Gli accessi sono numerati e riportati sulle carte sinottiche. L'ordine della numerazione non corrisponde necessariamente a difficoltà o tempi di percorrenza crescenti, e tantomeno all'abitualità degli accessi. Eventuali altre varianti di accesso non descritte in questo volume si trovano nelle rispettive guide del CAS.

 **Accesso estivo**

Questo simbolo si riferisce a una via d'accesso agibile in estate e in autunno, ovvero quando il percorso è generalmente privo di neve ed esente da pericolo di valanghe.

 **Accesso invernale**

Questo simbolo si riferisce a una via d'accesso agibile con gli sci in inverno e/o in primavera, in condizioni di neve e di rischio di valanghe favorevoli. La mancanza di un avvertimento esplicito su zone a rischio non significa che l'accesso sia agibile anche durante periodi di pericolo di valanghe. A seconda della situazione potrà rivelarsi opportuno deviare dall'itinerario descritto. Le vie d'accesso invernali sono adatte soltanto a scialpinisti esperti e ben equipaggiati.

 **Accesso estivo e invernale**

Questo simbolo si riferisce a una via d'accesso agibile di regola sia d'estate, sia d'inverno. Ciò non significa necessariamente che l'itinerario sia percorribile tutto l'anno. A titolo d'esempio, gli accessi estivi/invernali a molte capanne situate in alta montagna non sono percorribili in principio d'inverno a causa del pericolo di crepacci nascosti.

### Descrizioni degli itinerari

Le vie d'accesso alle capanne sono spesso segnate, d'inverno talvolta persino con dei paletti, ma ciò non sostituisce una descrizione dettagliata degli itinerari. Di regola la descrizione parte dalla fermata dei trasporti pubblici più idonea e si attiene, nella nomenclatura, ai toponimi ed alle quote della Carta nazionale 1 : 25 000. I simboli complementari ⛓ o ⬆ indicano che il punto di partenza è pure raggiungibile in funivia/seggiovia o sciovia.

### Classificazione delle difficoltà

Le vie d'accesso sono valutate secondo le scale di difficoltà escursionistiche, alpinistische e scialpinistiche del Club Alpino Svizzero. Le difficoltà indicate valgono per condizioni ambientali favorevoli, e possono aumentare rapidamente in caso di nebbia, vento, pioggia, neve o altre condizioni sfavorevoli. La valutazione di una via d'accesso è determinata dal passaggio più impegnativo. Le abbreviazioni utilizzate sono riassunte alla pagina seguente:

# Escursionismo

| Grado | Sentiero, terreno | Requisiti | Esempi |
|---|---|---|---|
| **T1**<br><br>Escursione | Sentiero ben tracciato.<br><br>Se segnalato a norma FSS: giallo.<br><br>Terreno piano o poco inclinato, senza pericolo di cadute esposte. | Nessuno, anche con scarpe da ginnastica.<br><br>Orientamento facile, percorribile di regola anche senza cartina topografica. | Läntahütte, Vermigelhütte, Cabane du Mont Fort, Cabane Mont Raimeux, Capanna Pairolo, Capanna Cadagno |
| **T2**<br><br>Escursione di montagna | Sentiero con tracciato evidente.<br><br>Se segnalato: bianco-rosso-bianco.<br><br>Terreno a tratti ripido, pericolo di cadute esposte non escluso. | Passo sicuro, scarponcini da trekking consigliati.<br><br>Capacità elementari d'orientamento. | Wildhornhütte, Bergseehütte, Cabane d'Arpittettaz, Cabane de Moiry, Capanna Cristallina, Capanna Piansecco |
| **T3**<br><br>Escursione di montagna impegnativa | Singoli tratti senza traccia visibile sul terreno. Passaggi esposti possono essere assicurati con corde o catene. Eventualmente bisogna servirsi delle mani per l'equilibrio.<br><br>Se segnalato: bianco-rosso-bianco.<br><br>Singoli passaggi con pericolo di cadute esposte, pietraie, versanti erbosi senza traccia e cosparsi di roccette. | Passo sicuro. Buoni scarponi da trekking.<br><br>Discrete capacità d'orientamento.<br><br>Esperienza elementare dell'ambiente alpino. | Bietschhornhütte, Martinsmadhütte, Bivouac du Dolent, Pas d'Encel–Col de Susanfe–Salanfe, Capanna Cognora, Capanna Ribia |
| **T4**<br><br>Itinerario alpino | Sentiero non necessariamente tracciato. A tratti bisogna servirsi delle mani per la progressione.<br><br>Se segnalato: bianco-blu-bianco.<br><br>Terreno abbastanza esposto, pendii erbosi delicati, versanti erbosi cosparsi di roccette, facili nevai, passaggi su ghiacciai scoperti. | Dimestichezza con terreni esposti. Scarponi da trekking robusti.<br><br>Buone capacità d'orientamento e di valutazione del terreno.<br><br>Esperienza alpina. In caso di brutto tempo una ritirata può rivelarsi difficile. | Schreckhornhütte, Dossenhütte, Mischabelhütte, Cabane de Bertol, Cabane de Saleinaz, Piz Terri dalla Capanna Motterascio |
| **T5**<br><br>Itinerario alpino impegnativo | Spesso senza traccia. Singoli facili passaggi d'arrampicata.<br><br>Se segnalato: bianco-blu-bianco.<br><br>Terreno esposto, impegnativo, ripidi versanti erbosi cosparsi di roccette. Nevai e ghiacciai con pericolo di scivolamento. | Scarponi da montagna.<br><br>Ottime capacità d'orientamento, sicurezza nella valutazione del terreno.<br><br>Buona esperienza alpina. Conoscenze base dell'impiego di corda e piccozza. | Arbenbiwak, Stockhornbiwak, Salbitbiwak, Cabane de la Dent Blanche, Pass Cacciabella Sud |
| **T6**<br><br>Itinerario alpino difficile | Generalmente senza traccia. Passaggi di arrampicata fino al II. grado.<br><br>Di regola non segnalato.<br><br>Terreno spesso molto esposto. Versanti erbosi misti a roccette delicati. Ghiacciai con accentuato pericolo di scivolamento. | Eccellenti capacità d'orientamento.<br><br>Ottima esperienza alpina e dimestichezza nell'uso di materiale tecnico d'alpinismo. | Eiger-Ostegghütte, Glärnisch Guppengrat, Sex Rouge–Refuge de Pierredar, Via Alta della Verzasca |

## Note relative all'applicazione della scala

Le classificazioni degli itinerari escursionistici e alpini si riferiscono a condizioni favorevoli: bel tempo, buona visibilità, terreno asciutto, copertura nevosa adeguata (risp. assente) ecc.

Ghiacciai «escursionistici» sono considerati quei ghiacciai che in estate di regola non sono coperti di neve, dove eventuali crepacci possono pertanto essere facilmente riconosciuti ed aggirati senza pericolo di caduta. (È il caso per l'accesso a diverse capanne.) In condizioni tali non è quindi necessaria un'attrezzatura d'alta montagna. Va da sé che questi ghiacciai possono richiedere però, in caso di condizioni sfavorevoli, un equipaggiamento alpinistico base (materiale per l'incordamento, ramponi) e le conoscenze relative al suo impiego.

Un grave equivoco, origine frequente di situazioni pericolose, è la convinzione che l'escursionismo finisca laddove inizia la scala d'alta montagna (F, PD, AD ecc.). In realtà, gli itinerari alpini di grado superiore (T5, T6) sono spesso molto più impegnativi per esempio di un percorso d'alta montagna di tipo F. Una differenza fondamentale risiede nel fatto che, al contrario del percorso d'alta montagna facile, l'itinerario di tipo T5 o T6 (EI nella vecchia scala) si svolge su terreni che di regola non permettono di assicurarsi con una corda o altri mezzi, richiedendo quindi un'assoluta padronanza nella progressione e un ottimo livello non solo tecnico, ma anche mentale. Esempi caratteristici sono pendii erbosi estremamente ripidi, versanti cosparsi di roccette poco solide o passaggi lungo creste molto esposte. Considerate le connotazioni molto differenti di un itinerario di «escursionismo estremo» e di un percorso d'alta montagna non è possibile comparare le difficoltà, ma in linea di massima **l'impegno di un itinerario di tipo T6 è paragonabile a quello di un percorso d'alta montagna di difficoltà PD o AD–!**

## Percorsi alpinistici / scialpinistici

| | | |
|---|---|---|
| **L** (F) | facile (alta montagna/scialpinismo) | Queste indicazioni di difficoltà si riferiscono a vie d'approccio di carattere alpino su ghiacciai, nevai ripidi, creste, roccia oppure su terreni potenzialmente esposti a valanghe nel periodo invernale. Di conseguenza sono indispensabili un'attrezzatura alpina e delle conoscenze adatte. |
| **WS** (PD) | poco difficile | |
| **ZS** (AD) | abbastanza difficile | |
| **S** (D) | difficile | |

Il simbolo ⊿ indica che l'itinerario attraversa ghiacciai o nevai. Il simbolo ⚏ indica la presenza di protezioni artificiali, come scale e corde fisse. Il simbolo ◄⋮ significa che l'itinerario percorre un tunnel o cunicolo non illuminato, dove una lampadina tascabile può rivelarsi utile.

### Tempi di marcia

I tempi indicati sono valori medi per persone allenate, con sacco da montagna. Per gli accessi percorribili sia in estate che in inverno i tempi dati sono quelli estivi; d'inverno difficoltà e tempi possono differire notevolmente.

 **Fermate dei trasporti pubblici estate / inverno**

Sotto questa voce figurano le fermate dei servizi di trasporto pubblici (treno, bus, taxi, funivie, sciovie) più adatte per le vie d'accesso indicate.

    Treni. In questa categoria rientrano anche le funicolari.

    Bus. Anche bus locali che non figurano nell'orario ferroviario ufficiale. Informazioni presso gli enti turistici locali.

    Taxi. Queste strade non sono necessariamente aperte al traffico privato, talvolta sono percorribili soltanto dietro permesso speciale. Presso Mountain Wilderness Svizzera, casella postale 1622, 8040 Zurigo oppure sotto www.alpentaxi.ch si può ottenere un elenco di numerosi servizi taxi disponibili nelle regioni alpine.

    Funivie e seggiovie. Per impianti che non figurano nell'orario ferroviario ufficiale viene pure indicato il recapito telefonico.

    Sciovie. In funzione solo nella stagione invernale.

 **Traversate**

Questa voce elenca una scelta di traversate verso altre capanne o località. Alcune di queste traversate richiedono tuttavia esperienza ed un equipaggiamento d'alta montagna. Ulteriori informazioni si trovano nelle guide del CAS della rispettiva regione.

# Publikationen aus dem SAC-Verlag
# Publications des Editions du CAS
# Pubblicazioni delle Edizioni del CAS

## Clubführer / Alpinführer

Walliser Alpen 1, Vom Trient zum Grossen St. Bernhard
Walliser Alpen 2, Vom Grossen St. Bernhard zum Col Collon
Walliser Alpen 3, Vom Col Collon zum Theodulpass (z.Z. vergriffen)
Walliser Alpen 4, Vom Theodulpass zum Monte Moro
Walliser Alpen 5, Vom Strahlhorn zum Simplon
Walliser Alpen 6, Vom Simplon zum Nufenenpass (Gonerli)
Hochtouren im Wallis, Vom Trient zum Nufenenpass

Berner Alpen 1, Sanetsch bis Gemmi
Berner Alpen 2, Gemmi bis Petersgrat
Berner Alpen 3, Bietschhorn-, Lötschentaler-, Breithorn-,
    Nesthorn- und Aletschhorngruppen
Berner Alpen 4, Tschingelhorn bis Finsteraarhorn
Berner Alpen 5, Von Grindelwald zur Grimsel
Hochtouren Berner Alpen, Vom Sanetschpass zur Grimsel
Berner Voralpen, Von Gstaad bis Meiringen

Bündner Alpen 1, Tamina- und Plessurgebirge
Bündner Alpen 2, Vom Lukmanier zum Domleschg
Bündner Alpen 3, Avers (San Bernardino bis Septimer)
Bündner Alpen 4, Südliche Bergeller Berge und Monte Disgrazia
Bündner Alpen 5, Bernina-Gruppe und Valposchiavo
Bündner Alpen 6, Vom Septimer zum Flüela
Bündner Alpen 7, Rätikon
Bündner Alpen 8, Silvretta und Samnaun
Bündner Alpen 9, Engiadina Bassa - Val Müstair
Bündner Alpen 10, Mittleres Engadin und Puschlav

Säntis - Churfirsten, Von Appenzell zum Walensee
Glarner Alpen
Zentralschweizerische Voralpen, Schwyzer Voralpen,
    Unterwaldner Voralpen, Pilatus-Schrattenflue-Kette

Urner Alpen Ost (1)
Urner Alpen 2, Göscheneralp - Furka - Grimsel
Urner Alpen 3, Vom Susten zum Urirotstock

Gotthard, Von der Furka zum Lukmanier
Tessiner Alpen 1, Vom Gridone zum Sankt Gotthard
Tessiner Alpen 2, Von der Cristallina zum Sassariente
Tessiner Alpen 3, Von der Piora zum Pizzo di Claro
Misoxer Alpen 4, Vom Zapporthorn zum Passo San Jorio
Tessiner Voralpen 5, Vom Passo San Jorio zum Generoso

CD-ROM Hochtouren im Wallis, Vom Trient zum Nufenenpass
CD-ROM Hochtouren Berner Alpen, Vom Sanetschpass zur Grimsel

**Guides d'alpinisme**

Chaîne franco-suisse, Du col des Montets au lac Léman
Préalpes fribourgeoises, Du Léman au Thunersee
Alpes et Préalpes vaudoises

Guide du Valais, Du Trient au Nufenen
Alpes valaisannes 1, Du Trient au Gd-St-Bernard
Alpes valaisannes 2, Du Gd-St-Bernard au Col Collon
Alpes valaisannes 3, Du Col Collon au Theodulpass
Alpes valaisannes 4, Du Theodulpass au Monte Moro
Alpes valaisannes 5, Du Strahlhorn au Simplon
Alpes valaisannes V, Du Simplon à la Furka

Alpes bernoises, Du Sanetsch au Grimsel

**Guide**

Alpi Ticinesi 1, Dal Gridone al Passo del San Gottardo
Alpi Ticinesi 2, Dal Cristallina al Sassariente
Alpi Ticinesi 3, Dal Passo del San Gottardo al Pizzo di Claro
Alpi Mesolcinesi 4, Dallo Zapporthorn al Passo San Jorio
Prealpi Ticinesi 5, Dal Passo San Jorio al Monte Generoso

Ascensioni scelte della Svizzera Centrale e zone limitrofe

**Ski- und Schneeschuhtourenführer**

Die schönsten Skitouren der Schweiz
Skitouren Oberwallis, Vom Bishorn zum Gross Muttenhorn
Skitouren Berner Alpen West, Vom Gantrisch zum Wildhorn (erscheint 2006)
Skitouren Berner Alpen Ost, Hohgant bis Aletschhorn
Alpine Skitouren 5, Glarus - St. Gallen - Appenzell
Alpine Skitouren Zentralschweiz - Tessin
Skitouren Graubünden
Skiwandern im Jura 1, Genève - La Brévine
Skiwandern im Jura 2, Le Locle - Balsthal
Schneeschuhtouren, Vom Genfer- zum Thunersee (erscheint 2006)

**Guides de ski**

Les plus belles randonnées à ski de Suisse
Ski alpin Bas-Valais, Du lac Léman au vallon de Tourtemagne
Ski alpin 3, Alpes valaisannes
Ski dans le Jura 1, Genève - La Brévine
Ski dans le Jura 2, Le Locle - Balsthal

**Guide di scialpinismo**

Scialpinismo in Svizzera

## Wanderführer

Wanderziel Hütte, Ein Kulturführer zu 50 SAC-Hütten (erscheint 2006)
Alpinwandern Schweiz, Von Hütte zu Hütte
Alpinwandern Wallis
Alpinwandern Rund um die Berner Alpen
Alpinwandern zwischen Saane und Reuss (erscheint 2006)
Alpinwandern Zentralschweiz - Glarus - Alpstein
Wanderfitzig, Talein, talaus durchs Göschenertal
Alpinwandern Graubünden
Alpinwandern Tessin


## Guides de randonnée

Randonnées alpines, D'une cabane du CAS à l'autre
Randonnées en montagne, Jura - Fribourg - Vaud
Randonnées en montagne, Chablais - Valais francophone
Randonnées alpines en Valais


## Guide escursionistiche

Sentieri alpini Ticino


## Kletterführer

Engelhornführer
Kletterführer Rätikon
Kletterführer Bockmattli, Brügglerkette, Amden
Kletterführer Alpstein
Kletterführer Churfirsten - Alvierkette - Fläscherkette
Kletterführer Zentralschweizerische Voralpen
Kletterführer Berner Voralpen
Verzeichnis Klettergebiete für Kinder


## Guides d'escalade

Escalades dans le Jura, Delémont - Moutier - Bienne
Escalades dans le Jura, Vallée de Joux - Doubs
Liste des sites d'escalade pour enfants


## Guide d'arrampicata

Guida d'arrampicata Ticino (edizione 2006)
  Kletterführer Tessin (parution 2006)
  Escalades en Tessin (erscheint 2006)

## Canyoning

Auwahlführer Schweiz -
  Sélection d'itinéraires en Suisse -
  Itinerari scelti in Svizzera

# Willkommen als Gast in der Natur!

Du kannst als Gast in der Natur deinen eigenen Weg, dein Tempo und deinen Rhythmus selbst bestimmen. Diese Freiheit ist ein kostbares Gut.

Sie ist jedoch nicht grenzenlos, denn Freiheit setzt Verantwortung gegenüber Natur und Mitmensch voraus.

Der Lebensraum Alpen ist reichhaltig und vielfältig. Viele Pflanzen und Tiere sind spezialisiert auf einen engen Lebensbereich und reagieren sensibel auf Störungen. Mit deiner Rücksicht hilfst du, diesen Lebensraum intakt zu halten.

Unsere Verantwortung gegenüber Natur und Mitwelt ist nicht auf das Verhalten auf der Tour selbst beschränkt. Auch das Vorher und Nachher, die Planung, das Material, die Verkehrsmittelwahl, die Hüttenübernachtung und die Abfallentsorgung sind darin eingeschlossen.

Lies dazu bitte die Hinweise auf den folgenden Seiten.

### Optimale Tourenvorbereitung

*Berücksichtige bei der Tourenvorbereitung auch Natur- und Umweltaspekte.*

Achte beim Einkauf von Material und Lebensmitteln auf ökologische Gesichtspunkte (z.B. Anbaumethoden, Transportwege, Verpackung, Entsorgung). Kann ein Teil der Verpflegung im Tourengebiet selbst aus regionaler Produktion besorgt werden?

Was weisst du über die Natur und Landschaft deines Zielgebietes? Gibt es spezielle Führer dazu, einen Lehrpfad oder andere Angebote, mit denen du deine Tour bereichern könntest? Gibt es Naturschutz- oder Schongebiete mit speziellen Regeln?

### Energiefresser Anreise

*Auch dein Beitrag zur Reduktion des überbordenden privaten Freizeitverkehrs zählt! Benutze wenn immer möglich den öffentlichen Verkehr.*

Der Freizeitverkehr macht in der Schweiz mit über 60 Milliarden Personenkilometern mehr als die Hälfte des gesamten Verkehrsaufkommens aus. Bergsteiger und Kletterer legen für ihr Hobby jährlich grosse Distanzen zurück. Eine durchschnittliche Anreise zur Bergtour braucht rund 35 mal mehr Energie als eine Hüttenübernachtung. Deine Ausgestaltung der «Reise zum Berg» ist somit besonders umweltrelevant. Der SAC stellt Billettvergünstigungen, Informationen und Planungshilfen zur Verfügung.

## Die simple Abfallregel

*Lass nichts zurück als Deine Fussspuren, nimm nichts mit als Deine Eindrücke.*

Nimm diese alte amerikanische Wildnisregel zum Nennwert! Achte dabei auch auf Details, nimm vielleicht auch einmal Abfall von andern mit. Nur so können wir unsern Nachfolgern das gleiche Naturerlebnis ermöglichen, wie wir es schätzen.

## Innehalten – Sehen – Staunen

*Halte ab und zu inne, schaue hin, staune!*

Die alpine Natur, in der du dich bewegst, ist unendlich vielfältig. Du kannst von diesem Reichtum mehr oder weniger sehen. Je mehr du wahrnimmst, desto mehr wirst du ins Staunen geraten, desto achtsamer wirst du dich verhalten, desto mehr wirst du auch bereit sein, die Natur und Umwelt vor übermässigen Eingriffen zu schützen.

Wahrnehmen und Sehen ist uns nicht einfach so gegeben. Es kann geschult und verbessert werden. Du kannst dich von Kennern anleiten lassen, kannst Kurse und Exkursionen besuchen, selbst Bücher lesen. All dies wird deine Tour bereichern und dein Naturerlebnis vertiefen.

## Zu Gast in der Natur

*Verhalte dich rücksichtsvoll, respektiere Einschränkungen.*

Dein rücksichtsvolles und naturschonendes Verhalten trägt dazu bei, dass wir als Gäste in der Natur willkommen bleiben und dass uns der freie Zugang erhalten bleibt. Die konkreten Tipps auf der nächsten Seite helfen dir dabei. Respektiere bestehende, offizielle und vom SAC anerkannte Einschränkungen des freien Zugangs aus Naturschutzgründen.

## Deine besondere Verantwortung als Leiter

*Bereichere deine Tour mit aktiven Naturerlebnissen. Achte auf umweltschonendes Verhalten deiner Teilnehmer.*

Als Leiter bist du verantwortlich für die Sicherheit deiner Teilnehmer. Du trägst aber auch die Verantwortung für den Umgang mit der Natur, du bist Vorbild und Autorität gleichzeitig. Öffne deinen Teilnehmern die Augen für die Schönheit und den Wert der Natur und bereichere so das Erlebnis der Tour. Die beiden vom SAC mit herausgegebenen Bücher *Lebenswelt Alpen* und *Alpen aktiv* sowie weitere Publikationen des SAC-Verlags helfen dir dabei. Wage es auch, nötigenfalls mit Autorität gegen ein Fehlverhalten einzuschreiten.

## Unterwegs in der Bergnatur – Regeln und Tipps für Wanderer

Halte dich wenn immer möglich an die markierten Routen und Wege. Abkürzungen fördern oft die Erosion an Bergwegen und Schutthalden-Pflanzen sind besonders empfindlich. Schliesse immer alle Weidegatter.

Nimm Rücksicht auf Tiere aller Art – Gämsen stehen nicht auf Streicheleinheiten!

Pflanzen atmen lieber Alpenluft als in Rucksack oder Blumenwasser zu welken. Geschützte Arten sind sowieso tabu.

Bist du Grossist oder Einzelverbraucher? Stelle diese Frage, bevor du Beeren oder Pilze sammelst, nicht danach.

Eine Hütte ist kein Fünf-Stern-Hotel. Für dich gibt es aber fünf Sterne, wenn du mithilfst, Wasser, Energie und Rohstoffe zu sparen und du deinen Müll wieder ins Tal trägst.

Lokale Produkte bereichern deine Verpflegung, und vielleicht hilft dein Besuch dem Dorfladen, zu überleben.

Wildes Campieren ist etwas vom Schönsten – bist du sicher, dass es hier gestattet ist? Hast du den Grundbesitzer gefragt? Die Abfallgrundregel gilt dabei erst recht!

Dein Hund soll die Berge auch geniessen dürfen – hingegen gehört das Jagen von Rehen und Gämsen nicht zu seinem Wanderprogramm. Im Zweifelsfalle gehören Hunde immer an die Leine.

Betrachte das Gebirge als das, was es ist: eine grossartige Kultur- und Naturlandschaft, in den Hochregionen eine der letzten Wildnisse Europas. Bewege dich deshalb mit Respekt und Verantwortungsbewusstsein darin! Geniesse die Stille in den Bergen und störe sie selbst nicht unnötig.

**Wo erhalte ich Informationen?**

Möchtest du weitere Informationen, Anregungen oder Unterlagen zu bestimmten Naturthemen, Hinweise auf Schutz- und Schongebiete, Materialien zum Verteilen an Teilnehmer, Tipps zu bestimmten Gegenden und Routen etc.? Auf der Geschäftsstelle des SAC können wir dir sicher weiterhelfen:

Telefon 031 370 18 70, natur@sac-cas.ch.

Auch im Internet sind wir vertreten: www.sac-cas.ch.

Schweizer Alpen-Club SAC
Kommission Umwelt

# Bienvenue
# à tous les invités
# de la nature!

La nature vous offre la chance de marcher à votre propre rythme, selon votre envie. Une liberté précieuse, mais néanmoins limitée, puisqu'elle va de pair avec une responsabilité envers la nature et envers l'Homme.

Les Alpes sont un espace naturel où les formes de vie sont aussi nombreuses que variées. Un grand nombre de plantes et d'animaux sont adaptés aux conditions de vie spécifiques d'une zone limitée, ce qui les rend très vulnérables à toute perturbation. Respecter cet espace naturel contribue à le préserver.

La responsabilité envers la nature et envers l'Homme ne se limite pas au seul moment de la course en montagne: respecter la nature passe aussi notamment par la préparation, le matériel, les moyens de transport utilisés et l'élimination des déchets. Nous avons rassemblé ci-dessous des recommandations concernant la responsabilité de l'homme à l'égard de la nature.

### Une préparation optimale de la course

*Réfléchir à l'environnement en préparant une course*

Tenir compte des critères écologiques (tels que méthodes de fabrication, moyens de transport, emballage, élimination) au moment d'acheter du matériel ou des aliments est une démarche respectueuse de la nature, tout comme acheter des produits régionaux sur le parcours ou encore se renseigner sur la nature et le paysage de la région où vous comptez vous rendre. Il existe notamment des guides spécialisés ou des sentiers didactiques qui peuvent enrichir une course. Il s'agit aussi de respecter les réserves naturelles ou les zones protégées régies par des règles spéciales.

### Un moyen de transport écologique

*Utiliser les transports en commun, c'est contribuer à la diminution du trafic*

Plus de 60 milliards de kilomètres par année sont parcourus en Suisse pendant les loisirs, ce qui représente plus de la moitié du volume du trafic total. Les alpinistes et les grimpeurs parcourent chaque année de grandes distances pour pratiquer leur hobby. Un trajet moyen pour une course en montagne consomme environ 35 fois plus d'énergie qu'une nuitée en cabane. Choisir un moyen de transport plutôt qu'un autre exerce donc un fort impact sur la préservation de l'environnement. Le CAS offre des remises sur les billets de train et met à disposition des informations et des outils d'aide à la préparation des courses.

## Une règle simple pour les déchets

*Ne laissez derrière vous que vos traces de pas, n'emportez que vos impressions*

Faire vôtre cette maxime américaine peut par exemple consister à ramasser, occasionnellement, les déchets laissés en chemin par d'autres. C'est seulement ainsi que nous pourrons permettre à nos descendants de connaître la nature telle que nous l'aimons.

## Admirer ce qui nous entoure

*Savoir s'interrompre pour jouir de ce qui nous entoure*

Les Alpes sont un espace naturel d'une diversité infinie. Mieux nous le connaîtrons, plus nous l'admirerons, et plus nous voudrons le protéger.

Mais cette connaissance et cette perception ne sont pas innées. Vous pouvez apprendre à connaître et apprendre à regarder avec l'aide de spécialistes, en participant à des cours ou à des excursions, ou encore en vous documentant. Votre course sera plus riche, notamment parce que vous connaîtrez mieux la nature.

## Être dans la nature

*Prévenance et respect*

Respecter la nature et la protéger permet d'y avoir accès librement. Nous vous renvoyons aux recommandations de la page suivante sur ce sujet.

Mais le premier commandement pourrait être de respecter les restrictions officielles reconnues par le CAS que la protection de la nature exige.

## Responsabilité du chef de course

*Enrichir une course en offrant une connaissance de la nature et veiller au comportement des participants vis-à-vis de l'environnement*

Un chef de course est responsable de la sécurité des gens qu'il encadre, mais aussi du rapport du groupe avec la nature. Il est à la fois un modèle à suivre et une autorité. C'est donc à vous, si vous êtes chef de course, qu'il revient d'ouvrir les yeux des participants sur la beauté et la richesse de la nature, pour enrichir les quelques heures passées en montagne. Les publications des éditions du CAS pourront vous y aider. S'il le fallait, sachez faire preuve d'autorité pour condamner un comportement inadapté.

## En haute montagne: règles et recommandations pour randonneurs

A basse altitude, restez dans la mesure du possible sur les chemins et itinéraires balisés. Les raccourcis favorisent souvent l'érosion des chemins de montagne et les plantes des rocailles sont très fragiles. Enfin, refermez toujours les clôtures des pâturages.

Ayez des égards pour toutes les espèces animales. Les chamois n'apprécient pas particulièrement nos témoignages d'affection…

Les plantes sont faites pour respirer l'air pur des Alpes et non pas pour étouffer dans un sac à dos ou flétrir dans un vase. Ne ramassez pas les espèces protégées.

Etes-vous un grossiste ou un consommateur ordinaire? Posez-vous la question avant de ramasser des baies ou des champignons, pas après!

Une cabane n'est pas un hôtel cinq étoiles. Mais contribuer à économiser l'eau, l'énergie et les matières premières et redescendre ses déchets dans la vallée mérite cinq étoiles!

Les produits locaux complèteront les repas, et votre visite aidera peut-être le magasin du village à survivre.

Si le camping sauvage peut être un bonheur, assurez-vous toutefois qu'il est autorisé là où vous projetez de vous installer: avez-vous demandé l'autorisation au propriétaire du terrain? Quant à la règle concernant les déchets, elle est valable ici plus que partout ailleurs!

Un chien a le droit de profiter de la montagne, mais pas de chasser les chevreuils et les chamois pendant la course. Pour éviter ce genre d'incident, gardez-le en permanence en laisse.

Considérez la montagne pour ce qu'elle est: un paysage naturel et culturel généreux dont les plus hauts sommets sont les derniers espaces sauvages d'Europe. Adoptez un comportement respectueux et responsable lorsque vous vous y promenez! Ecoutez le silence qui règne dans les montagnes sans le troubler inutilement.

## Où obtenir des informations?

Pour plus d'informations, pour des suggestions ou encore pour recevoir des documents sur la nature en hiver, du matériel à distribuer aux participants, des informations utiles sur certaines régions et itinéraires, contactez le secrétariat du CAS qui pourra certainement vous aider:

Tél. 031 370 18 70, e-mail: natur@sac-cas.ch

Adresse internet: www.sac-cas.ch

Club alpin suisse CAS
Commission Environnement

# Siamo ospiti della natura – benvenuti!

Come ospiti della natura possiamo scegliere liberamente il nostro cammino, il nostro andamento e il nostro ritmo. Questa nostra libertà è un bene prezioso, però ha anche dei limiti. Infatti, vivere questa libertà presuppone rispetto e riguardo nei confronti della natura e di chi la condivide con noi.

Le Alpi rappresentano un ricchissimo e variegato spazio vitale. Molti animali e piante si sono adattati perfettamente al loro ambiente e reagiscono con grande sensibilità a qualsiasi disturbo.

Un comportamento rispettoso da parte nostra contribuisce a mantenere intatto quest'ambiente.

La nostra responsabilità nei confronti della natura e dell'ambiente non si limita alla gita e alla durata della nostra presenza in montagna. Tutto quanto precede e segue ad una gita ne fa parte: la pianificazione, il materiale, la scelta del mezzo di trasporto, il pernottamento in una capanna, lo smaltimento dei rifiuti.

Nelle pagine seguenti troverete alcuni consigli a questo riguardo.

## La preparazione di una gita

*Tenete conto dell'ambiente pianificando una gita*

Valutate anche aspetti ecologici nell'acquisto di tutto il necessario (metodi di coltivazione, distanze di trasporto, l'imballaggio, i rifiuti). È possibile acquistare una parte delle provviste nella regione dell'escursione da produttori locali? Siete a conoscenza di particolarità naturalistiche e paesaggistiche della vostra meta? Esistono guide specializzate, percorsi didattici o simili offerte per completare la vostra gita ed arricchirla di informazioni? Ci sono delle zone protette in cui bisogna rispettare regole particolari?

## Il mezzo di trasporto per l'approccio

*Con l'utilizzo dei mezzi pubblici contribuite a diminuire il traffico*

La somma di tutti i chilometri percorsi per il tempo libero in Svizzera ammonta a 60 miliardi di chilometri annui e corrisponde a più della metà del traffico totale. Escursionisti, alpinisti ed arrampicatori percorrono distanze notevoli per vivere la propria passione. In media, il viaggio di approccio richiede una quantità di energia pari a 35 pernottamenti in capanna. Sicché una scelta oculata del mezzo di trasporto è particolarmente importante dal punto di vista ecologico. Tramite il CAS è possibile ottenere biglietti a prezzi ridotti, varie informazioni e aiuti per la pianificazione di una gita.

**Una facile regola per i rifiuti**

*Non lasciate altro che le vostre orme, non prendete altro che i vostri ricordi*

Servitevi di questa massima naturalistica americana in tutte le vostre escursioni in montagna, raccogliendo occasionalmente anche i rifiuti lasciati da altri. Solo così potrete garantire a voi stessi e ai prossimi un'esperienza in montagna come noi tutti la desideriamo e l'amiamo.

**Pazienza e occhi aperti, sarete sorpresi**

*Lasciatevi stupire dello splendore che vi circonda*

L'ambiente alpino è estremamente variato e ricco di infiniti dettagli. Non tutto è riconoscibile al primo colpo d'occhio; più vi soffermerete per osservare, e più saranno le cose che scoprirete e che vi incanteranno. Rendendosi conto di questa delicata bellezza si diventa anche più attenti e rispettosi.

Osservare e percepire quanto ci circonda non sono capacità ovvie, si possono apprendere ed affinare. Per rendere più ricca e completa la vostra gita, potete farvi consigliare da intenditori, seguire corsi o escursioni guidate e leggere libri. La vostra esperienza ne crescerà, le vostre impressioni saranno più intense.

**Ospiti nella natura**

*Abbiate rispetto, attenetevi alle regole*

Un comportamento accorto nei confronti della natura, delle sue regole e dei luoghi visitati fa sì che noi tutti possiamo restare ospiti benvenuti. I consigli che troverete sulla prossima pagina vogliono essere d'aiuto a questo scopo. Il primo passo è rispettare le restrizioni d'accesso ufficiali riconosciute dal CAS per motivi di protezione della natura.

**L'attività di capogita**

*Rendete una vostra uscita ricca di esperienze naturalistiche e sensibilizzate i vostri partecipanti*

Un capogita è responsabile della sicurezza dei propri partecipanti e del comportamento del gruppo. Deve essere un esempio da seguire e un'autorità.

Come capogita potete rendere la vostra gita un'esperienza speciale rendendo i partecipanti attenti alle bellezze e al valore dell'ambiente circostante. Le pubblicazioni del CAS vi saranno d'aiuto in questo compito. Se necessario, non abbiate timore di intervenire e di ammonire nel caso di un comportamento fuori luogo.

**A spasso in montagna – regole e consigli per escursionisti**

Non abbandonate i sentieri tracciati. Le scorciatoie sono una fonte d'erosione, la vegetazione ne soffre particolarmente. Chiudete sempre i cancelli dei pascoli.

Abbiate riguardo di tutti gli animali, i camosci non apprezzano particolarmente le nostre coccole...

Le piante stanno meglio in montagna al loro posto, non nel sacco o in un vaso sul tavolo di casa. Le specie protette non sono da toccare in ogni caso.

Non cogliete bacche e funghi in quantità industriali.

Una capanna non è un albergo a cinque stelle. Sono gli ospiti che possono meritare cinque stelle aiutando a risparmiare acqua, energia e materie prime, e riportando a valle i propri rifiuti.

I prodotti locali danno un tocco particolare al pic-nic e sostengono l'economia della zona.

Il campeggio selvaggio può essere splendido, ma ci si deve assicurare di essere in regola chiedendo il permesso al proprietario del terreno. Inutile aggiungere che non bisogna lasciare altre tracce che le proprie orme.

Anche il vostro cane deve godere della bellezza del mondo alpino, ma la caccia al camoscio o al capriolo non fa parte del suo programma ricreativo. In caso di dubbi un cane va sempre preso al guinzaglio.

Non scordate mai il bene più prezioso rappresentato dalle Alpi: è uno spazio naturalistico e culturale unico e impagabile, in alta quota è uno degli ultimi spazi selvaggi dell'Europa.

Muovetevi sempre con rispetto e in maniera responsabile. Godetevi lo spettacolo senza farla da protagonisti.

**Dove ottenere altre informazioni**

Per ottenere ulteriori informazioni, spunti o documentazione su temi naturalistici, materiale da distribuire ai partecipanti, consigli riguardanti certe zone o percorsi è possibile contattare il segretariato del CAS:

Telefono 031 370 18 70, e-mail: natur@sac-cas.ch

Indirizzo internet: www.sac-cas.ch

Club alpino svizzero CAS
Commissione Ambiente

# Walliser Alpen
# Alpes valaisannes

Cabane du Trient CAS

# Walliser Alpen
# Alpes valaisannes

reproduziert mit Bewilligung des Bundesamtes für Landestopographie vom 17.4.1998

# Cabane des Aiguilles Rouges

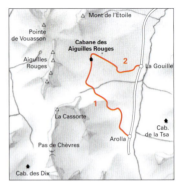

 2810 m
601.460 / 100.540

 1326 Rosablanche
283 Arolla

 027 283 16 49

 Club Alpin Académique
Genève, 1200 Genève

| 70 |  |  |  |  |  |  |  |  |  |
| 35 | | | | | | | | | |

| I | II | III | IV | V | VI | VII | VIII | IX | X | XI | XII |
|---|----|-----|----|---|----|-----|------|----|---|----|----|

 Bernard Maître, Molignon, 1985 Les Haudères,
027 283 33 25 / 079 362 55 88

 Arolla - Pra Gra - Remointse de Pra Gra - Les Ignes
(T2, 2 h 30')

 La Gouille - Lac Bleu - Remointse du Sex Blanc - Les Crosayes
(T2, 3 h)

 Arolla (🚌), La Gouille (🚌)

 Arolla (🚌), La Gouille (🚌)

 Col des Ignes - Cabane des Dix ou Grande Dixence;
Arolla - Cabane de la Tsa ou Cabane de Bertol

# Almagellerhütte SAC

 2894 m
644.000 / 106.400

 1329 Saas
284 Mischabel

 027 957 11 79

 SAC Niesen,
3700 Spiez

 120 / 13

 SOS

3a / 9a

| I | II | III | IV | V | VI | VII | VIII | IX | X | XI | XII |
|---|----|-----|----|---|----|-----|------|----|---|----|-----|
|   |    |     |    |   |    |     |      |    |   |    |     |

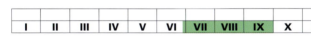

☺ i R   Hugo Anthamatten, Haus Antrona, 3905 Saas Almagell,
027 957 35 14

i   Paul Wittwer, Rütistrasse 19, 3702 Hondrich,
033 654 28 49

1   Saas Almagell - Spisswald - Almagelleralp
(T2, 3 h 30')

2   Furggstalden - Almagelleralp
(T3, ▦, 3 h 30')

3   Chrizbode - Grundberg - Almagelleralp
(T2, 4 h 30')

⟷   Saas Almagell (▦), Furggstalden (🚠), Kreuzboden (🚠)

⟷   Saas Almagell (▦)

 Zwischbergenpass - Zwischbergen - Gondo; Sonnigpass - Bivacco
Varese - Rifugio Andolla - Rifugio Città di Novara - Antronapiana

# Cabane d'Antème

 2037 m
558.720 / 112.840

 079 473 71 40

 1304 Val-d'Illiez
272 St-Maurice

 Fernand Jordan,
1874 Champéry

| 35 | ☕ | 🍴 | 🍽 | | 🌙 | | 💡 | SOS | 📱 | | |
|----|---|----|----|--|----|--|----|-----|----|--|--|
| 30 |   |    |    |  |    |  |    |     |    |  |  |

| I | II | III | IV | V | VI | VII | VIII | IX | X | XI | XII |
|---|----|----|----|---|----|-----|------|----|----|----|-----|

 079 473 71 40 / Fax 024 479 23 35

 Fernand Jordan, Pension Souvenir, 1874 Champéry,
024 479 23 35 (Tel+Fax) / 024 479 13 40

 Champéry - Grand Paradis - La Lui - Les Mosses - Metecoui
(T2, 3 h 30')

Champéry (🚂)

 Pas d'Encel - Cabane de Susanfe; Chalin - Refuge de Chalin

# Arbenbiwak SAC

 3224 m
617.540 / 097.780

 1347 Matterhorn
283 Arolla

 SAC Zermatt,
3920 Zermatt

| | 15 |
|---|----|
| | 15 |

      SOS

| I | II | III | IV | V | VI | VII | VIII | IX | X | XI | XII |
|---|----|-----|----|---|----|-----|------|----|---|----|----|
| | | | | | | | | | | | |

Keine Reservationen
*Pas de réservations*

 Gas vorhanden
*Réchaud à disposition*

 Alfons Biner, Oberdorfstrasse 72, 3920 Zermatt,
027 967 49 06 / 079 628 88 55

 sac.zermatt.ch

 Schwarzsee - Stafelalp (oder Zermatt - Zmutt) - Arbengandegge
(WS, 🎿, 4 h von Schwarzsee, 5 h 30' von Zermatt)

 Schwarzsee ( 🚡 ), Furi ( 🚡 ), Zermatt ( 🚂 )

 Schwarzsee ( 🚡 ), Furi ( 🚡 ), Zermatt ( 🚂 )

 Hohwängsattel / P.3410 - Col Durand - Cabane du Mountet;
Hohwängsattel / P.3410 - Schönbielhütte

# Cabane d'Arpitetta CAS

 2786 m
618.620 / 105.520

 027 475 40 28

 1327 Evolène
283 Arolla

 CAS La Dôle,
1260 Nyon

| 32 | | | | | | | | | | | |
|---|---|---|---|---|---|---|---|---|---|---|---|
| 32 | | | | | | | | | | | |

| I | II | III | IV | V | VI | **VII** | **VIII** | **IX** | X | XI | XII |
|---|---|---|---|---|---|---|---|---|---|---|---|

 Repas: potage et planchette valaisanne (saucisse, fromage) uniquement / *Mahlzeiten: nur Suppe und Walliser Platte (Käse, Wurst)*

 Jean-Daniel Carrard, rue Trévelin 132, 1170 Aubonne, 021 808 59 01

 Zinal - Le Vichiesso - Le Chiesso - Lac d'Arpitetta (T2, 4 h 30')

 Zinal - P.1731 - Pas du Chasseur - Lac d'Arpitetta (T5, 4 h)

 Zinal - Le Vichiesso - P.1908 - Val d'Ar Pitetta (WS, 5 h 30')

 Zinal (🚌)

 Zinal (🚌)

 Col de Milon - Cabane de Tracuit; P.1908 - Cabane du Mountet ou Cabane du Petit Mountet; Col de Moming - Rothornhütte

# Cabane F.-X. Bagnoud (Panossière)

 2641 m
589.240 / 094.140

 1346 Chanrion
283 Arolla

 027 771 33 22
079 260 04 40 (Fax)

 Ass. François-Xavier
Bagnoud, 1950 Sion

| 103 6 | | | | | | | | | | | |
|---|---|---|---|---|---|---|---|---|---|---|---|

| I | II | III | IV | V | VI | VII | VIII | IX | X | XI | XII |
|---|----|-----|----|---|----|-----|------|----|---|----|-----|
| | | | | | | | | | | | |

 Maxime Dumoulin, 1948 Lourtier,
027 778 11 27 (Tel+Fax)

 www.fxb-panossiere.com

**1**  Fionnay - Les Carres - P.1959 - Corbassière - La Tsessette
(T2, 4 h)

**2** Mayen du Revers - P.1611 - P.1959 - Corbassière - La Tsessette
(WS, 5 h 30')

**3** Cabane Marcel Brunet - Col des Avouillons
(T4, ⌇, 3 h 30')

**4** Mauvoisin - P.1948 - La Tseumette - Col des Otanes
(T2, 4 h)

 Fionnay (🚐), Cabane Marcel Brunet (🚙), Mauvoisin (🚐)

 Mayen du Revers (🚐)

Col des Otanes ou Tournelon Blanc - Cabane de Chanrion;
Glacier de Corbassière - Col du Meitin - Cabane de Valsorey ou
Bivacco Biagio Musso

# Cabane des Becs de Bosson

 2983 m
605.980 / 112.510

 027 281 39 40

 1307  Vissoie
273  Montana

 Societé Cabane des Becs de Bosson, 1969 St-Martin

 60 / -
         3a / 6b

|   |   |   |   |   |   |   |   |   |   |   |   |
|---|---|---|---|---|---|---|---|---|---|---|---|
| I | II | III | IV | V | VI | VII | VIII | IX | X | XI | XII |

Réservation obligatoire; en absence de la gardienne abri de secours
*Reservation obligatorisch; wenn unbewartet nur Notraum offen*

 Chantal Crausaz,
027 281 39 40

 Societé Cabane des Becs de Bosson, case postale 24, 1969 St-Martin

 Eison - L'A Vieille - Pas de Lona
(T2, 2 h de L'A Vieille, 4 h de Eison)

 Suen - Lovégno - Pas de Lovégno
(T2, 2 h 30' de Lovégno, 4 h 30' de Suen)

 Grimentz - Bendolla - Col des Becs de Bosson (T2, 1 h de Becs de Bosson / P.2874, 2 h 30' de Bendolla, 4 h de Grimentz)

 Moiry / P.2250 - Alpage de Torrent - Basset de Lona
(T2, 4 h)

 L'A Veille (🚐), Eison (🚌), Lovégno (🚐), Suen (🚌), Bendolla (🚠), Grimentz (🚌), Moiry (🚌)

 Eison (🚌), Suen (🚌), Becs de Bosson / P.2874 (🚡), Bendolla (🚠), Grimentz (🚌)

 Basset de Lona - Cabane de Moiry; Col de Cou - Nax;
Val de Réchy - Vercorin ou Réchy

# Cabane de Bertol CAS

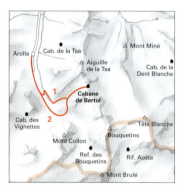

 3311 m
606.900 / 094.950

 1347 Matterhorn
283 Arolla

 027 283 19 29

 CAS Neuchâteloise,
2000 Neuchâtel

| | 80 / 10 | | | | | | | | | |
|---|---|---|---|---|---|---|---|---|---|---|

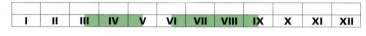

| I | II | III | IV | V | VI | VII | VIII | IX | X | XI | XII |
|---|----|-----|----|---|----|-----|------|----|---|----|-----|

 Réchaud à gaz interdit
*Gaskocher verboten*

 Jolanda Stettler, Obere Gasse, 3910 Saas Grund
078 647 38 73

 Thierry Reymond, 3963 Crans-Montana
079 704 60 29

 CAS Section Neuchâteloise, case postale 1651, 2002 Neuchâtel

 jstettler@freesurf.ch, thierryreymond@hotmail.com
www.cas-neuchatel.ch

 **1** Arolla - P.2089 - Plans de Bertol - Col de Bertol
(T4, 🥾, 🎿, 4 h 30')

 **2** Arolla - P.2089 - Haut Glacier d'Arolla - Plans de Bertol - Col de Bertol
(WS, 🥾, 🎿, 4 h 30')

 Arolla (🚍)

 Arolla (🚍)

 Col des Bouquetins (- Rifugio Aosta) - Col du Mont Brulé (- Refuge des Bouquetins) - Col de l'Evêque - Cabane des Vignettes; Tête Blanche - Cabane de la Dent Blanche; Col d'Hérens - Schönbielhütte

# Binntalhütte SAC

 2265 m
665.650 / 136.280

 027 971 47 97

 1270 Binntal
265 Nufenenpass

 CAS Delémont,
2800 Delémont

| 52 | | | | | | | | | | |
|----|---|---|---|---|---|---|---|---|---|---|
| 36 |  |  |  | | | | |  | |  |

| I | II | III | IV | V | VI | VII | VIII | IX | X | XI | XII |
|---|----|-----|----|---|----|-----|------|----|---|----|-----|

 Jean-Louis Imhof, Côte au Loup 6, 2800 Delémont,
032 422 37 64

 www.delemont.ch/cas

 **1** Binn - Fäld - Binnultini oder Brunnebiel - Freichi - Chiestafel
(T2, 2 h von Brunnebiel, 3 h von Fäld, 3 h 45' von Binn)

**2** Alpe Dèvero - Crampiolo - Lago di Dèvero - Albrunpass
(T2, 3 h 30')

 Binn (🚌), Fäld (🚌/🚗), Brunnebiel (🚌), Alpe Dèvero (🚗),
Baceno (🚌)

 Binn (🚌), Fäld (🚗), Baceno (🚌)

 Blatt - Mittlebärghütte; Albrunpass - Scatta Minoia - Rifugio
Margaroli - Ponte/Zumstäg; Hohsandjoch - Rifugio Mores - Rifugio
Città di Busto - Griespass - Nufenenpass

# Bordierhütte SAC

 2886 m
631.770 / 110.420

 027 956 19 09

 1308 St. Niklaus
274 Visp

 CAS Genevoise,
1200 Genève

| I | II | III | IV | V | VI | VII | VIII | IX | X | XI | XII |
|---|----|-----|----|---|----|----|----|----|----|----|----|
|   |    |     |    |   |    |    |    |    |    |    |    |

 Pius Schnidrig, Hüttenwart, 3925 Grächen,
027 956 23 45 / 079 219 35 57

 www.bordierhuette.ch

 Gasenried oder Grächen - Alpja - Riedgletscher (ca. 2770 m)
(T4, ↗, 4 h von Gasenried, 4 h 30' von Grächen)

 Gasenried (🚌), Grächen (🚌)

 Gasenried (🚌), Grächen (🚌)

 (Ulrichshorn -) Windjoch - Mischabelhütte; Dirrujoch - Festijoch -
Domhütte; Riedgletscher - Europaweg - Europahütte - Zermatt

# Bortelhütten

 2113 m
650.470 / 127.170

 1289 Brig
274 Visp

 027 924 52 10

 Skiklub Simplon,
3900 Brig

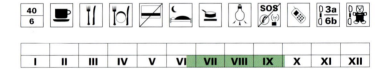

| 40 | | | | | | | | | | | |
|---|---|---|---|---|---|---|---|---|---|---|---|
| 6 | | | | | | | | | | | |

| I | II | III | IV | V | VI | VII | VIII | IX | X | XI | XII |
|---|----|-----|-----|---|-----|------|------|----|---|----|-----|

 079 811 90 13

 mail@bortelhuette.ch
www.bortelhuette.ch

 1 Berisal - Lööb
(T2, 1 h 45')

 2 Rothwald - Wasenalp - Schrickbode - Bortelalp
(T2, 3 h)

 3 Rosswald - Stafel - P.1954 - P.1936
(T2, 3 h)

 Berisal (🚌), Rothwald (🚌), Rosswald (🚡)

 Berisal (🚌)

Steinejoch oder Blauseelicke oder Saflischpass - Binn;
Bortellicke oder Furggubäumlicke - Alpe Veglia;
Wasenalp - Mäderlicke - Monte-Leone-Hütte

# Refuge des Bouquetins CAS

 2980 m
607.120 / 091.040

 1347 Matterhorn
283 Arolla

 CAS Val de Joux,
1347 Le Sentier

| 28 | | | | | | | | | | | |
|---|---|---|---|---|---|---|---|---|---|---|---|
| 22 | | | | | | | | | | | |

| I | II | III | IV | V | VI | VII | VIII | IX | X | XI | XII |
|---|----|-----|----|----|----|-----|------|----|----|----|-----|
|   |    |     |    |    |    |     |      |    |    |    |     |

 Georges Meylan, Chemin des Planches 3, 1341 Orient,
021 845 49 44

 Arolla - Haut Glacier d'Arolla
(L, ↗, ⚊, 3 h 30')

 Arolla - Bas Glacier d'Arolla - Haut Glacier d'Arolla
(WS, ↗, 3 h 30')

 Arolla (🚌)

 Arolla (🚌)

Col du Mont Brulé - Rifugio Aosta ou Cabane de Bertol ou Cabane
de la Dent Blanche ou Schönbielhütte; Col de l'Evêque - Cabane des
Vignettes; Col Collon - Rifugio Nacamuli - Prarayer

# Britanniahütte SAC

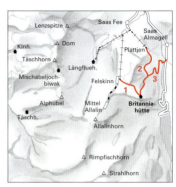

 3030 m
638.420 / 101.070

 1329 Saas
284 Mischabel

 027 957 22 88

 CAS Genevoise,
1200 Genève

 134 / 12

| I | II | III | IV | V | VI | VII | VIII | IX | X | XI | XII |
|---|----|-----|----|----|----|-----|------|----|----|----|-----|

 Thérèse Andenmatten Renaud, Haus Felskinn, 3906 Saas Fee,
027 957 21 80 / 027 957 23 45 / Fax 027 957 12 46

 cabane.britannia@saas-fee.ch
www.britannia.ch

 **1** Saas Fee - Felskinn - Chessjengletscher
(T4, ↗, 45' vom Felskinn)

 **2** Saas Fee - Plattjen - Wandflue - Heidefridhof
(T4, ↗, 2 h von Plattjen)

 **3** Saas Almagell - Zer Meiggeru - Mälliegge
(T4, ↗, 3 h 30' von Zer Meiggeru, 4 h von Saas Almagell)

 Felskinn (🚠), Plattjen (🚠), Saas Fee (🚌), Zermeiggern (🚌),
Saas Almagell (🚌)

 Felskinn (🚠), Saas Fee (🚌)

 Adlerpass - Berghaus Flue oder Monte-Rosa-Hütte - Zermatt;
Feegletscher - Mischabeljochbiwak; Allalinpass - Täschhütte - Täsch

# Cabane Marcel Brunet

 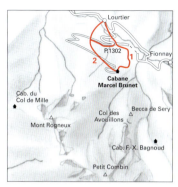

 2103 m
587.260 / 097.660

 1346 Chanrion
283 Arolla

 079 628 49 16
027 778 18 10

 Bourgeoisie de Bagnes,
1934 Le Châble

| I | II | III | IV | V | VI | VII | VIII | IX | X | XI | XII |
|---|----|-----|----|---|----|-----|------|----|---|----|-----|

 Hervé Maret, Le Planchamp, 1948 Lourtier,
027 778 11 85 (Tel+Fax)

 Lourtier - P.1302 - Barmasse - Plan Tornay
(T2, 2 h 45' de Lourtier, 2 h du P.1302)

 Lourtier - Plan Rosay ou P.1302 - Plénadzeu - Le Tongne - La Cougne
(T1, 3 h de Lourtier, 2 h du P.1302)

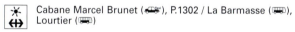 Cabane Marcel Brunet (🚐), P.1302 / La Barmasse (🚌),
Lourtier (🚌)

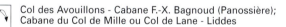 P.1302 / La Barmasse (🚌), Lourtier (🚌)

Col des Avouillons - Cabane F.-X. Bagnoud (Panossière);
Cabane du Col de Mille ou Col de Lane - Liddes

# Rifugio Carrel

 3829 m
616.210 / 091.300

 1347 Matterhorn
283 Arolla

 Società Guide del Cervino,
I-11021 Breuil

| 60 |  |  |  |  |  |  |  |  |  |
| 60 | | | | | | | | | |

| I | II | III | IV | V | VI | VII | VIII | IX | X | XI | XII |
|---|----|-----|----|----|----|-----|------|----|----|----|-----|
|   |    |     |    |    |    |     |      |    |    |    |     |

 Società Guide del Cervino, via Jean Antoine Carrel,
I-11021 Breuil/Cervinia, 0039 0166 94 81 69 / Fax 0039 0166 94 98 85

 Breuil - Rifugio Duca degli Abruzzi - Croce di Carrel - Colle del Leone
(ZS, ⤷, ⬚, 4 h vom Rifugio Duca degli Abruzzi, 6 h 30' vom Breuil)

Breuil (🚌)

 Matterhorn - Hörnlihütte

# Refuge de Chalin CAS

 2595 m
562.040 / 114.320

 1304 Val-d'Illiez
272 St-Maurice

 CAS Chaussy,
1860 Aigle

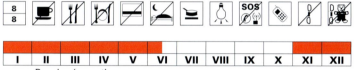

| I | II | III | IV | V | VI | VII | VIII | IX | X | XI | XII |
|---|----|-----|----|----|-----|-----|------|----|----|----|-----|

Pas de réservations
*Keine Reservationen*

**i** Jacques Amiguet, ch. Dents du Midi 24, 1860 Aigle,
024 466 31 24

**1** Les Cerniers - Chindonne - Valerette - Valère - P.2019 - Dent de
Valère - Crête du Dardeu (T4, 3 h de Chindonne, 4 h de Les Cerniers)

**2** Val d'Illiez - Les Essertys - Chalin - Crête du Dardeu
(T4, 5 h)

**3** Vérossaz - La Daille - Valère - Le Véla - P.2019 - Crête du Dardeu
(T4, 5 h)

Les Cerniers (🚌), Chindonne (🚐), Val d'Illiez (🚌), Vérossaz (🚌)

Chalin - Cabane d'Antème

# Cabane de Chanrion CAS

 2462 m
595.520 / 087.510

 027 778 12 09

 1346 Chanrion
283 Arolla

 CAS Genevoise,
1200 Genève

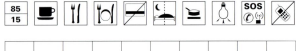

| I | II | III | IV | V | VI | VII | VIII | IX | X | XI | XII |
|---|----|-----|----|---|----|-----|------|----|---|----|-----|

**i R** ☺ Jacky Farquet, C. P. 80, 1934 Le Châble,
021 963 60 07

**1** ☀ Mauvoisin - Tunnel - Ecurie de la Lia - P.1989 - Le Lancet
(T2, 🚠, 1 h 30' du P.1989, 3 h 30' de Mauvoisin)

**2** ☀ Mauvoisin - Pierracaro - Lac de Tsofeiret - P.2522
(T2, 🚠, 4 h)

**3** ☀❄ Cabane des Dix - Col de Cheilon - Col du Mont Rouge -
Col de Lire Rose - P.2624 (L, ↗, 3 h 30')

**4** ☀❄ Cabane des Vignettes - Col de Charmotane - Glacier d'Otemma
(L, ↗, 3 h 30')

☀ ⟷ P.1989 (🚗), Mauvoisin (🚌)

❄ ⟷ Arolla (🚌)

🅰 Pierre à Vire - Col des Otannes - Cabane F.-X. Bagnoud - Cabane
Marcel Brunet; Fenêtre de Durand - Valpelline; Col du Sonadon -
Cabane de Valsorey; Glacier d'Otemma (- Bivouac de l'Aiguillette à
la Singla) - Col de l'Evêque - Refuge des Bouquetins

# Cabane de la Dent Blanche CAS

 3507 m
612.570 / 096.530

 027 283 10 85

 1347 Matterhorn
283 Arolla

 CAS Jaman,
1800 Vevey

| 55 | | | | | | | | | | | |
|----|---|---|---|---|---|---|---|---|---|---|---|
| 55 | | | | | | | | | | | |

| I | II | III | IV | V | VI | VII | VIII | IX | X | XI | XII |
|---|----|----|----|---|----|-----|------|----|---|----|-----|
|   |    |    |    |   |    |     |      |    |   |    |     |

☺ iR  Ingrid Alder, 1971 Champlan,
027 398 32 32 / 079 342 78 24

**1** Ferpècle - Bricola - P.2640 - P.3105 - Roc Noir
(T5, ↗, 6 h)

**2** La Forclaz - Ferpècle - Glacier de Ferpècle - Mota Rota -
Plateau d'Hérens (WS, ↗, 7 h de Ferpècle)

**3** Cabane de Bertol - Glacier du Mont Miné - Plateau d'Hérens (3400 m)
(WS, ↗, 3 h)

**4** Schönbielhütte - Tiefmattengletscher - Col de la Tête Blanche -
Plateau d'Hérens (3400 m) (WS, ↗, 6 h 30')

Ferpècle (🚐)

La Forclaz (🚐), Ferpècle (🚗)

Col de Valpelline - Rifugio Aosta

# Bivouac au Col de la Dent Blanche CAS

 3540 m
613.040 / 098.940

 1327 Evolène
283 Arolla

 CAS Jaman,
1800 Vevey

| I | II | III | IV | V | VI | VII | VIII | IX | X | XI | XII |
|---|----|-----|----|----|----|-----|------|----|----|----|-----|

Pas de réservations
*Keine Reservationen*

 Frédéric Genand, Derrière Sonzier 2, 1822 Chernex
021 963 38 00

 **1** Ferpècle - Bricola - P.2857 - Glacier de la Dent Blanche
(WS, ⤴, 5 h 30')

 Ferpècle (🚌)

 Glacier du Grand Cornier - Cabane du Mountet; Grand Cornier -
Cabane de Moiry

# Refuge des Dents du Midi

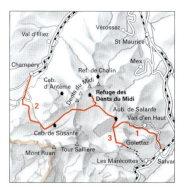

2884 m
561.440 / 112.660

1304 Val-d'Illiez
 272 St-Maurice

📞

CAS Argentine,
1880 Bex

| I | II | III | IV | V | VI | VII | VIII | IX | X | XI | XII |
|---|----|----|----|----|----|----|----|----|----|----|----|
|   |    |    |    |   |   |    |     |    |   |    |     |

**i R**    Huguette Wittwer, ch. du Cloître de Là 12, 1860 Aigle,
024 466 15 30

**@**    www.cas-bex.ch

**1**    Salvan - Van d'en Haut - Lac de Salanfe - Les Lués
(T3, 4 h 30' de Van d'en Haut, 6 h de Salvan)

**2**    Champéry - Bonavau - Cabane de Susanfe - Col de Susanfe -
Les Lués (T3, 〰, 3 h 30' de la Cabane de Susanfe, 7 h de Champéry)

**3**    Les Marécottes - La Creusaz - Golettaz - La Golette - Auberge de
Salanfe / P.1942 - Les Lués (WS, 4 h 30' de Golettaz)

Van d'en Haut (🚐), Salvan (🚂), Champéry (🚂)

Van d'en Haut (🚐), Salvan (🚂), Golettaz (⚵), La Creusaz (🚡)

Salanfe - Col du Jorat - Mex - Vérossaz; Salanfe - Col d'Emaney - Les
Marécottes ou Lac d'Emosson

# Cabane des Dix CAS

 2928 m
598.380 / 095.500

 1346 Chanrion
283 Arolla

 027 281 15 23

 CAS Monte Rosa,
1950 Sion

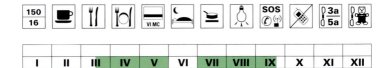

| I | II | III | IV | V | VI | VII | VIII | IX | X | XI | XII |
|---|----|-----|----|---|----|----|-----|----|---|----|-----|

 Pierre Antoine Sierro, 1991 Salins
027 207 39 66 / Fax 027 207 54 66

 CAS Section Monte Rosa, Route du Sanetsch 11, 1950 Sion,
027 322 08 10

 Le Chargeur - Barrage de la Grande Dixence - Lac des Dix -
Pas du Chat (T2, 3 h 30' du ⚓ Lac des Dix, 4 h 15' de Le Chargeur)

 Arolla - La Remointse - Pas de Chèvres / Col de Riedmatten - Glacier
de Cheilon (T4, ↗, 🪜, 3 h d'Arolla, 2 h de Fontanesses I)

 Lac des Dix (⚓), Dixence/Le Chargeur (🚌), Arolla (🚌)

 Fontanesses I (🚡), Arolla (🚌)

 Pas de Chèvres ou Pigne d'Arolla - Cabane des Vignettes;
Col des Roux - Cabane de Prafleuri; Col de Cheilon - Col du Mont
Rouge - Cabane de Chanrion; La Barma - Bivouac des Pantalons
Blancs; Col des Ignes - Cabane des Aiguilles Rouges

# Bivouac du Dolent (La Maye) CAS

 2667 m
571.320 / 086.250

 1345 Orsières
282 Martigny

CAS La Gruyère,
1630 Bulle

| 12 | | | | | | | | | | | |
|----|----|
| 12 |

| I | II | III | IV | V | VI | VII | VIII | IX | X | XI | XII |
|---|----|-----|----|---|----|-----|------|----|---|----|-----|
|   |    |     |    |   |    |     |      |    |   |    |     |

Pas de réservations
*Keine Reservationen*

 Prendre réchaud et gaz avec soi, bougies sur place
*Kocher und Gas mitnehmen, Kerzen vorhanden*

 Bernard Tinguely, Rue de la Gare du Sud 9, 1627 Vaulruz
026 912 42 84 / 079 296 40 41

 La Fouly - L'A Neuve - Sur la Li - P.2210
(T3, 🚠, 3 h)

 La Fouly (🚐)

 Brèche de la Maye/Col des Rosettes - Cabane de l'A Neuve;
Petit Col Ferret - Bivacco Fiorio

# Domhütte SAC

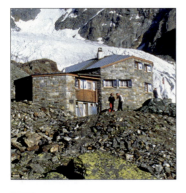

 2940 m
629.300 / 105.750

 027 967 26 34

 1328 Randa
  284 Mischabel

 SAC Uto,
8000 Zürich

 75 / 50

| I | II | III | IV | V | VI | VII | VIII | IX | X | XI | XII |
|---|----|-----|----|---|----|----|----|----|----|----|----|
|   |    |     |    |   |    | VII | VIII | IX |   |    |    |

 Franz Brantschen, Bergführer, 3928 Randa,
027 967 33 59

 www.domhuette.ch

 Randa - P.1534 - Lärchberg - P.2503
(T4, 🚂, 4 h 30')

 Randa (🚌)

 Europahütte - Europaweg (- Kinhütte) - Täschalp - Täschhütte;
Festijoch - Lenzjoch - Lenzspitze - Mischabelhütte; Festijoch -
Hobärgjoch - Stecknadelhorn - Nadelhorn - Mischabelhütte;
Festijoch - Dirrujoch - Bordierhütte

# Bivouac de l'Envers des Dorées

 2983 m
569.780 / 092.100

 1345 Orsières
282 Martigny

 CAS Dent-de-Lys,
1618 Châtel-St-Denis

 23/11

| I | II | III | IV | V | VI | VII | VIII | IX | X | XI | XII |
|---|----|-----|----|----|----|-----|------|----|----|----|----|

Bivouac 11 places ouvert, amener réchaud et couvert
*Biwak 11 Plätze offen, Kocher und Geschirr mitnehmen*

 Refuge 12 places avec cuisine équipée ouvert sur demande
*Hütte 12 Plätze mit Kochgelegenheit nur auf Anfrage offen*

 Gilbert Maillard, ch. de la Pérose 15, 1803 Chardonne,
021 921 85 50 (Tel+Fax)

 g.maillard@hispeed.ch

 1 Champex - La Breya - Cab. d'Orny - Col N des Plines (L, ↗, 1 h 20'
de la Cab. du Trient, 2 h de la Cab. d'Orny, 4 h 30' de La Breya)

 2 Praz de Fort - Cabane de Saleina - Glacier de Saleina
(L, ↗, 1 h 30' de la Cabane de Saleina, 6 h de Praz de Fort)

 3 Refuge d'Argentière - Col du Chardonnet - Glacier de Saleina
(WS, ↗, 4 h)

 La Breya (🚠), Praz de Fort (🚐), Grands Montets (🚠)

 Champex (🚐), Praz de Fort (🚐), Grands Montets (🚠)

 Cabane de Saleina; Col Nord des Plines - Cabane d'Orny ou Cabane
du Trient ou Refuge Albert 1er; Col des Planereuses - Col des
Essettes - Cabane de l'A Neuve

# Europahütte

 2265 m
628.460 / 105.850

 1328 Randa
284 Mischabel

 027 967 82 47

 Burgergemeinde Randa,
3928 Randa

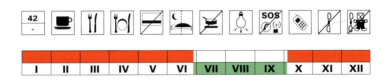

| I | II | III | IV | V | VI | VII | VIII | IX | X | XI | XII |
|---|----|-----|----|---|----|-----|------|----|---|----|----|

 Familie Marcel Brantschen, 3928 Randa,
027 967 82 78 / 079 291 33 22 / Fax 027 967 60 74

 fam.brantschen.europahuette@freesurf.ch
www.randa.ch / www.europaweg.ch

 Randa - P.1534 - Lärchberg
(T2, 2 h 15')

 Randa (🚂)

 Europaweg - Galenberg - Grathorn - Grächen; P.2503 - Domhütte;
Europaweg (- Kinhütte) - Täschalp (- Täschhütte) - Zermatt

# Berghaus Flue (Fluhalp)

 2618 m
628.840 / 095.760

1348 Zermatt
284 Mischabel

 027 967 25 97

Fam. Taugwalder,
3920 Zermatt

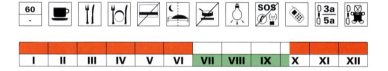

| I | II | III | IV | V | VI | VII | VIII | IX | X | XI | XII |
|---|----|-----|----|----|----|-----|------|----|----|----|-----|

Reinhard Kopler, c/o Hotel Pollux, 3920 Zermatt,
027 966 40 00

**i R** Hotel Fluhalp, 3920 Zermatt,
027 967 25 97 / 027 966 40 00

**@** pollux.zermatt@reconline.ch

**1** Blauherd - Stellisee
(T1, 40')

**2** Zermatt - Winkelmatten - Findeln - Grindjisee - Tällinen
(T2, 3 h)

**3** Unterrothorn - Furggji - Roter Bodmen
(T2, 40')

Blauherd (⛟), Zermatt (🚋), Unterrothorn (⛟)

Adlerpass - Britanniahütte; Pfulwe (- Täschhütte) - Täsch;
Grüensee - Gornergrat

# Gandegghütte

 3029 m
622.240 / 090.330

 079 607 88 68

 1348 Zermatt
284 Mischabel

 Gervas Perren,
3920 Zermatt

| I | II | III | IV | V | VI | VII | VIII | IX | X | XI | XII |
|---|----|-----|----|---|----|----|------|----|---|----|-----|

 Gervas Perren, Horizons, 3920 Zermatt,
079 607 88 68

 Zermatt - Zum See - Hermetjie - P.2272 - Trockener Steg
(T2, 30' von Trockener Steg, 2 h von Furgg, 4 h 30' von Zermatt)

 Trockener Steg (⛏), Furgg (⛏), Zermatt (🚠)

 Unterer Theodulgletscher - Gornergletscher - Monte-Rosa-Hütte;
Schwarzsee - Hörnlihütte; Breithornpass - Rifugio Guide Val d'Ayas;
Rifugio del Teodulo - Breuil

# Berghütte Hohsaas

 3101 m
642.550 / 109.920

 027 957 17 08

 1329 Saas
284 Mischabel

 Gemeinde Saas Grund,
3910 Saas Grund

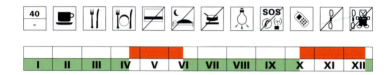

| I | II | III | IV | V | VI | VII | VIII | IX | X | XI | XII |
|---|----|-----|----|----|----|-----|------|----|----|----|-----|

 Beat Werlen, 3910 Saas Grund,
027 957 17 13 / Fax 027 957 40 22

 over-the-top@bluewin.ch
www.marnet.ch/over-the-top

 Saas Grund - Triftalp - Chrizbode - Weissmieshütte - Hohsaas
(T2, 2' von Hohsaas, 1 h 45' vom Chrizbode, 4 h 30' von Saas Grund)

 Hohsaas (🚠), Kreuzboden (🚠), Saas Grund (🚌)

 Hohsaas (🚠), Kreuzboden (🚠), Saas Grund (🚌)

 Chrizbode - Almagelleralp - Almagellerhütte oder Saas Almagell;
Weissmieshütte - Leiternweg - Grüebe - Heimischgartu - Saas Balen

# Hörnlihütte SAC

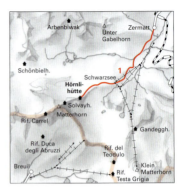

 3260 m
618.480 / 092.320

 027 967 27 69

 1347 Matterhorn
283 Arolla

 SAC Monte Rosa,
1950 Sion

   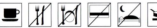       

| I | II | III | IV | V | VI | VII | VIII | IX | X | XI | XII |
|---|----|-----|----|----|----|-----|------|----|----|----|-----|
|   |    |     |    |    |    |     |      |    |    |    |     |

 Auch Berghaus Matterhorn (120 Plätze, 027 967 22 64)
*Aussi Berghaus Matterhorn (120 places, 027 967 22 64)*

 Kurt Lauber, Haus Adagio, 3920 Zermatt,
027 967 54 68 / 027 967 22 64

 CAS Section Monte Rosa, Route du Sanetsch 11, 1950 Sion,
027 322 08 10

 Zermatt - Zum See - Hermetje - Schwarzsee - Hirli
(T3, 🚡, 2 h vom Schwarzsee, 5 h von Zermatt)

 Schwarzsee (🚡), Zermatt (🚃)

 Schwarzsee (🚡), Zermatt (🚃)

 Stafelalp - Arbenbiwak oder Schönbielhütte; Schwarzsee -
Gandegghütte; Matterhorn - Rifugio Carrel; Furggjoch oder Bivacco
Bossi - Breuil oder Rifugio Duca degli Abruzzi

# Kinhütte

 2582 m
628.500 / 104.180

 027 967 86 18

 1328 Randa
284 Mischabel

 Viktor Imboden,
3929 Täsch

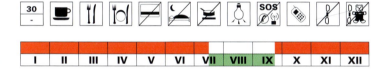

| | I | II | III | IV | V | VI | VII | VIII | IX | X | XI | XII |
|---|---|---|---|---|---|---|---|---|---|---|---|---|

Viktor Imboden, Haus Namaste, 3929 Täsch,
027 967 36 60 (Tel+Fax) / 079 416 21 39

Liselotte Biner, Haus Namaste, 3929 Täsch,
027 967 82 75 (Tel+Fax) / 079 707 22 18

info@kinhuette.ch
www.kinhuette.ch

**1** Randa - P.2224 (Europaweg)
(T2, 3 h 30')

**2** Täsch - Europaweg - P.2224
(T3, 4 h)

**3** Täschalp - Europaweg - P.2224
(T3, 3 h 30')

Randa (🚆), Täsch (🚆) Täschalp (🚐)

Europaweg - Europahütte (- Domhütte) - Grächen;
Europaweg - Täschalp - Zermatt oder Sunnegga

# Laggin Biwak SAC

 2428 m
646.860 / 112.740

 (telephone symbol)

 1309 Simplon
274 Visp

 SAC Monte Rosa,
1950 Sion

 10 / 10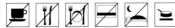

| I | II | III | IV | V | VI | VII | VIII | IX | X | XI | XII |
|---|----|-----|----|---|----|-----|------|----|----|----|-----|

Keine Reservationen
*Pas de réservations*

 Nur Kerzenlicht
*Seulement bougies*

 Irma Zumstein, Litternaweg 12, 3930 Visp,
027 946 63 41

 CAS Section Monte Rosa, Route du Sanetsch 11, 1950 Sion,
027 322 08 10

**1**  Simplon Dorf - Obri Weng - Antonius
(T3, 3 h 30')

**2**  Gabi - Wäxel - Biel - Homatta
(T3, 3 h 30')

 Simplon Dorf (🚌), Gabi (🚌)

 Tossenjoch oder Tällijoch - Zwischbergen oder Almagellerhütte;
Blattu - Härd - Laggin - Gabi

# Längfluehütte

 2869 m
635.360 / 103.800

 1328 Randa
284 Mischabel

 027 957 21 32

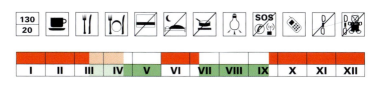

| 130 |  |  |  |  |  |  |  |  |  |  |
|-----|--|--|--|--|--|--|--|--|--|--|
| 20  |  |  |  |  |  |  |  |  |  |  |

| I | II | III | IV | V | VI | VII | VIII | IX | X | XI | XII |
|---|----|-----|----|---|----|-----|------|----|---|----|-----|

 Geschwister Anthamatten, Längfluhhütte, 3906 Saas Fee,
027 957 21 32 / Fax 027 958 19 05

 c.anthamatten@ferienart.ch
www.laengfluh.ch

 Saas Fee - Gletschergrotte - Spielboden - Längflue
(T2, 2' von Längfluh, 3 h von Saas Fee)

 Längfluh ( ⚠ ), Saas Fee ( 🚌 )

 Längfluh ( ⚠ ), Saas Fee ( 🚌 )

 Alphubeljoch - Täschhütte; Feegletscher - Britanniahütte

# Cabane de Louvie

 2207 m
589.790 / 099.400

 027 778 17 40

 1326 Rosablanche
283 Arolla

 Bourgeoisie de Bagnes,
1934 Le Châble

| 54 | I | II | III | IV | V | VI | VII | VIII | IX | X | XI | XII |
|---|---|---|---|---|---|---|---|---|---|---|---|---|

 Anne Gattoni, 1937 Maligue/Orsières,
027 783 27 60

 Fionnay - La Heu - Plan du Tsenau
(T3, 2 h)

 Fionnay (🚐)

 Col Termin (Sentier des chamois) ou Col de la Chaux - Cabane du
Mont Fort; Col de Louvie - Cabane de Prafleuri ou Siviez; Col de
Sovereu ou Plan des Lires - Refuge-Igloo des Pantalons Blancs

# Rifugio Regina Margherita

 4554 m
634.000 / 086.250

 0039 0163 910 39

 1348 Zermatt
284 Mischabel

 CAI Centrale,
I-20127 Milano

| I | II | III | IV | V | VI | VII | VIII | IX | X | XI | XII |
|---|----|-----|----|----|----|-----|------|----|----|----|-----|
|   |    |     |    |    |    |     |      |    |    |    |     |

 CAI Sezione Varallo, via C. Durio 14, I-13019 Varallo,
0039 0163 515 30 / Fax 0039 0163 543 84

 caivarallosesia@libero.it

 Alagna - Punta Indren - Rifugio Gnifetti - Ghiacciaio del Lis - Colle
Gnifetti (WS, ⤴, 5 h 30' von Punta Indren, 4 h vom Rifugio Gnifetti)

 Monte-Rosa-Hütte - Grenzgletscher - Colle Gnifetti
(WS, ⤴, 6 h 30')

 Punta Indren (🚠), Alagna Valsesia (🚐)

 Punta Indren (🚠), Alagna Valsesia (🚐)

 Lisjoch - Rifugio Gnifetti - Rifugio Città di Mantova;
Lisjoch - Rifugio Quintino Sella

# Cabane du Col de Mille

 2472 m
582.020 / 095.820

 1345 Orsières
282 Martigny

 079 221 15 16

 Commune de Liddes,
1945 Liddes

| I | II | III | IV | V | VI | VII | VIII | IX | X | XI | XII |
|---|----|-----|-----|---|----|-----|------|----|---|----|-----|

 Pierre-Elie & Odile Jacquemettaz, 1945 Liddes,
027 783 24 25 (Tel+Fax)

 Liddes - Le Clou - Erra d'en Haut - Col de Mille
(T2, 3 h 30')

 Bourg-St-Pierre - Creux du Mâ - Le Coeur - La Vuardette -
Plan Souvéreu (T2, 4 h 30' de Bourg-St-Pierre)

 Liddes (🚌), Bourg-St-Pierre (🚌)

 Servay - Cabane Marcel Brunet ou Lourtier

# Mischabelhütte

 3335 m
634.810 / 106.530

 027 957 13 17

 1328 Randa
284 Mischabel

 Akademischer Alpenclub
Zürich, 8000 Zürich

| I | II | III | IV | V | VI | VII | VIII | IX | X | XI | XII |
|---|----|-----|----|----|----|-----|------|----|----|----|-----|
|   |    |     |    |    |    | VII | VIII | IX |    |    |     |

 Peter Lomatter, Haus Aida, 3906 Saas Fee,
027 957 17 45

 Renatus Lomatter, Haus Adular, 3906 Saas Fee,
027 957 11 17

 mischabelhuetten@ssf.ch
www.ssf.ch

 Saas Fee oder Hannigalp - P.2419
(T4, 🚠, 3 h von Hannigalp, 4 h von Saas Fee)

 Hannig ( 🚠 ), Saas Fee ( 🚌 )

 Lenzspitze - Lenzjoch - Festijoch - Domhütte; Nadelhorn -
Stecknadelhorn - Hobärgjoch - Festijoch - Domhütte;
Windjoch (- Ulrichshorn) - Bordierhütte

# Mischabeljochbiwak SAC

 3847 m
633.080 / 102.560

 1328 Randa
284 Mischabel

 CAS Genevoise,
1200 Genève

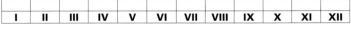

| I | II | III | IV | V | VI | VII | VIII | IX | X | XI | XII |
|---|----|-----|----|---|----|----|------|----|---|----|-----|

 Gérard Dumoulin, chemin de Pomone 3, 1228 Plan-les-Ouates,
079 203 51 76 / 022 771 27 88

 **1** Mittel Allalin - Feejoch - Feechopf - Alphubeljoch - Alphubel
(WS, ↗, 4 h)

 **2** Täsch - Täschalp oder Täschhütte - Weingartengletscher
(ZS, ↗, 4 h von der Täschhütte, 5 h von Täschalp, 7 h 30' von Täsch)

 Mittelallalin (⛷), Täschalp (🚐), Täsch (🚃)

Täschhorn - Dom - Domhütte

# Mittlebärghütte

 2393 m
664.560 / 137.480

 1270 Binntal
265 Nufenenpass

 027 971 45 48

 Roger Mathieu,
3983 Greich/Riederalp

| 24 | | | | | | | | | SOS | | 3a 5a | |
|---|---|---|---|---|---|---|---|---|---|---|---|---|
| - | | | | | | | | | | | | |

| I | II | III | IV | V | VI | VII | VIII | IX | X | XI | XII |
|---|---|---|---|---|---|---|---|---|---|---|---|
| | | | | | | | | | | | |

 Roger Mathieu, Bergführer, 3983 Greich/Riederalp,
027 927 28 65 / Fax 027 927 27 65

 mathieu.roger@bluewin.ch
www.mittlenberg.ch

 Binn - Fäld - Binnultini oder Brunnebiel - Freichi - Chiestafel
(T2, 2 h 30' von Brunnebiel, 3 h 30' von Fäld, 4 h 15' von Binn)

 Binn (🚐), Fäld (🚐/🚙), Brunnebiel (🚐)

 Binn (🚐), Fäld (🚙)

 Hohsandjoch - Rifugio Mores (- Rifugio Città di Busto) oder
Rifugio Margaroli; Blatt - Binntalhütte

# Cabane de Moiry CAS

 2825 m
612.130 / 104.380

 027 475 45 34

 1327 Evolène
283 Arolla

 CAS Montreux,
1820 Montreux

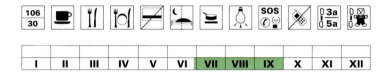

| I | II | III | IV | V | VI | VII | VIII | IX | X | XI | XII |
|---|---|---|---|---|---|---|---|---|---|---|---|
| | | | | | | VII | VIII | IX | | | |

 Etienne Salamin, Longs-Prés 42, 3960 Sierre,
027 455 50 42

 CAS Section Montreux, case postale 1122, 1820 Montreux

**@** info@cabane-de-moiry.ch
www.cabane-de-moiry.ch

**1** Moiry / P.2250 - Lac de Moiry - Lac P.2349 - P.2590
(T2, 1 h 30' du P.2349, 2 h 30' de Moiry / P.2250)

**2** Zinal - Sorebois - Corne de Sorebois - Col de Sorebois - Fache -
Lac P.2349 - P.2687 - Glacier de Moiry (WS, ⌁, 4 h)

**3** Cabane des Becs de Bosson - Basset de Lona - Lac de Moiry -
Lac P.2349 - P.2687 - Glacier de Moiry (WS, ⌁, 4 h)

**4** La Forclaz - Le Tsaté - Col du Tsaté - La Bayenna - P.2687 -
Glacier de Moiry (WS, ⌁, 4 h 30' de Le Tsaté, 6 h de La Forclaz)

Moiry (🚌), P.2349 (🚙)

Corne de Sorebois (🚡), Zinal (🚌), Becs de Bosson / P.2874 (🚡),
Le Tsaté (🚡), La Forclaz (🚌)

Col du Pigne - Cabane du Petit Mountet - Cabane du Mountet ou
Cabane d'Arpitetta ou Zinal; Col du Tsaté - La Forclaz; Basset de
Lona - Cabane des Becs de Bosson; Col de Sorebois - Zinal

# Cabane du Mont Fort CAS

 2457 m
587.810 / 103.570

 1326 Rosablanche
283 Arolla

 027 778 13 84

 CAS Jaman,
1800 Vevey

| 66 / 6 |  |  |  |  |  |  |  | SOS | 2-3' | 3a / 6b |  |
|---|---|---|---|---|---|---|---|---|---|---|---|

| I | II | III | IV | V | VI | VII | VIII | IX | X | XI | XII |
|---|---|---|---|---|---|---|---|---|---|---|---|

 Pour cuisiner en absence du gardien se munir de pièces de Fr. 1.–
*Wenn unbewartet Kochmöglichkeit mit Münzstücken à Fr. 1.–*

 Daniel Bruchez, case postale 105, 1936 Verbier,
027 778 13 84

 dbruchez@axiom.ch

 Verbier - Les Ruinettes - Tsarbonné ou La Chaux
(T1, 1 h 15' de Les Ruinettes, 3 h de Verbier)

 Les Attelas - P.2577
(T2, 45')

 Siviez - Col des Gentianes
(T2, 45' du Col des Gentianes)

 Les Ruinettes (⛟), Verbier (🚠/⛟), Les Attelas (⛟),
Col des Gentianes (⛟), Siviez (🚠)

 Les Attelas (⛟), Col des Gentianes (⛟), Siviez (🚠)

 Col du Mont Gelé - Siviez; Col de la Chaux - Col de Louvie - Col de
Prafleuri ou Rosablanche - Cabane de Prafleuri - Grande Dixence ou
Cabane des Dix; Col Termin - Cabane de Louvie - Fionnay

# Monte-Leone-Hütte SAC

 2848 m
649.480 / 123.460

 1289 Brig
274 Visp

 027 979 14 12

 CAS Sommartel,
2400 Le Locle

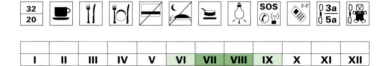

| 32 | | | | | | | | | | | |
|----|----|-----|----|---|----|-----|------|----|---|----|-----|
| 20 | | | | | | | | | | | |
| I | II | III | IV | V | VI | VII | VIII | IX | X | XI | XII |

 Max Vogt, Colline 18, 2400 Le Locle,
032 931 39 64 (Tel+Fax)

 www.cas-sommartel.ch

 Simplon Hospiz - Chalti Wasser
(T3, 2 h 45')

 Schallbett - P.2310 - Bodmertälli - Mäderlicke
(T3, 3 h 15')

 Rothwald - Jochtwald - P.2231 - Bodmertälli - Mäderlicke
(T3, 3 h 30' von Rothwald, 2 h vom P.2231)

 San Domenico - Alpe Veglia - P.1819 - P.2148 - Ghiacciaio d'Aurona
(WS, ⌐, ≈, 3 h 30' von Alpe Veglia)

 Simplon Hospiz (🚌), Schallbett (🚌), Rothwald (🚌),
Alpe Veglia (🚐), San Domenico (🚌), Ciamporino (🚠)

Simplon Hospiz (🚌), Rothwald (🚌), P.2231 (🚡),
San Domenico (🚐)

 Alpe Veglia - Varzo; Mäderlicke - Bortelhütten - Binntal;
Homattupass - Simplon Dorf; Breithornpass - Gondo

# Monte-Rosa-Hütte SAC

 2795 m
628.970 / 089.660

 027 967 21 15

 1348 Zermatt
284 Mischabel

 SAC Monte Rosa,
1950 Sion

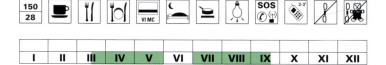

| I | II | III | IV | V | VI | VII | VIII | IX | X | XI | XII |
|---|----|-----|-----|---|----|-----|------|----|----|----|-----|

 Horst Brantschen, Feld, 3924 St. Niklaus,
027 956 31 50

 CAS Section Monte Rosa, Route du Sanetsch 11, 1950 Sion,
027 322 08 10

 monte-rosa@dplanet.ch

 Rotenboden - Murischloch - Usser Gornerli - P.2658 -
Gornergletscher (L, ↗, 2 h 30')

Zermatt - Furi - P.1945 - Gornergletscher
(L, ↗, 4 h von Furi, 5 h von Zermatt)

Stockhorn / P.3405 - Stockhornpass - Gornergletscher - P.2965
(WS, ↗, 1 h 30')

 Rotenboden (🚂), Zermatt (🚂), Furi (🚠)

Rotenboden (🚂), Zermatt (🚂), Furi (🚠), Stockhorn (🚠)

  Adlerpass - Britanniahütte; Schwärzegletscher - Schwarztor (- Bivacco
Rossi e Volante) - Rifugio Guide Val d'Ayas; Grenzgletscher - Rifugio
Regina Margherita; Lisjoch - Rifugio Gnifetti - Rifugio Città di Mantova

# Cabane du Mountet CAS

| | |
|---|---|
| 2886 m | 1327 Evolène |
| 616.630 / 100.960 | 283 Arolla |
| 027 475 14 31 | CAS Diablerets, 1002 Lausanne |

| I | II | III | IV | V | VI | VII | VIII | IX | X | XI | XII |
|---|----|-----|----|---|----|-----|------|----|---|----|-----|

---

Nicolas Theytaz, 3961 Ayer,
027 475 35 00 (Tel+Fax)

www.cas-diablerets.ch

**1** Zinal - Le Vichiesso - P.2299 - P.2723
(T3, 🚡, 4 h 30')

**2** Zinal - Le Vichiesso - Glacier de Zinal
(WS, ⛏, 5 h 30')

**3** Zinal - Le Vichiesso - Cabane du Petit Mountet - Plan des Lettres -
Glacier de Zinal (L, ⛏, 5 h 30')

Zinal (🚌)

Zinal (🚌)

Col Durand - Schönbielhütte ou Arbenbiwak; Col du Mountet -
Rothornhütte; Cabane d'Arpitetta ou Cabane de Tracuit; Glacier du
Grand Cornier ou Glacier Durand - Bivouac au Col de la Dent
Blanche

# Bivacco Biagio Musso

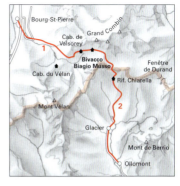

 3662 m
588.080 / 086.780

 1346 Chanrion
283 Arolla

 CAI Chivasso, Sottosezione
Foglizzo, I-10090 Foglizzo

| 9/9 |  |  |  |  | | | | | | | |
|---|---|---|---|---|---|---|---|---|---|---|---|

| I | II | III | IV | V | VI | VII | VIII | IX | X | XI | XII |
|---|---|---|---|---|---|---|---|---|---|---|---|

 Approvisionnement de gaz pas assuré
*Gasnachschub nicht gewährleistet*

 Catia Musso,
0039 011 988 38 30

 vergavigna@libero.it
www.caichivasso.it

 **1** Bourg-St-Pierre - Cabane de Valsorey - Glacier du Meitin
(WS, ⟋, 🚠, 2 h 30' de la Cab. de Valsorey, 7 h de Bourg-St-Pierre)

 **2** Ollomont - Glacier - Rif. Chiarella - Col d'Amiante - Col du Sonadon
(WS, ⟋, 3 h du Rif. Chiarella, 7 h de Glacier, 8 h d'Ollomont)

 Bourg-St-Pierre (🚌), Ollomont/Glacier (🚌/🚐)

 Bourg-St-Pierre (🚌), Ollomont/Glacier (🚌/🚐)

 Col du Meitin - Glacier de Corbassière - Cabane F.-X. Bagnoud;
Cabane de Valsorey - Cabane du Vélan; Col du Sonadon - Cabane de
Chanrion

# Cabane de l'A Neuve CAS

 2735 m
571.170 / 088.650

 1345 Orsières
282 Martigny

 027 783 24 24

 CAS Diablerets,
1002 Lausanne

| I | II | III | IV | V | VI | VII | VIII | IX | X | XI | XII |
|---|----|-----|----|---|----|-----|------|----|---|----|-----|

 Martine Gabioud, Podeminze, 1937 Orsières,
027 783 29 79

 www.cas-diablerets.ch

 La Fouly - Camping / P.1592 - Les Essettes
(T3, ⚒, 3 h 30')

**2** Cabane de Saleina - Col des Planereuses - P.3024 - Col des Essettes
(ZS, ↗, 3 h)

 La Fouly (🚍)

 La Fouly (🚍)

 Col de l'A Neuve - Fenêtre de Saleina - Cabane du Trient;
Brèche de la Maye/Col des Rosettes - Bivouac du Dolent;
Col d'Argentière - Refuge d'Argentière

# Cabane d'Orny CAS

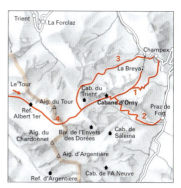

 2826 m
570.880 / 094.550

 027 783 18 87

 1345 Orsières
282 Martigny

 CAS Diablerets,
1002 Lausanne

| I | II | III | IV | V | VI | VII | VIII | IX | X | XI | XII |
|---|----|-----|----|----|----|-----|------|----|---|----|-----|
|   |    |     |    |    | VI | VII | VIII | IX |   |    |     |

 Raymond & Patricia Angéloz, 1991 Salins,
027 207 13 48 (Tel+Fax)

 www.cas-diablerets.ch
cabanedorny@netplus.ch

 La Breya ou Champex - Combe d'Orny - P.2464 - Lac d'Orny
(T3, 2 h 15' de La Breya, 4 h de Champex)

 Praz de Fort - Vallon d'Arpette de Saleina
(T3, 4 h 30')

3 Champex - Val d'Arpette - Col des Ecandies - Col d'Orny
(WS, ↗, 6 h)

4 Le Tour - Refuge Albert 1er - Col du Tour - Col d'Orny
(L, ↗, 3 h 30' du Refuge Albert 1er, 7 h du Tour)

 La Breya (🚠), Champex (🚌), Praz de Fort (🚌), Le Tour (🚌)

 Champex (🚌), Le Tour (🚌)

 Col d'Orny - Cabane du Trient; Col Nord des Plines - Bivouac de
l'Envers des Dorées - Cabane de Saleina; Fenêtre de Saleina -
Col de l'A Neuve - Cabane de l'A Neuve; Fenêtre de Saleina -
Col du Chardonnet - Refuge d'Argentière

# Refuge-Igloo des Pantalons Blancs

 3280 m
594.560 / 098.780

 1326 Rosablanche
283 Arolla

 CAS Monte Rosa,
Groupe de Sion, 1950 Sion

| 17 17 | | | | | | | | | | | |
|---|---|---|---|---|---|---|---|---|---|---|---|

| I | II | III | IV | V | VI | VII | VIII | IX | X | XI | XII |
|---|---|---|---|---|---|---|---|---|---|---|---|

Réservation obligatoire pour groupes
*Reservation obligatorisch für Gruppen*

 Jean-Marc Dayer, Chemin des mirabelles 9, 1967 Bramois,
027 203 43 21 / 078 609 42 00

 www.clubalpinsion.ch

 Le Chargeur - Lac des Dix - La Barma - Rochers du Bouc ou Glacier des
Ecoulaies (L, ⟋ / ⟋, 3 h 45' du ⛟ Lac des Dix, 4 h 30' du Chargeur)

 Cabane de Prafleuri - Col des Roux - La Barma -
Glacier des Ecoulaies (L, ⟋, 3 h 30')

 Fionnay - Ecurie du Crêt - Plan des Lires - P.2826 -
Col du Crêt ou P.3150 (L, ⟋, 5 h 30')

 Col des Gentianes - Col de la Chaux - Col de Sovereu - Glacier des
Ecoulaies (WS, ⟋, 5 h 30')

 Lac des Dix (⛟), Dixence/Le Chargeur (🚌), Fionnay (🚌)

 Col des Gentianes (⛟)

 Col du Vasevay - Mauvoisin; Col de Sovereu - Col de la Chaux -
Cabane du Mont Fort; Col de Sovereu ou Plan des Lires - Cabane de
Louvie; Glacier de la Sale - Glacier du Liapey - Cabane des Dix

# Cabane de Prafleuri

 2657 m
595.410 / 102.610

 1326 Rosablanche
283 Arolla

 027 281 17 80

 Cyrill Theytaz,
1987 Hérémence

| 59/30 |  |  |  |  |  |  |  |  |  |  |  |

| I | II | III | IV | V | VI | VII | VIII | IX | X | XI | XII |
|---|----|-----|-----|---|----|-----|------|----|---|----|----|

 En hiver automate à monnaie (1.– électricité / 5.– bois)
*Im Winter Kleingeldautomat (1.– Strom / 5.– Holz)*

 Paul & Babeth Dayer, Les Bioleys, 1981 Vex,
027 207 30 67 (Tel+Fax) / 079 628 46 32 / 027 281 17 80

 **1** Pralong - Le Chargeur - Barrage de la Grande Dixence
(T2, 1 h du ⛴ Lac des Dix, 1 h 45' de Le Chargeur, 4 h de Pralong)

 **2** Siviez - Lac de Cleuson - Grands Plans - Col de Prafleuri
(T3, 6 h)

 **3** Cabane du Mont Fort - Col de la Chaux - Col de Prafleuri
ou Rosablanche (L, ↗, 7 h)

 Lac des Dix (⛴), Dixence/Le Chargeur (🚐), Siviez (🚐),
Col des Gentianes (⛴)

 Pralong (🚕), Siviez (🚐), Col des Gentianes (⛴)

 Col des Roux ou Col de Mourti - Refuge-Igloo des Pantalons Blancs;
Col des Roux - Cabane des Dix - Pas de Chèvres - Arolla; Col de
Louvie - Cabane de Louvie

# Rothornhütte SAC

 3198 m
620.030 / 099.700

 1328 Randa
284 Mischabel

 027 967 20 43

 SAC Oberaargau,
4900 Langenthal

| 90 |
|----|
| 10 |

| I | II | III | IV | V | VI | VII | VIII | IX | X | XI | XII |
|---|----|----|----|---|----|-----|------|----|----|----|-----|

 Hans Zurniwen, Haus Styria, 3920 Zermatt,
027 967 16 20 / Fax 027 967 16 39

 Zermatt - Alterhaupt - Stellistein - Trift - Vieliboden
(T2, 4 h 30')

 Zermatt (🚃)

 Zermatt (🚃)

 Oberes Äschhorn - Schalihorn - Schalijochbiwak;
Ober Gabeljoch - Arbenbiwak; Col du Mountet - Cabane du Mountet

© Marco Volken

Cabane de Saleina CAS

# Auberge de Salanfe

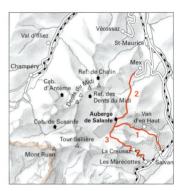

 1942 m
563.830 / 110.460

 027 761 14 38

 1304 Val-d'Illiez
272 St-Maurice

 Commune d'Evionnaz,
1902 Evionnaz

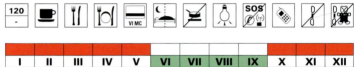

| I | II | III | IV | V | VI | VII | VIII | IX | X | XI | XII |
|---|----|-----|----|---|----|-----|------|----|---|----|-----|

En hiver refuge de 6 places avec cuisinière (Fr. 1.–) et couvertures
*Im Winter Hütte mit 6 Schlafplätzen mit Kochherd (Fr. 1.–) und Decken*

 Nicolas & Fabienne Marclay, case postale 44, 1922 Salvan,
027 761 14 38 (Tel+Fax)

 auberge@salanfe.ch
www.salanfe.ch

 Salvan - Van d'en Haut
(T2, 1 h 30' de Van d'en Haut, 3 h 15' de Salvan)

 Mex - Col du Jorat
(T2, 3 h 45')

 Les Marécottes - La Creusaz - Golettaz - La Golette - Combe de la
Golette (T2, 3 h 15' de La Creusaz, 5 h des Marécottes)

 Salvan (🚌), Van d'en Haut (🚌/Taxi), Mex (🚌), La Creusaz (🚡)

 Salvan (🚌), Van d'en Haut (🚌/🚗), Golettaz (🎿)

 Col de Susanfe - Cabane de Susanfe - Pas d'Encel - Champéry;
Col d'Emaney - Col de Barberine - Lac d'Emosson;
Refuge des Dents du Midi

# Cabane de Saleina CAS

 2691 m
571.450 / 091.710

1345 Orsières
282 Martigny

027 783 17 00

CAS Neuchâteloise,
2000 Neuchâtel

| 48 24 | ☕ | 🍴 | 🍽 | 🛏 VI MC | 🌙 | 🔔 | 💡 | SOS ☎ | 📱 | 3a 6b | 🧸 |
|---|---|---|---|---|---|---|---|---|---|---|---|

| I | II | III | IV | V | VI | VII | VIII | IX | X | XI | XII |
|---|---|---|---|---|---|---|---|---|---|---|---|

**i R** André Rieder, La Chaudière, 2523 Lignières,
032 751 17 93 / Fax 032 751 42 92

**@** rieder.steiner@vtx.ch
www.cas-neuchatel.ch

**1** Praz de Fort - Prise d'eau de Saleina - Plan Monnay - La Gare
(T4, 🚠, 4 h 30')

**2** Cabane du Trient - Col des Plines ou Fenêtre de Saleina -
Glacier de Saleina (WS, ⛷, 3 h)

**3** Refuge d'Argentière - Col du Chardonnet - Glacier de Saleina
(WS, ⛷, 5 h)

**4** Cabane de l'A Neuve - Col des Essettes - Col de Crête Sèche -
Col des Planereuses (WS, ⛷, 3 h 30')

Praz de Fort (🚌), La Breya (🚠), Grands Montets (🚠), La Fouly (🚌)

Champex (🚌), Grands Montets (🚠), La Fouly (🚌)

Col des Planereuses - Col de Crête Sèche - Col des Essettes -
Cabane de l'A Neuve; Col du Chardonnet - Refuge d'Argentière;
Fenêtre de Saleina - Cabane du Trient ou Refuge Albert 1er;
Bivouac de l'Envers des Dorées - Col des Plines - Cabane d'Orny

# Schalijochbiwak SAC

 3786 m
620.950 / 104.680

 1328 Randa
284 Mischabel

 SAC Basel,
4000 Basel

| I | II | III | IV | V | VI | VII | VIII | IX | X | XI | XII |
|---|----|----|----|----|----|-----|------|----|----|----|-----|
|   |    |    |    |    |    |     |      |    |    |    |     |

Keine Reservationen
*Pas de réservations*

 Kocher mitnehmen (Kocher vorhanden, Gasvorrat nicht gesichert)
*Amener réchaud (réchaud sur place, provision de gaz non assuré)*

 Renate & Luzius Kuster, Haus Feuerdorn, 3928 Randa,
027 967 38 53 / 027 967 12 62

 Rothornhütte - Oberes Äschjoch - Hohlichtgletscher - Hohlichtpass -
Schalihorn - Schalijoch (ZS, ⬈, 8 h)

 Zermatt (🚌), Randa (🚌)

 Weisshorn - Weisshornhütte oder Cabane de Tracuit

# Schönbielhütte SAC

 2694 m
614.750 / 094.510

 027 967 13 54

 1347 Matterhorn
283 Arolla

 SAC Monte Rosa,
1950 Sion

| I | II | III | IV | V | VI | VII | VIII | IX | X | XI | XII |
|---|----|-----|----|---|----|-----|------|----|---|----|----|
|   |    |     |    |   |    |     |      |    |   |    |    |

 Rosmarie & Willy Taugwalder, Engelhaus, 3920 Zermatt,
027 967 47 62 / Fax 027 967 77 62

 CAS Section Monte Rosa, Route du Sanetsch 11, 1950 Sion,
027 322 08 10

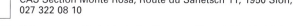 Schwarzsee - Stafelalp (oder Zermatt - Zmutt) - Hohle Bielen
(T2, 2 h 30' vom Schwarzsee, 4 h von Zermatt)

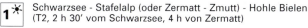 Schwarzsee - Stafelalp (oder Zermatt - Zmutt) - Zmuttgletscher
(WS, ↗, 2 h 30' vom Schwarzsee, 4 h 30' von Zermatt)

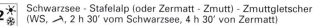 Schwarzsee (🚠), Furi (🚠), Zermatt (🚃)

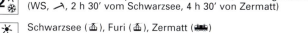 Schwarzsee (🚠), Furi (🚠), Zermatt (🚃)

 Arbenbiwak; Höhbalmen - Berggasthaus Trift - Rothornhütte;
Col Durand - Cabane du Mountet; Col de Valpelline - Rifugio Aosta;
Col d'Hérens - Cabane de Bertol ou Cabane de la Dent Blanche

# Bivouac de l'Aiguillette à la Singla CAS

 3179 m
601.200 / 087.760

 1346 Chanrion
283 Arolla

 CAS Chasseron,
2114 Fleurier

| 12 | | | | | | | | | | | |
|----|---|---|---|---|---|---|---|---|---|---|---|
| 12 | | | | | | | | | | | |

| I | II | III | IV | V | VI | VII | VIII | IX | X | XI | XII |
|---|----|----|----|---|----|----|------|----|----|----|-----|
|   |    |    |    |   |    |    |      |    |    |    |     |

 Pas d'éclairage, amener bougies
*Kein Licht, Kerzen mitnehmen*

 Claude Alain Montandon, Ch. de la Fauvette 7, 1055 Froideville,
021 646 59 01

 Cabane de Chanrion - Glacier d'Otemma
(L, ⌐, 3 h)

 Cabane des Vignettes - Col de Chermotane - Glacier d'Otemma
(L, ⌐, 2 h 30')

 Mauvoisin (🚐)

 Arolla (🚐)

 Col d'Oren - Rifugio Collon ou Prarayer; Col du Petit Mont Collon -
Refuge des Bouquetins; Fenêtre de Durand - Valpelline;
Col Nord des Portons - Col du Brenay - Cabane des Dix

# Solvayhütte SAC

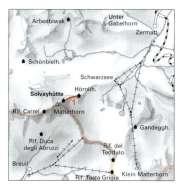

 4003 m
617.390 / 091.920

 1347 Matterhorn
283 Arolla

  SAC Zentralkomitee,
3000 Bern

| I | II | III | IV | V | VI | VII | VIII | IX | X | XI | XII |
|---|----|-----|----|---|----|-----|------|----|----|----|-----|
|   |    |     |    |   |    |     |      |    |    |    |     |

⚠ Darf nur in Notfällen benutzt werden! Kein Wasser
*Ne peut être utilisé qu'en cas d'absolue nécessité! Pas d'eau*

i Kurt Lauber, Haus Cinderella, 3920 Zermatt,
027 967 54 68 / 027 967 22 64 / 027 967 27 69

1✶ (Zermatt -) Hörnlihütte - Hörnligrat
(ZS)

# Cabane de Susanfe CAS

 2102 m
558.220 / 109.910

 024 479 16 46

 1324 Barberine
282 Martigny

 CAS Yverdon,
1400 Yverdon

| 72 |  |  |  | |  |  | SOS | | | |
|----|---|---|---|---|---|---|---|---|---|---|
| 30 | | | | | | | | | | |

| I | II | III | IV | V | VI | VII | VIII | IX | X | XI | XII |
|---|----|----|----|----|----|-----|------|----|----|----|----|

 Roger Gillabert, 1873 Val d'Illiez,
024 479 22 72

 Rolland Jaquier, Villette 12, 1400 Yverdon,
024 426 30 39

@ susanfe@cas-yverdon.ch
www.cas-yverdon.ch

**1** Champéry - Grand Paradis - Bonavau - Pas d'Encel
(T3, 🚡, 3 h 30')

**2** Salvan - Van d'en Haut - Lac de Salanfe - Salanfe - Col de Susanfe
(T3, 4 h 30' de Van d'en Haut, 6 h de Salvan)

**3** Les Marécottes - La Creusaz - Golettaz - La Golette - Combe de la
Golette - Creux Château - Col de Susanfe (WS, 4 h 30' de Golettaz)

Champéry (🚌), Van d'en Haut (🚐), Salvan (🚌)

Van d'en Haut (🚗), Salvan (🚌), Golettaz (🚡), La Creusaz (🚠)

Col de Susanfe - Salanfe (- Refuge des Dents du Midi) -
Col du Jorat - Mex - Vérossaz; Pas d'Encel - Cabane d'Antème;
Salanfe - Col d'Emaney - Les Marécottes ou Lac d'Emosson;
Col de la Tour Sallière - Lac d'Emosson: Col des Ottans - Chalets
de la Vogealle - Nambride

# Täschhütte SAC

 2701 m
630.300 / 100.080

 1328 Randa
284 Mischabel

 027 967 39 13

 SAC Uto,
8000 Zürich

| 65 | | | | | | | | | | | | |
|----|---|---|---|---|---|---|---|---|---|---|---|---|
| 16 | | | | | | | | | | | | |

| I | II | III | IV | V | VI | VII | VIII | IX | X | XI | XII |
|---|----|-----|----|----|-----|------|------|----|----|----|-----|
|   |    |     |    |    |     |      |      |    |    |    |     |

 André Lerjen, Haus Lerjen, 3920 Zermatt,
027 967 53 63 (Tel+Fax)

 www.taeschhuette.ch

 Täsch - Eggenstadel - Täschalp
(T2, 1 h 30' von Täschalp, 4 h von Täsch)

 Zermatt oder Sunnegga - Europaweg - Täschalp
(T2, 3 h 30' von Sunnegga, 5 h von Zermatt)

 Blauherd oder Unterrothorn - Flue - Pfulwe / P.3155 - Mellichsand
(T4, ↗, 5 h)

 Täschalp (🚐), Täsch (🚆), Sunnegga (🚆), Zermatt (🚆),
Blauherd (🚡), Unterrothorn (🚡)

 Täsch (🚆), Blauherd (🚡), Unterrothorn (🚡)

 Täschalp - Europaweg (- Kinhütte) - Europahütte - Domhütte;
Alphubeljoch - Längfluehütte - Saas Fee; Allalinpass -
Britanniahütte - Saas Almagell oder Saas Fee

# Rifugio del Teodulo

 3317 m
620.940 / 088.080

 0039 0166 94 94 00

1348 Zermatt
284 Mischabel

CAI Torino,
I-10022 Torino

| 86 6 | | | | | | SOS | | 3a 5a | |
|---|---|---|---|---|---|---|---|---|---|

| I | II | III | IV | V | VI | VII | VIII | IX | X | XI | XII |
|---|----|-----|----|---|----|-----|------|----|---|----|-----|

 Keine Kochgelegenheit
*Pas de possibilité de cuisiner*

 Flavio Bich, Frazione Cretaz 13, I-11028 Valtournenche,
0039 338 326 70 09

 rifugioteodulo@libero.it
www.people.freenet.de/rifugio-teodulo

**1** Breuil - Testa Grigia
(T4, ↗, 20' von Testa Grigia)

**2** Breuil - Plan Maison - Cappella Bontadini
(T3, 4 h)

**3** Trockener Steg - Oberer Theodulgletscher
(T4, ↗, 1 h 30' von Trockener Steg)

**4** Klein Matterhorn - Plateau Rosa - Theodulpass
(L, ↗, 1 h 15' vom Klein Matterhorn)

 Testa Grigia (⛫), Breuil (🚡), Trockener Steg (⛫),
Klein Matterhorn (⛫)

 Testa Grigia (⛫), Breuil (🚡), Trockener Steg (⛫),
Klein Matterhorn (⛫)

 Gandegghütte - Zermatt; Breithornpass - Rifugio Guide Val d'Ayas;
Schwarztor oder Gornergletscher - Monte-Rosa-Hütte

# Rifugio Testa Grigia (Guide del Cervino)

 3479 m
620.840 / 087.100

 1348 Zermatt
284 Mischabel

 0039 0166 94 83 69

 Società Guide del Cervino,
I-11021 Breuil

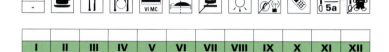

| I | II | III | IV | V | VI | VII | VIII | IX | X | XI | XII |
|---|----|-----|----|---|----|----|------|----|---|----|-----|

 Sabrina Carrel / Walter Belotti, Frazione Cretaz 13,
I-11028 Valtournenche, 0039 0166 921 01 (Tel+Fax) / 0039 339 842 70 98

 sabrina.rifugio@libero.it
www.breuil-cervinia.it

 Breuil - ⛾ Testa Grigia
(T1, 2' von ⛾ Testa Grigia)

 Breuil - Plan Maison - Cappella Bontadini - Rifugio del Teodulo
(T4, ↗, 4 h 30')

 Trockener Steg - Oberer Theodulgletscher
(T4, ↗, 2 h von Trockener Steg)

 Klein Matterhorn - Plateau Rosa
(L, ↗, 1 h vom Klein Matterhorn)

 Testa Grigia (⛾), Breuil (🚡), Trockener Steg (⛾),
Klein Matterhorn (⛾)

 Testa Grigia (⛾), Breuil (🚡), Trockener Steg (⛾),
Klein Matterhorn (⛾)

 Gandegghütte - Zermatt; Breithornpass - Rifugio Guide Val d'Ayas;
Schwarztor oder Gornergletscher - Monte-Rosa-Hütte

# Topalihütte SAC

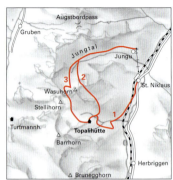

 2674 m
624.980 / 111.760

 1308 St. Niklaus
 274 Visp

 027 956 21 72

 CAS Genevoise,
1200 Genève

| I | II | III | IV | V | VI | VII | VIII | IX | X | XI | XII |
|---|----|----|----|----|----|----|----|----|----|----|----|
|   |    |    |    |   |    |    |    |    |   |    |    |

⚠ Wasser nur wenn Hütte bewartet
*Eau seulement en présence du gardien*

☺ i R  Judith Albrecht-Fux & Jacqueline Imboden-Lochmatter, Tennjen 39,
3902 St. Niklaus, 027 956 38 68

i R  Reto Albrecht, Tennjen 39, 3902 St. Niklaus,
027 956 38 68

@  albrecht.reto@bluewin.ch
www.topalihitta.ch.vu

1 ✳ St. Niklaus - Ze Schwidernu - Unnerbächji oder Bode
(T2, 4 h 30')

2 ✳ Jungu - Jungtal - Junggletscher - Wasulicke
(T4, ↗, ☁, 6 h)

3 ❄ Jungu - Jungtal - Junggletscher - Wasujoch - Obere Stelligletscher
(ZS, ↗, 5 h 30')

✳
↔ St. Niklaus (🚌), Jungu (☎ 027 956 22 80)

❄
↔ St. Niklaus (🚌), Jungu (☎ 027 956 22 80)

  Schöllijoch - Turtmannhütte; Brändjijoch - Gruben; Guggiberg -
Randa

# Cabane de Tracuit CAS

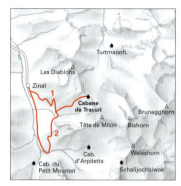

 3256 m
618.620 / 108.770

 1327 Evolène
283 Arolla

027 475 15 00

CAS Chaussy,
1860 Aigle

| I | II | III | IV | V | VI | VII | VIII | IX | X | XI | XII |
|---|----|-----|----|----|----|-----|------|----|----|----|-----|
|   |    |     |    |    |    |     |      |    |    |    |     |

Réservation obligatoire
*Reservation obligatorisch*

 David Melly, 3961 Ayer,
027 475 26 35

 Gaston Gigandet, rue Bourg-de-Plaît 22, 1605 Chexbres,
021 946 21 79

 Zinal - Les Doberts - Combautanna - Col de Tracuit
(T2, 4 h 30')

 Zinal - Plat de la Lé - P.1908 - Roc de la Vache - Combautanna -
Col de Tracuit (WS, 6 h 30')

 Zinal (🚐)

 Zinal (🚐)

 Turtmanngletscher - Turtmannhütte ou Gruben; Col de Milon -
Cabane d'Arpitetta; P.1908 - Cabane du Mountet ou Cabane du Petit
Mountet

# Cabane du Trient CAS

 3170 m
569.400 / 094.300

 027 783 14 38

 1345 Orsières
282 Martigny

 CAS Diablerets,
1002 Lausanne

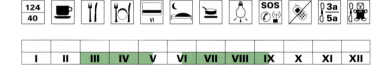

| I | II | III | IV | V | VI | VII | VIII | IX | X | XI | XII |
|---|----|-----|-----|---|-----|------|------|----|---|----|-----|

 Thierry & Fatima Amaudruz, 1947 Champsec,
027 776 29 31

 www.cas-diablerets.ch

 **1** Champex ou La Breya - Cabane d'Orny - Glacier d'Orny
(T4, 3 h 30' de La Breya, 5 h 30' de Champex)

 **2** Refuge d'Argentière - Col du Chardonnet - Glacier de Saleina -
Fenêtre de Saleina (WS, ↗, 5 h)

 **3** Trient ou La Forclaz - Chalet du Glacier - Vésevey -
Col des Ecandies - Fenêtre du Chamois (WS, ↗, 6 h)

 **4** Champex - Val d'Arpette - Combe des Ecandies - Fenêtre du
Chamois (WS, ↗, 5 h 30')

 La Breya (🚠), Champex (🚌), Grands Montets (🚠), Trient (🚌),
La Forclaz (🚌)

 Grands Montets (🚠), Trient (🚌), La Forclaz (🚌), Champex (🚌)

 Col Nord des Plines - Bivouac de l'Envers des Dorées - Cabane de
Saleina; Col du Tour - Refuge Albert 1er; Fenêtre de Saleina - Col de
l'A Neuve - Cabane de l'A Neuve

# Berggasthaus Trift

 2337 m
621.870 / 097.650

 1348 Zermatt
284 Mischabel

 079 408 70 20

 Hugo Biner,
3920 Zermatt

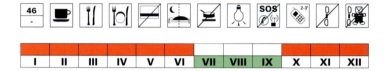

| I | II | III | IV | V | VI | VII | VIII | IX | X | XI | XII |
|---|----|-----|-----|----|----|-----|------|----|----|-----|-----|

 Hugo Biner, Chalet Viola, 3920 Zermatt,
079 408 70 20

 www.zermatt.ch/trift

 Zermatt - Alterhaupt - Stellistein
(T2, 2 h)

 Zermatt (🚂)

 Rothornhütte; Höhbalmen - Arbenbiwak oder Schönbielhütte;
Chüeberg - Zermatt

# Cabane de la Tsa

 2607 m
605.050 / 097.650

 1347  Matterhorn
283  Arolla

 027 283 18 68

 Societé des Guides du
Val d'Hérens, 1986 Arolla

 50 / 6

| I | II | III | IV | V | VI | VII | VIII | IX | X | XI | XII |
|---|----|-----|----|----|----|-----|------|----|----|----|-----|

 Pas d'eau ou neige en automne
*Im Herbst weder Wasser noch Schnee*

 Danièle Pralong-Hofer, La Tour, 1984 Les Haudères,
027 283 16 03

 Arolla - Les Places - La Tsa
(T2, 1 h 45')

 Arolla (🚌)

 Arolla (🚌)

 Pointe de Tsalion - Dent de Tsalion - Cabane de Bertol;
La Tsa - Cabane de Bertol

# Turtmannhütte SAC

 2519 m
620.160 / 112.100

 1308 St. Niklaus
274 Visp

 027 932 14 55

 CAS Prévôtoise,
2720 Tramelan

 74/24         SOS  3a/9a

| I | II | III | IV | V | VI | VII | VIII | IX | X | XI | XII |
|---|----|-----|----|---|----|-----|------|----|----|----|-----|

 Magdalena & Fredy Tscherrig, Bergführer, 3942 Raron,
027 934 34 84

 info@turtmannhuette.ch
www.turtmannhuette.ch

**1** Oberems - Gruben - Vorder Sänntum - P.2191
(T2, 3 h von Gruben, 2 h von Vorder Sänntum)

**2** St-Luc - Tignousa - Bella Tola - Borterpass - Meidtälli -
Vorder Sänntum - P.2191 (WS, 5 h von Bella Tola)

**3** St-Luc - Hotel Weisshorn - Tsa du Toûno - Forcletta oder
L'Omèn Roso - P.2191 (WS, 5 h 30' vom Hotel Weisshorn)

**4** Jungu - Jungtaljoch - Pipjilicke
(ZS, 6 h)

 Gruben (🚐)

 Oberems (🚡), Bella Tola (🎿), Tignousa (🚟), St-Luc (🚐),
Jungu (🚡)

 Schöllijoch - Topalihütte; Turtmanngletscher - Cabane de Tracuit;
Col des Arpettes oder Forcletta - Ayer; Augstbordpass - Embd;
Meidpass - St-Luc

# Cabane de Valsorey CAS

 3030 m
587.050 / 086.540

 1346 Chanrion
283 Arolla

 027 787 11 22

 CAS La Chaux-de-Fonds,
2300 La Chaux-de-Fonds

| 60 20 |  | 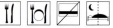 | | | | | | | | | |
|---|---|---|---|---|---|---|---|---|---|---|---|

| I | II | III | IV | V | VI | VII | VIII | IX | X | XI | XII |
|---|---|---|---|---|---|---|---|---|---|---|---|

 René Buémi, en Fleu, 1937 Orsières,
027 783 13 83 / 079 219 29 23

 info@valsorey.ch
www.valsorey.ch

 **1** Bourg-St-Pierre - Cordonna - Chalet d'Amont
(T3, 3 h 30' de Cordonna, 4 h 15' de Bourg-St-Pierre)

 **2** Bourg-St-Pierre - Cordonna - Torrent de Valsorey - Grands Plans
(WS, 5 h)

 Bourg-St-Pierre (🚌), Cordonna (🚗)

 Bourg-St-Pierre (🚌)

 Bivacco Biagio Musso; Col du Sonadon - Cabane de Chanrion;
Col du Sonadon - Rifugio Chiarella - Valpelline; Cabane Vélan;
Col du Meitin - Cabane F.-X. Bagnoud; Challand d'en Haut -
Cabane du Col de Mille

# Cabane du Vélan CAS

 2642 m
585.010 / 085.050

 027 787 13 13

 1366 Mont Vélan
293 Valpelline

 CAS Genevoise,
1200 Genève

| 60 |  |  |  |  |  |  |  |  | SOS | 2-3' | | 3a |
|----|---|---|---|---|---|---|---|---|---|---|---|---|
| 60 | | | | | | | | | | | | 6b |

| I | II | III | IV | V | VI | VII | VIII | IX | X | XI | XII |
|---|----|-----|----|---|----|-----|------|----|---|----|----|

 Raymond Gay, Plan-Cerisier, 1921 Martigny-Croix,
079 277 93 52

 www.velan.ch
raymond@velan.ch

 Bourg-St-Pierre - Cordonna - P.2020 ou P.2154
(T2, 2 h 15' de Cordonna, 3 h de Bourg-St-Pierre)

 Bourg-St-Pierre (🚌), Cordonna (🚐)

 Bourg-St-Pierre (🚌)

 Cabane de Valsorey - Col du Meitin - Cabane F.-X. Bagnoud;
Cabane de Valsorey (- Bivacco Biagio Musso) - Col du Sonadon -
Cabane de Chanrion

# Cabane des Vignettes CAS

 3160 m
602.870 / 093.140

 027 283 13 22

 1347 Matterhorn
283 Arolla

 CAS Monte Rosa,
1950 Sion

| 125 |
|-----|
| 15  |

| I | II | III | IV | V | VI | VII | VIII | IX | X | XI | XII |
|---|----|-----|----|---|----|-----|------|----|---|----|-----|

 Jean-Michel & Karine Bournissen, 1986 Arolla,
027 283 21 87 / Fax 027 283 20 85

 CAS Section Monte Rosa, Route du Sanetsch 11, 1950 Sion,
027 322 08 10

 jean-michel.bournissen@span.ch

 Arolla - P.2204 - Lac P.2519 - Glacier de Pièce
(L, ⌁, 3 h 30')

 Arolla (🚌)

 Arolla (🚌)

 Col de l'Evêque - Refuge des Bouquetins ou Rifugio Nacamuli;
Col de l'Evêque - Col du Mont Brulé - Rifugio Aosta ou Cabane de
Bertol ou Cabane de la Dent Blanche ou Schönbielhütte; Col Collon -
Prarayer; Pas de Chèvres - Cabane des Dix; Glacier d'Otemma -
Cabane de Chanrion ou Bivouac de l'Aiguillette à la Singla

# Weisshornhütte SAC

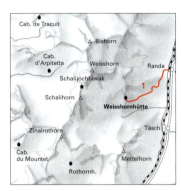

 2932 m
623.580 / 103.880

 027 967 12 62

 1328 Randa
284 Mischabel

 SAC Basel,
4000 Basel

| 30 |  |  |  |  |  |  |  |  |  |  |  |  |
|----|--|--|--|--|--|--|--|--|--|--|--|--|
| 18 |  |  |  |  |  |  |  |  |  |  |  |  |

| I | II | III | IV | V | VI | VII | VIII | IX | X | XI | XII |
|---|----|-----|----|---|----|-----|------|----|---|----|-----|
|   |    |     |    |   |    |     |      |    |   |    |     |

 Renate & Luzius Kuster, Haus Feuerdorn, 3928 Randa,
027 967 38 53

 Randa - Eien - Rötiboden - Jatz
(T3, 4 h 30')

 Randa (🚌)

 Weisshorn - Cabane de Tracuit

# Weissmieshütte SAC

 2726 m
641.660 / 110.400

 027 957 25 54

 1309 Simplon
274 Visp

 SAC Olten,
4600 Olten

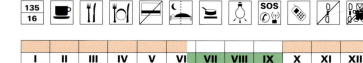

| I | II | III | IV | V | VI | VII | VIII | IX | X | XI | XII |
|---|----|-----|----|---|----|----|-----|----|---|----|-----|

 Armin Anthamatten, Haus Weissmies, 3910 Saas Grund,
027 957 24 81

 Philipp Stampfli, Stationenweg 14, 4616 Kappel,
079 648 05 33

 Glacier Sport, 3910 Saas Grund,
027 957 18 22

 Saas Grund - Triftalp - Chrizbode
(T2, 45' vom Chrizbode, 3 h 30' von Saas Grund)

 Hohsaas
(T2, 30')

 Kreuzboden (🚠), Hohsaas (🚠), Saas Grund (🚡)

 Kreuzboden (🚠), Hohsaas (🚠), Saas Grund (🚡)

 Chrizbode - Almagelleralp - Almagellerhütte oder Saas Almagell;
Leiternweg - Grüebe - Heimischgartu - Saas Balen

# Bivacco Piero de Zen (Fletschhornbiwak)

 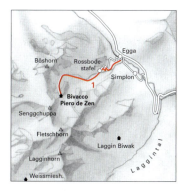

 3014 m
643.560 / 115.000

 1309 Simplon
274 Visp

 SAC Monte Rosa,
Ortsgruppe Brig, 3900 Brig

 9/9

| I | II | III | IV | V | VI | VII | VIII | IX | X | XI | XII |
|---|----|----|----|---|----|-----|------|----|---|----|-----|
|   |    |    |    |   |    |     |      |    |   |    |     |

Keine Reservationen
*Pas de réservations*

 **i** Silvan Zenklusen, 3907 Simplon Dorf,
076 425 00 12

 silvanzenklusen@freesurf.ch

 Egga - Rossbodestafel - Griessernugletscher
(L, ↗, 3 h von Rossbodestafel, 4 h von Egga)

 Simplon Dorf/Eggen (🚌)

 Simplon Dorf/Eggen (🚌)

Breitloibgrat - Fletschhorn - Weissmieshütte - Saas Grund;
Rossbodepass - Nanztal oder Saastal

© Marco Volken

Berglihütte SAC

# Freiburger, Waadtländer und Berner Alpen
# Alpes fribourgeoises, vaudoises et bernoises

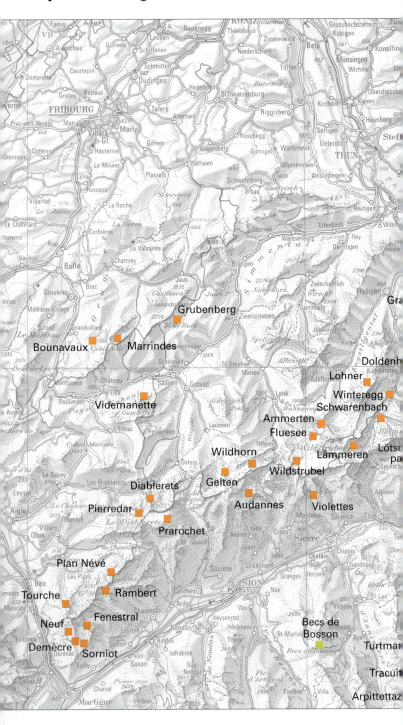

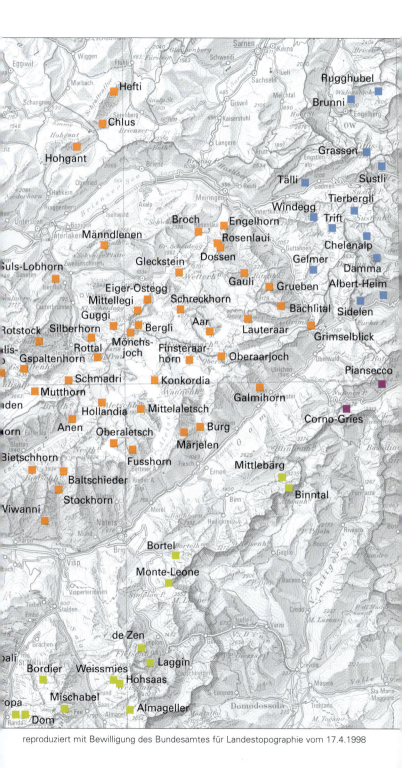

Hefti
Chlus
Hohgant
Rugghubel
Brunni
Grassen
Tälli
Sustli
Tierbergli
Windegg
Trift
Broch
Engelhorn
Rosenlaui
Chelenalp
Männdlenen
Dossen
Gelmer
Damma
Gleckstein
Gauli
Grueben
Albert-Heim
Eiger-Ostegg
Schreckhorn
Bächlital
Sidelen
Mittellegi
Guggi
Aar
Lauteraar
Rotstock
Silberhorn
Bergli
Grimselblick
Rottal
Mönchs-joch
Finsteraar-horn
Oberaarjoch
Piansecco
Gspaltenhorn
Schmadri
Konkordia
Galmihorn
Mutthorn
Hollandia
Mittelaletsch
Corno-Gries
Anen
Oberaletsch
Burg
Bietschhorn
Märjelen
Mittlebärg
Fusshorn
Binntal
Baltschieder
Stockhorn
Viwanni
Bortel
Monte-Leone
de Zen
Laggin
Bordier
Weissmies
Hohsaas
Mischabel
Almageller
Dom

reproduziert mit Bewilligung des Bundesamtes für Landestopographie vom 17.4.1998

# Aarbiwak SAC

 2733 m
654.720 / 156.270

 1249 Finsteraarhorn
264 Jungfrau

 SAC Pilatus,
6000 Luzern

  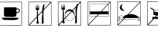       

| I | II | III | IV | V | VI | VII | VIII | IX | X | XI | XII |
|---|----|-----|----|---|----|-----|------|----|---|----|-----|
| | | | | | | | | | | | |

 Kocher mitnehmen
*Pas de réchaud*

 Markus Brefin, Angelgasse 6, 6317 Oberwil,
041 710 39 42 / 041 310 60 35 / 033 744 36 11

 brefin@rdx.ch
www.sac-pilatus.ch

 Grimsel Hospiz - Meder - Unteraargletscher - Finsteraargletscher -
Strahlegggletscher (L, ↗, 7 h)

 Grimsel - Oberaar - Oberaarbach - Unteraargletscher - Strahlegggletscher (Grimselsee gefährlich / dangereux) (WS, ↗, 7 h 30')

 Grimsel Hospiz (🚌)

 Guttannen (🚌), Oberwald (🚂)

 Finsteraargletscher - Lauteraarhütte; Strahleggpass oder Finsteraarjoch - Schreckhornhütte; Scheuchzerjoch - Oberaarjochhütte;
Agassizjoch - Finsteraarhornhütten

# Ammertenhütte

 1830 m
605.850 / 141.620

 1267 Gemmi
263 Wildstrubel

 Hans Allemann,
3775 Lenk

| 8 | | | | | | | | SOS | | | | |
|---|---|---|---|---|---|---|---|---|---|---|---|---|
| 8 |  |  |  |  |  |  |  |  |  |  |  | |

| I | II | III | IV | V | VI | VII | VIII | IX | X | XI | XII |
|---|---|---|---|---|---|---|---|---|---|---|---|
| | | | | | | | | | | | |

Im Winter nicht benutzbar
*Fermée en hiver*

 Türfalle nach oben drücken
*Ouvrir la serrure vers le haut*

 Hans Allemann, Burgbühl, 3775 Lenk,
033 733 12 86

 **1** Lenk - Oberried/Simmenfälle - Staldenweid - Ammerten
(T2, 2 h 30' von Simmenfälle, 3 h 30' von Lenk)

 **2** Engstligenalp - Ammertenpass - Ammerten Schafberg
(T3, 3 h)

 Lenk/Simmenfälle (🚌), Engstligenalp (🚠)

 Lenk/Simmenfälle (🚌), Engstligenalp (🚠)

 Ammertenhorn oder Rezliberg - Flueseehütte - Wildstrubelhütte;
Ammertenspitz - Äugi-Lowa-Weg - Bummeregrat - Hahnenmoospass

# Anenhütte

 2358 m
636.340 / 144.900

 1268 Lötschental
264 Jungfrau

 027 939 17 64

 Genossenschaft Anenhütte,
3918 Wiler

| 50 | | | | | | | | | | | |
|----|----|----|----|----|----|----|----|----|----|----|----|
| 10 | | | | | | | | | | | |

| I | II | III | IV | V | VI | VII | VIII | IX | X | XI | XII |
|---|----|----|----|----|----|----|----|----|----|----|----|
|   |    |    |    |    |    |    |    |    |    |    |    |

 Peter Henzen, 3919 Blatten,
079 354 58 90

 andre@henzen.com
www.henzen.com/anen

 Fafleralp - Gletscherstafel - Grundsee - P.1978
(T2, 2 h 30')

 Fafleralp - Gletscherstafel - P.2015 - Anunbach
(T2, 2 h 30')

 Fafleralp (🚌)

 Blatten (🚌)

 Langgletscher - Hollandiahütte - Konkordiahütten;
Beichpass - Oberaletschhütten

# Cabane des Audannes

 2508 m
595.800 / 132.450

 1286 St-Léonard
273 Montana

 079 310 90 60

 Ass. de la Cabane des
Audannes, 1972 Anzère

| I | II | III | IV | V | VI | VII | VIII | IX | X | XI | XII |
|---|----|-----|----|---|----|-----|------|----|---|----|-----|

 Armand Dussex, Eglise 6, 1974 Arbaz,
079 310 90 60

 info@audannes.ch
www.audannes.ch

 Pas de Maimbré - Donin - La Selle - Les Audannes
(T3, 2 h 30')

 Les Rousses - Serin - Poédasson - P.2321
(T3, 2 h 30')

 Pas de Maimbré ( ), Les Rousses ( )

 Les Rousses ( )

Col des Audannes - Grand'Gouilles - Col du Sanetsch; Wildhorn ou
Schnidejoch - Wildhornhütte; Col des Eaux Froides - Col du Rawil -
Wildstrubelhütte ou Iffigenalp; Col du Brochet - Geltenhütte

# Bächlitalhütte SAC

 2328 m
664.680 / 159.870

 1230 Guttannen
255 Sustenpass

 033 973 11 14

 SAC Am Albis,
8910 Affoltern am Albis

| 75 |
|----|
| 20 |
  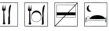       

| I | II | III | IV | V | VI | VII | VIII | IX | X | XI | XII |
|---|----|----|----|---|----|-----|------|----|----|----|-----|

 Monika & Walter Lüthi, Bergführer, 6083 Hasliberg,
033 971 35 51 (Tel+Fax)

 baechlital@bluewin.ch, monika.luethi@gmx.ch
www.baechlitalhuette.ch

 Räterichsbodensee/Gerstenegg - Bächlisboden
(T2, 2 h)

 Räterichsboden (🚌)

 Guttannen (🚌), Handegg (🚐), Gerstenegg (☎ 033 982 20 11)

 Obri Bächli-Licken - Gaulihütte; Undri Bächli-Licken - Gruebenhütte;
Fellenberglicken - Lauteraarhütte

# Balmhornhütte SAC

 1956 m
619.280 / 144.470

 1267 Gemmi
263 Wildstrubel

 033 675 13 40

 SAC Altels,
3718 Kandersteg

| 26 |  |  |  |  |  |  |  |  | SOS  |  |  |  |
|----|---|---|---|---|---|---|---|---|---|---|---|---|
| 6  |   |   |   |   |   |   |   |   |   |   |   |   |

| I | II | III | IV | V | VI | VII | VIII | IX | X | XI | XII |
|---|----|-----|----|----|----|-----|------|----|----|----|-----|
|   |    |     |    |   |    |     |      |    |   |    |     |

 Jakob Schmid, Künzistegstrasse 20, 3714 Frutigen,
033 671 12 31 / 079 622 03 63

 balmhornhuette@luethistef.ch
www.luethistef.ch/sac-altels

 Kandersteg - Eggeschwand - Chluse - Waldhus - Gastereholz
(T3, ⚟, 2 h von Waldhus, 3 h 15' von Kandersteg)

 Neubrücke/Waldhaus (🚌), Kandersteg (🚂)

 Gfelalp - Lötschenpasshütte - Lötschental; Waldhus - Gurnigel -
Berghotel Schwarenbach - Gemmipass oder Lämmerenhütte

# Baltschiederklause SAC

 2783 m
634.700 / 138.290

 1268 Lötschental
264 Jungfrau

 027 952 23 65

 SAC Blümlisalp,
3600 Thun

| I | II | III | IV | V | VI | VII | VIII | IX | X | XI | XII |
|---|----|-----|----|----|-----|-----|------|----|----|----|-----|

 Beat & Marie-Paule Leiggener, Hehbirche, 3938 Ausserberg,
027 946 23 51 / 079 655 94 79 / 027 946 24 66 (Fax)

**i R** Hans Ulrich Mani, Weier 206, 3664 Burgistein-Dorf,
033 356 36 79 / 031 324 30 15

**@** baltschiederklause@oberwallis.ch
www.rhone.ch/baltschiederklause

**1** Ausserberg - P.1264 - Stollen (T2) oder Niwärch (T4) - Baltschiedertal -
Hohbitzu (T2, ◄═, 5 h 30' von P.1264, 6 h 30' von Ausserberg)

**2** Eggen - Gorperi Suon - Ze Steinu - Baltschiedertal - Hohbitzu
(T3, 6 h)

Ausserberg (═══), P.1264 (═══), Eggerberg/Eggen (═══)

Ausserberg (═══), P.1264 (═══), Eggerberg/Eggen (═══)

Hohbitzu - Stockhornbiwak; Baltschiederlicka - Gredetschjoch -
Oberaletschhütten; Hohbitzu - Eiiltini - Underbärg (Klettersteig/*Via
Ferrata*) - Wiwannihütte; Baltschiederjoch (- Bietschhornhütte) -
Lötschental

# Berglihütte SAC

 3299 m
644.610 / 157.440

 1249 Finsteraarhorn
264 Jungfrau

 SAC Bern,
3000 Bern

| 22 | | | | | | | | | | | |
| 22 | | | | | | | | | | | |

| I | II | III | IV | V | VI | VII | VIII | IX | X | XI | XII |
|---|---|---|---|---|---|---|---|---|---|---|---|

 Heinz Inäbnit, Aegertzaunstrasse 15, 3812 Wilderswil,
033 828 78 13 / 079 456 53 69

 www.sac-bern.ch

 Jungfraujoch - Sphinxstollen - Obers Mönchsjoch - Unders
Mönchsjoch (WS, ↗, 2 h 30')

 Jungfraujoch (🚂)

 Jungfraujoch (🚂)

 Unders Mönchsjoch (- Mönchsjochhütte) - Konkordiahütten;
Challi - Stieregg - Grindelwald; Zäsenberg - Schreckhornhütte

# Bietschhornhütte

 2565 m
629.110 / 138.260

 1268 Lötschental
264 Jungfrau

079 305 85 94

Akademischer Alpenclub
Bern, 3000 Bern

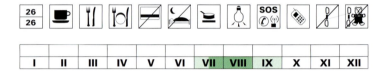

| I | II | III | IV | V | VI | VII | VIII | IX | X | XI | XII |
|---|----|----|-----|---|----|-----|------|----|---|----|-----|
|   |    |    |     |   |    |     |      |    |   |    |     |

 Anni Imstepf, Obergesch, 3942 Niedergesteln
027 934 22 81

 www.aacb.ch

 **1** Blatten oder Ried - Nästwald - P.1978 - Howitzen
(T3, 3 h)

 **2** Wiler - Schwarze Wald - Nästmatte - Howitzen
(T3, 3 h 15')

 Blatten (🚌), Ried (🚌), Wiler (🚌)

 Bietschjoch - Reemi - Bietschtal - Ausserberg oder Raron;
Baltschiederjoch - Baltschiederklause; Innre und Uistre Wilerrigg -
Bätzlerrigg - Gattunmandli - Ferden oder Goppenstein

# Blümlisalphütte SAC

 2834 m
625.560 / 151.030

033 676 14 37

1248 Mürren
264 Jungfrau

SAC Blüemlisalp,
3600 Thun

| 138 | | | | | | | | SOS | | 3a | |
| 20 | | | | | | | | | | 6b | |

| I | II | III | IV | V | VI | VII | VIII | IX | X | XI | XII |
|---|----|-----|----|---|----|-----|------|----|---|----|-----|
|   |    |     |    |   |    |     |      |    |   |    |     |

 Bernhard Mani, Bergführer, 3723 Kiental,
033 676 22 91 / 079 439 78 94

Hans-Ulrich Mani, Weier, 3664 Burgistein-Dorf,
033 356 36 79 / 031 324 30 15

h.u.mani@bluewin.ch / be.mani@bluewin.ch
www.mypage.bluewin.ch/bluemlisalphuette

**1** Kandersteg - Oeschinensee - Holzbalme oder Heuberg - Oberbärgli -
Hohtürli (T2, 4 h vom Oeschinensee, 5 h 30' von Kandersteg)

**2** Griesalp - Oberi Bundalp - Schnattweng - Hohtürli
(T3, 🚠, 4 h)

Oeschinen (🚟), Kandersteg (🚂), Griesalp (🚌)

Oeschinen (🚟), Kandersteg (🚂), Kiental (🚌)

Zahmi Frau oder Oberloch - Gamchigletscher (- Gspaltenhornhütte) -
Gamchilücke - Mutthornhütte; Sefinenfurgge - Rotstockhütte;
Oberbärgli - Fründschnuer - Fründenhütte

# Cabane de Bounavaux

 1620 m
576.500 / 153.570

 *(téléphone)*

 1245 Château-d'Oex
262 Rochers de Naye

 Pro Natura Fribourg,
1700 Fribourg

| 50 | | | | | | | | | | | | |
|----|---|---|---|---|---|---|---|---|---|---|---|---|
| 10 | | | | | | | | | | | | |

| I | II | III | IV | V | VI | VII | VIII | IX | X | XI | XII |
|---|----|-----|----|----|----|-----|------|----|---|----|-----|

 Repas: seulement potage
*Mahlzeiten: nur Suppe*

 Charly Girard, Le Closalet, 1661 La Pâquier FR,
026 912 32 77

 info@cas-gruyere.ch
www.cas-gruyere.ch

 Grandvillard - Les Baudes
(T2, 3 h de Grandvillard, 1 h de Les Baudes)

 Grandvillard (🚌/🚈), Les Baudes (🚕)

 Chalet de Tsermon ou Col de Bounavalette - Vallée de Motélon;
Col de Bounavalette - Les Roches Pourries - Chalet Les Marrindes -
Gros Mont

# Brochhütte

 1499 m
653.580 / 170.160

 1209 Brienz
254 Interlaken

 033 971 33 77

 SAC Oberhasli,
3860 Meiringen

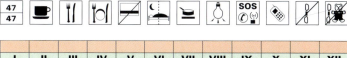

| I | II | III | IV | V | VI | VII | VIII | IX | X | XI | XII |
|---|----|-----|----|----|----|-----|------|----|----|----|-----|

 Käthi und Daniel Flühmann, Bergführer/in, 3857 Unterbach,
033 971 48 40 (Tel+Fax)

 fluehmann@hasliguides.ch

 Schwarzwaldalp
(T1, 15')

 Schwarzwaldalp (🚌)

 Schwarzwaldalp (🚌/🚗)

 Rosenlaui - Rosenlauibiwak - Dossenhütte;
Rosenlaui - Engelhornhütte

# Burghütte

 1751 m
653.540 / 144.650

 1269 Aletschgletscher
264 Jungfrau

 027 971 40 27

 Fam. Hubert Volken,
3984 Fiesch

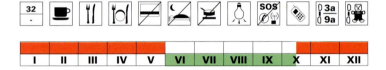

| 32 | | | | | | | | SOS | | 3a | |
| -- | | | | | | | | | | 9a | |

| I | II | III | IV | V | VI | VII | VIII | IX | X | XI | XII |
|---|---|---|---|---|---|---|---|---|---|---|---|

 Fam. Hubert Volken, Bergführer, 3984 Fiesch,
027 971 11 82 / 027 971 40 27

 Fieschertal - Unnerbärg - Titter
(T2, 1 h 30')

 Fieschertal (🚌)

 Fieschertal (🚌)

 Gletscherstube Märjelen - Eggishorn oder Bettmerhorn oder
Riederfurka; Grosser Aletschgletscher - Konkordiahütten;
Fieschergletscher - Finsteraarhornhütten oder Oberaarjochhütte

# Chlushütte

 1774 m
639.580 / 184.950

 1189 Sörenberg
244 Escholzmatt

 SAC Entlebuch,
6162 Entlebuch

| 18 | | | | | | | | | | | | SOS | | 3a | |
|----|---|---|---|---|---|---|---|---|---|---|---|-----|---|----|---|
| 18 | | | | | | | | | | | | | | 5a | |

| I | II | III | IV | V | VI | VII | VIII | IX | X | XI | XII |
|---|----|----|----|----|----|----|----|----|----|----|----|

Hütte geschlossen, Schlüsselbezug nach Reservation
*Cabane fermée, dépôt des clefs*

 Josef Bucher, Spitalmatte 5, 6110 Wolhusen,
041 490 33 25

 ji.pm@bluewin.ch
www.sac-entlebuch.ch

 **1** Hirsegg P.1070 - Stächelegg - Schlund
(T2, 2 h)

 **2** (Winter/*hiver*: Husegg - ) Wagliseiboden P.1316 - Schlund
(T2, 1 h 30' ab Wagliseiboden, 1 h 45' ab Husegg)

 **3** Kemmeriboden - Schneebergli - Ober Imbärgli
(T2, 2 h 15')

 Flühli/Hirsegg P.1070 (🚌), Wagliseiboden (🚐),
Kemmeriboden (🚌)

 Flühli/Hirsegg P.1070 (🚌), Husegg (⛷), Kemmeriboden (🚌)

 Hengst - Heftihütte - Hilferenpass oder Flühli;
Hengst - Imbrig - Marbach

# Cabane du Demècre

 2361 m
572.480 / 113.680

027 746 35 87

1305 Dent de Morcles
272 St-Maurice

Club Les Trotteurs,
1926 Fully

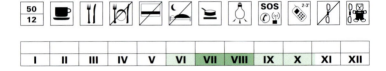

| 50 | | | | | | | SOS | | | | |
|----|--|--|--|--|--|--|-----|--|--|--|--|
| 12 | | | | | | | | | | | |

| I | II | III | IV | V | VI | VII | VIII | IX | X | XI | XII |
|---|----|----|----|---|----|----|------|----|---|----|-----|

Benoît Dorsaz, ch. de l'Etray 30, 1926 Fully,
027 746 11 25

Office du tourisme, 1926 Fully,
027 746 20 80 (Tel+Fax)

cabane@demecre.ch
www.demecre.ch

**1** L'Erié (ou Fully - Planuit - Les Garettes) - Sorniot
(T2, 2 h 15' de L'Erié ou de Les Garettes, 6 h de Fully)

**2** Champex d'Allesse - La Giète ou Sex Carro
(T2, 4 h 30')

**3** Ovronnaz ou Jorasse - Euloi - Cabane du Fenestral
(T2, 2 h 30' de Jorasse, 4 h d'Ovronnaz)

**4** Chalet Neuf - Le Dzéman
(T2, 1 h 30')

L'Erié (🚐), Les Garettes (🚐), Fully (🚌), Champex d'Allesse (🚠),
Jorasse (🚠), Ovronnaz (🚌)

Champex d'Allesse (🚠), Jorasse (🚠), Ovronnaz (🚌)

Cabane de Sorniot - Cabane du Fenestral - Cabane Rambert;
Chalet Neuf - Cabane de la Tourche ou Morcles

# Cabane des Diablerets CAS

 2485 m
582.810 / 131.950

 024 492 21 02

 1285 Les Diablerets
272 St-Maurice

 CAS Chaussy,
1860 Aigle

| 60 | | | | | | | | | | | |
|----|---|---|---|---|---|---|---|---|---|---|---|
| 25 | | | | | | | | | | | |

| I | II | III | IV | V | VI | VII | VIII | IX | X | XI | XII |
|---|----|-----|----|----|----|-----|------|----|----|----|-----|
|   |    |     |    |    |    |     |      |    |    |    |     |

En hiver clé chez / *Im Winter Schlüssel bei:* Col du Pillon, Reusch et Cabane (stations Glacier 3000), Restaurant Col du Pillon (dépôt Fr. 30.–)

☺ **i R** Chantal Jotterand, Rue du Collège 14, 1170 Aubonne

**i** Gaston Gigandet, Bourg-de-Plaît 22, 1605 Chexbres, 021 946 21 79

⚒ Col du Pillon, ⚒ Reusch,
⚒ Cabane des Diablerets (Tête aux Chamois)

**1** ☀❄ ⚒ Cabane des Diablerets (Tête aux Chamois)
(T1, 5')

**2** ☀❄ Reusch - Oldenegg - Entre la Reille
(T2, 4 h)

**3** ☀❄ Col du Pillon - Le Reposoir - Vire aux Dames
(T5, 🚠, 2 h 30')

☀ ⟷ Cabane des Diablerets (⚒), Reusch (🚡), Col du Pillon (🚡)

❄ ⟷ Cabane des Diablerets (⚒), Reusch (🚡), Col du Pillon (🚡)

 Glacier de Tsanfleuron - Cabane de Prarochet - Col du Sanetsch - Cabane des Audannes ou Geltenhütte ou Wildhornhütte; Glacier de Prapio - Refuge de Pierredar; Sommet des Diablerets - Anzeindaz ou Derborence

# Doldenhornhütte SAC

 1915 m
619.870 / 148.430

 033 675 16 60

 1247 Adelboden
263 Wildstrubel

 SAC Emmental,
3550 Langnau

| 43 / 10 |  |  |  |  |  |  |  |  |  |  |
|---|---|---|---|---|---|---|---|---|---|---|

| I | II | III | IV | V | VI | VII | VIII | IX | X | XI | XII |
|---|---|---|---|---|---|---|---|---|---|---|---|

 Toni Inniger, Frutigenstrasse, 3711 Emdthal,
079 711 78 09

 www.doldenhornhuette.ch

 **1** Kandersteg - Öschiwald - Biberg
(T2, 2 h 30')

 **2** Kandersteg - Filfalle - Holzfad - Biberg
(T2, 2 h 30')

 Kandersteg (🚋)

 Kandersteg (🚋)

 Fisialp - Jegertosse - Kandersteg; Doldenhorngletscher -
Fründenhütte

# Dossenhütte SAC

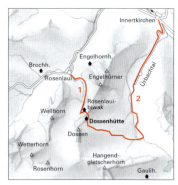

 2663 m
655.940 / 167.360

033 971 44 94

 1230 Guttannen
255 Sustenpass

SAC Oberaargau,
4900 Langenthal

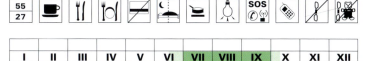

| 55 | | | | | | | | | | | |
|----|---|---|---|---|---|---|---|---|---|---|---|
| 27 | | | | | | | | | | | |

| I | II | III | IV | V | VI | VII | VIII | IX | X | XI | XII |
|---|----|----|----|----|----|-----|------|-----|----|----|----|

Cyrille Zwicky, Rosenbordstrasse 28, 8867 Niederurnen,
055 610 32 28 / 079 332 97 70

 cyzwicky@bluewin.ch (nur ausserhalb der Saison / *hors saison*)
www.dossenhuette.ch

**1** Rosenlaui - Dossenweg - Rosenlauibiwak - Dossengrat
(Winter/*hiver*: Rosenlauigletscher - Dossensattel) (T4, 🚠, 4 h 30′)

**2** Innertkirchen - Ürbachtal - Schrätteren - Enzen - Fleschen
(T3, 6 h vom Ürbachtal, 7 h von Innertkirchen)

Rosenlaui (🚌), Innertkirchen (🚌), Ürbachtal (🚕)

Rosenlaui (🚕), Meiringen (🚌)

Westliche Wätterlimi oder Ränfenhorn - Gauligletscher - Gaulihütte;
Rosenegg oder Wettersattel - Glecksteinhütte

# Eiger-Ostegghütte

 2317 m
646.160 / 161.200

 1229 Grindelwald
254 Interlaken

 Bergführerverein Grindelwald, 3818 Grindelwald

| 12/12 | | | | | | | | | | | |
|---|---|---|---|---|---|---|---|---|---|---|---|
| **I** | **II** | **III** | **IV** | **V** | **VI** | **VII** | **VIII** | **IX** | **X** | **XI** | **XII** |

Hütte geschlossen, Schlüsselcode bei Grindelwald Sports
*Cabane fermée, code clé auprès de Grindelwald Sports*

 Grindelwald Sports, 3818 Grindelwald,
033 854 12 90 / Fax 033 854 12 95

 info@grindelwaldsports.ch
www.grindelwald.ch/mittellegi

 Alpiglen - P.1752 - Klettersteig/*Via ferrata*
(T6, 〰, 3 h 30')

 Alpiglen (🚂)

 Hörnli - Mittellegihütte

# Engelhornhütte

 1901 m
656.170 / 170.480

 1210 Innertkirchen
255 Sustenpass

 033 971 47 26

 Akademischer Alpenclub
Bern, 3000 Bern

 50 / 50

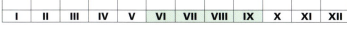

| I | II | III | IV | V | VI | VII | VIII | IX | X | XI | XII |
|---|----|-----|----|---|----|-----|------|----|---|----|-----|

 Halbpension nur auf Vorbestellung
*Demi-pension uniquement sur commande*

 Bruno Scheller, Rudenz 30, 3860 Meiringen,
033 971 35 37 (Tel+Fax) / 079 606 79 51

 c.scheller@gmx.ch

 Rosenlaui - Rosenlauischlucht - Ochsental
(T3, 1 h 30')

 Gschwantenmad oder Chaltenbrunnensäge/Schwand -
Gross Rychenbach - Graaggi - Gemschistein (T3, 🚌, 2 h)

 Rosenlaui (🚌), Gschwandtenmaad (🚌), Kaltenbrunnen (🚌)

 Dossenweg - Dossenhütte - Schrätteren - Ürbachtal

# Cabane du Fenestral

 2440 m
573.900 / 115.340

 1305 Dent de Morcles
272 St-Maurice

 027 746 28 00

 Ski-Club Chavalard,
1926 Fully

| I | II | III | IV | V | VI | VII | VIII | IX | X | XI | XII |
|---|----|-----|----|---|----|-----|------|----|---|----|-----|

**i R**   Office du Tourisme, case postale 137, 1926 Fully,
027 746 20 80 / Fax 027 746 41 64 (8h30–11h30, 13h30–16h30)

**@**   fenestral@chavalard.com / ot@fully.ch
www.chavalard.com / www.fully.ch

**1**   Ovronnaz ou Jorasse - Euloi - Col de Fenestral
(T2, 2 h de Jorasse, 3 h 30' d'Ovronnaz)

**2**   Fully - Buitonnaz - Chiboz - L'Erié - Montagne de Fully
(T2, 2 h 30' de L'Erié, 6 h 45' de Fully)

**3**   Champex d'Allesse - La Giète ou Sex Carro - Portail de Fully -
Cabane de Sorniot (T2, 4 h 30')

Jorasse (🚠), Ovronnaz (🚌), L'Erié (🚐), Fully (🚌),
Champex d'Allesse (🚠)

Jorasse (🚠), Ovronnaz (🚌), Champex d'Allesse (🚠)

Cabane de Sorniot; Saille - Cabane Rambert; Cabane du Demècre -
Chalet Neuf - Cabane de la Tourche ou Morcles

# Finsteraarhornhütten SAC

 3048 m
651.860 / 152.520

 033 855 29 55

 1249 Finsteraarhorn
264 Jungfrau

 SAC Oberhasli,
3860 Meiringen

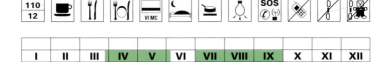

| I | II | III | IV | V | VI | VII | VIII | IX | X | XI | XII |
|---|----|-----|----|---|----|-----|------|----|----|-----|-----|

 Heinz von Weissenfluh, 6086 Hasliberg-Reuti,
033 971 40 80 / 079 321 89 09

 finsteraarhornhuette@bluewin.ch
www.finsteraarhornhuette.ch

 **1** Jungfraujoch - Sphinxstollen - Jungfraufirn - Konkordiaplatz -
Grünhornlücke (L, ↗, 6 h)

**2** Jungfraujoch - Obers Mönchsjoch - Fiechersattel -
Walliser Fiescherfirn (WS, ↗, 8 h)

**3** Eggishorn oder Fiescheralp - Konkordiaplatz - Grünhornlücke
(L, ↗, ◄, 7 h 30' vom Eggishorn, 8 h von der Fiescheralp)

**4** Berghaus Oberaar - Oberaarjoch - Gemschlicke oder Rotloch
(L, ↗, 7 h)

 Jungfraujoch (🚠), Eggishorn (🚡), Fiescheralp (🚡),
Grimselpass (🚌), Berghaus Oberaar (🚐)

 Jungfraujoch (🚠), Eggishorn (🚡), Fiescheralp (🚡)

 Grünhornlücke (- Konkordiahütten) - Hollandiahütte - Anenhütte;
Galmilicke oder Bächilicke - Galmihornhütte; Fiechersattel -
Mönchsjochhütte; Fiechergletscher - Fiechertal

# Flueseehütte

 2049 m
604.680 / 139.990

 1267 Gemmi
263 Wildstrubel

 Fluhseeverein,
3775 Lenk

| I | II | III | IV | V | VI | VII | VIII | IX | X | XI | XII |
|---|----|-----|----|---|----|-----|------|----|----|----|----|

Keine Reservationen möglich, Hütte jeweils 31.7.–1.8. besetzt
*Pas de réservations, cabane occupée chaque 31.7.–1.8.*

 Nur Sommerbetrieb
*Utilisable seulement en été*

 Werner Buchs, Oberriedstrasse 39, 3775 Lenk,
033 733 25 15 / 079 720 12 30

 Lenk - Oberried/Simmenfälle - Rezlibergli - Flueschafberg - Flueseeli
(T3, 3 h von Simmenfälle, 4 h von Lenk)

 Iffigenalp - Blattihütte - Rawilseeleni - Tierbergsattel - P.2326 -
Flueseeli (T3, 5 h)

 Lenk/Simmenfälle (🚐), Iffigenalp (🚐)

 Ammertenhorn oder Rezliberg - Ammertenhütte; Glacier de la Plaine
Morte - Cabane des Violettes oder Wildstrubelhütte; Tierbergsattel -
Rawilpass oder Wildstrubelhütte; Wildstrubel - Lämmerenhütte

# Fründenhütte SAC

 2562 m
623.280 / 148.080

 1248 Mürren
264 Jungfrau

 033 675 14 33

 SAC Altels,
3718 Kandersteg

| 70 |  |  |  |  |  |  |  |  |  |  |
| 12 | | | | | | | | | | |

| I | II | III | IV | V | VI | VII | VIII | IX | X | XI | XII |
|---|----|----|----|---|----|-----|------|----|---|----|----|

 Fritz Loretan, Hüttenwart, Chalet Fink, 3718 Kandersteg,
033 675 18 38 / 079 603 94 89 / 033 675 18 02 (Tel+Fax)

 f.loretan@bluewin.ch
www.fruendenhuette.ch

 Kandersteg - Oeschinensee - I de Fründe
(T3, 3 h vom Oeschinensee, 4 h 30' von Kandersteg)

 Oeschinen (🚡), Kandersteg (🚠)

 Fründenjoch - Gasteretal; Fründschnuer - Oberbärgli -
Blümlisalphütte; Doldenhorngletscher - Doldenhornhütte

# Fusshornbiwak

 2788 m
643.800 / 140.800

 1269 Aletschgletscher
264 Jungfrau

 Bergführerverein Belalp,
3914 Blatten

  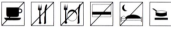      

| I | II | III | IV | V | VI | VII | VIII | IX | X | XI | XII |
|---|----|-----|----|---|----|-----|------|----|----|----|-----|

Keine Reservationen
*Pas de réservations*

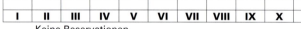

 Schlüssel im Kasten neben Türe
*Clefs dans la boîte à côté de la porte*

 Peter Schwitter, Bergführer, 3904 Naters,
027 924 30 64

 Alpin Center, 3914 Blatten,
027 923 73 13

 Belalp - Hotel Belalp - P.2127
(T4, 3 h 30')

 Riederalp - Riederfurka - Grosser Aletschgletscher - Driest
(L, ✈, 4 h 30')

 Belalp ( 🚠 ), Riederalp ( 🚠 )

 Belalp ( 🚠 ), Riederalp ( 🚠 )

 P.2127 - Oberaletschhütten; Grosser Aletschgletscher -
Mittelaletschbiwak oder Konkordiahütten

# Galmihornhütte

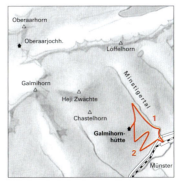

2113 m
661.750 / 148.980

027 973 39 19

1250 Ulrichen
 265 Nufenenpass

Ski-Club Münster,
3985 Münster

| 44 | | | | | | | | | | | |
|----|--|--|--|--|--|--|--|--|--|--|--|
| 44 | | | | | | | | | | | |

| I | II | III | IV | V | VI | VII | VIII | IX | X | XI | XII |
|---|----|-----|----|---|----|-----|------|----|---|----|-----|

 Bacher Sport, 3985 Münster,
027 973 13 28 (Tel+Fax)

**1** Münster - Biel - P.1603 - P.1913
(T2, 2 h)

**2** Münster - Riti oder P.1521 - Göuchete - P.1787 - P.1913
(T1, 2 h 30' von Münster, 15' von  Galmihornhütte)

Münster (🚌), Galmihornhütte (🚐)

Münster (🚌)

Gommer Höhenweg - Oberwald; Gommer Höhenweg - Bellwald;
Galmilicke oder Bächilicke - Oberaarjochhütte oder Finsteraarhornhütten

# Gaulihütte SAC

 2205 m
659.580 / 163.910

 033 971 31 66

 1230 Guttannen
255 Sustenpass

 SAC Bern,
3000 Bern

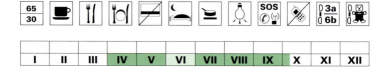

| 65 30 | | | | | | | | | | | |
|---|---|---|---|---|---|---|---|---|---|---|---|
| I | II | III | IV | V | VI | VII | VIII | IX | X | XI | XII |

 Zustieg 1 im Winter stark lawinengefährdet, Hüttenwart anfragen
*Accès 1 dangereux en hiver, demander au gardien*

 Reto und Andrea Schild-Schläppi, Schrändli, 6086 Hasliberg-Reuti,
033 971 58 85

 schild.re@bluewin.ch
www.gauli.ch

 Innertkirchen - Ürbachtal - Schrätteren - Hohwang oder Mattenalpsee
(T2, 4 h 30' vom Ürbachtal, 5 h 30' von Innertkirchen)

 Räterichsbodensee - Bächlitalhütte - Obri Bächli-Licken (WS, ⌐, ⌐,
5 h von der Bächlitalhütte, 7 h von Räterichsboden/Gerstenegg)

 Innertkirchen (🚌), Ürbachtal (🚐), Räterichsboden (🚐)

 Innertkirchen (🚌), Ürbachtal (🚐), Guttannen (🚐),
Handegg (🚐), Gerstenegg (☎ 033 982 20 11)

 Hiendertelltijoch oder Hubeljoch oder Gaulipass - Lauteraarhütte;
Westliche Wätterlimi oder Ränfenhorn - Dossenhütte; Rosenegg -
Glecksteinhütte; Goleggjoch oder Gruebenjoch - Gruebenhütte

# Geltenhütte SAC

 2003 m
592.340 / 135.360

 033 765 32 20

 1266 Lenk
263 Wildstrubel

 SAC Oldenhorn,
3792 Saanen

| 87 / 10 | | | | | | | | | | | |

| I | II | III | IV | V | VI | VII | VIII | IX | X | XI | XII |
|---|----|-----|----|---|----|-----|------|----|----|----|-----|

Ueli & Marianne Stalder, Rossweidliweg 4, 3704 Krattigen,
033 654 28 84

www.geltenhuette.ch

**1** Lauenen - Fang - Hinderem See - Louwenesee - Undere Feisseberg -
Geltenschuss (T2, 2 h vom Louwenesee, 3 h von Lauenen)

Lauenensee ()

Lauenen ()

Chüetungel - Stigelschafberg (- Wildhornhütte) - Iffigenalp;
Arpelistock - Cabane des Audannes ou Col du Sanetsch

# Glecksteinhütte SAC

 2317 m
650.400 / 163.970

033 853 11 40

1229 Grindelwald
254 Interlaken

SAC Burgdorf,
3400 Burgdorf

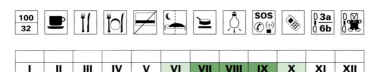

| I | II | III | IV | V | VI | VII | VIII | IX | X | XI | XII |
|---|----|-----|-----|---|----|-----|------|----|----|----|-----|
|   |    |     |     |   |    |     |      |    |    |    |     |

 Johann Kaufmann, Moosgaden, 3818 Grindelwald,
033 853 25 18 / 079 432 93 77 / Fax 033 853 25 69

 info@gleckstein.ch
www.gleckstein.ch

 Grindelwald - Hotel Wetterhorn oder Abzw. Gleckstein - Ischpfad
(T3, 2 h 45' von Abzw. Gleckstein, 3 h 30' vom Hotel Wetterhorn)

 Abzw. Gleckstein (🚌), Grindelwald (🚆)

 Rosenegg oder Wettersattel - Dossenhütte; Rosenegg - Gaulihütte;
Lauteraarsattel - Lauteraarhütte; Gwächtejoch - Schreckhornhütte

# Grathütte

 2079 m
619.550 / 157.080

 1247 Adelboden
263 Wildstrubel

 033 676 11 26

 Peter Rindisbacher,
3723 Kiental

| I | II | III | IV | V | VI | VII | VIII | IX | X | XI | XII |
|---|----|----|----|----|----|-----|------|----|----|----|-----|

Reservation erwünscht
*Réservation conseillée*

 Peter Rindisbacher, 3723 Kiental,
033 676 11 26 / 033 681 15 03

**1** Kiental - Ramslauenen - Rüederigs oder Oberbachli
(T2, 2 h von Ramslauenen, 3 h 30' von Kiental)

**2** Reichenbach - Kien - Brand - Ober Geerene
(T2, 4 h 30')

**3** Frutigen - Kanderbrück - Under Geerene
(T2, 4 h)

**4** Kandersteg - Undere Giesene - Sattelhorn - Giesigrat
(T4, 2 h 30' von Undere Giesene, 5 h von Kandersteg)

Ramslauenen (⛪), Kiental (🚐), Reichenbach (🚐), Frutigen (🚐),
Undere Giesene (⛪ 079 405 39 31), Kandersteg (🚐)

 Sattelhorn - Kandersteg

# Berghotel Grimselblick (Grimselpass)

 2161 m
669.470 / 175.120

 1250 Ulrichen
265 Nufenenpass

 027 973 11 77

 Stefan Gemmet,
3999 Oberwald-Grimselpass

| 60 |  |  |  |  |  |  |  |  |  |  |
| - | | | | VI MC AX | | | | | 3a 9a | |

| I | II | III | IV | V | VI | VII | VIII | IX | X | XI | XII |
|---|----|-----|----|---|----|-----|------|----|---|----|-----|

 Stefan Gemmet, Postfach 92, 3999 Oberwald-Grimselpass,
027 973 11 77 / Fax 027 973 14 22

 grimselblick@rhone.ch
www.grimselpass.ch

**1**  Grimselpass
(T1, 10')

**2**  Oberwald - Nassbode - Grimselpass
(T1, 3 h)

**3**  Guttannen - Handegg - Räterischboden/Gerstenegg - Grimselpass
(T2, 5 h)

 Grimselpass (🚌), Oberwald (🚂), Guttannen (🚌)

 Grimselpass (🚐), Oberwald (🚂), Guttannen (🚌), Handegg (🚐),
Gerstenegg (☎ 033 982 20 11)

 Oberaarsee - Oberaarjochhütte; Grimselsee - Lauteraarhütte oder
Aarbiwak; Rhonegletscher - Furkapass - Albert-Heim-Hütte;
Rhonegletscher - Trifthütte; Nassbode - Galmihornhütte

# Grubenberghütte

 1840 m
585.680 / 155.350

 1246 Zweisimmen
263 Wildstrubel

 SAC Oldenhorn,
3792 Saanen

| 32 |  |  |  |  |  |  |  |  |  |  |  |
| 32 | | | | | | | | | | | |

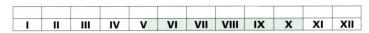

| I | II | III | IV | V | VI | VII | VIII | IX | X | XI | XII |
|---|----|-----|----|---|----|-----|------|----|----|----|----|

 Ruedi Hählen, Gsteigstrasse, 3780 Gstaad,
033 744 13 27 / 079 335 27 62 / Fax 033 744 67 34

 info@haehlen-gstaad.ch
www.grubenberg.ch

 **1** Rellerligrat - Hugeligrat - Schneit - Mittelberg
(T2, 2 h vom Rellerligrat, 40' vom Mittelberg)

 **2** Abländschen - Undere Ruedersberg - Obere Ruedersberg
(T2, 2 h)

 **3** Saanen - Vallée des Fenils - Les Adannes - Lauchnere
(T1, 3 h)

 Saanen (🚂), Rellerligrat (🚠), Abländschen (🚐), Mittelberg (🚐)

 Saanen (🚂), Rellerligrat (🚠), Abländschen (🚐)

 Wolfs Ort - Chalet du Soldat de Fribourg - Im Fang oder Jaun;
Pertet à Bovets - Chalet Les Marrindes

# Gruebenhütte

 2512 m
662.850 / 161.950

 1230 Guttannen
255 Sustenpass

 Akademischer Alpenclub
Basel, 4000 Basel

|  20 / 20 |  |  |  |  |  |  |  | | 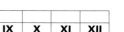 | 3a / 6b | |

| I | II | III | IV | V | VI | VII | VIII | IX | X | XI | XII |
|---|----|-----|----|----|----|-----|------|----|----|-----|------|

 Daniel Silbernagel, Muespacherstrasse 70, 4055 Basel,
079 263 64 12

 silbernagel@bergpunkt.ch
www.gruebenhuette.ch

 Handegg - Ärlen - Gruebensee
(T3, 3 h 30')

 Handegg (🚌)

 Guttannen (🚌), Handegg (🚕)

 Undri Bächli-Licken (- Bächlitalhütte) - Fellenberglicken -
Lauteraarhütte; Goleggjoch oder Gruebenjoch - Gaulihütte

# Gspaltenhornhütte SAC

 2455 m
628.520 / 151.340

 033 676 16 29

 1248 Mürren
264 Jungfrau

 SAC Bern,
3000 Bern

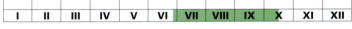

| I | II | III | IV | V | VI | VII | VIII | IX | X | XI | XII |
|---|----|-----|----|---|----|-----|------|----|---|----|-----|
|   |    |     |    |   |    |     |      |    |   |    |     |

 Rosmarie und Christian Bleuer, Steinbillen 12, 3818 Grindelwald,
033 853 30 72

 info@gspaltenhornhuette.ch
www.gspaltenhornhuette.ch

 Griesalp - Bürgli - Gamchi - Sillere
(T2, 3 h 15')

 Griesalp - Oberi Bundalp - Oberloch - Gamchigletscher
(T4, 🡥, 4 h)

 Mürren oder Birg - Rotstockhütte - Sefinenfurgge - Trogegg
(T3, 🠒, 5 h 30' von Birg, 6 h 30' von Mürren)

 Griesalp (🚌), Mürren (🚠), Birg (🚠)

 Kiental (🚌)

 Gamchigletscher - Oberloch - Hohtürli (- Blümlisalphütte) -
Kandersteg; Gamchilücke (- Mutthornhütte) - Selden oder
Stechelberg oder Lötschental

# Guggihütte SAC

 2791 m
641.080 / 156.970

 1249 Finsteraarhorn
264 Jungfrau

 033 855 31 57

 SAC Interlaken,
3800 Interlaken

| I | II | III | IV | V | VI | VII | VIII | IX | X | XI | XII |
|---|----|-----|----|---|----|-----|------|----|----|----|-----|

 Werner Kellenberger, Am Schleif, 3823 Wengen,
033 855 33 60

 Kleine Scheidegg oder Station Eigergletscher - P.2253
(T4, 3 h 30' von Kleine Scheidegg, 3 h von Stn. Eigergletscher)

 Kleine Scheidegg (🚂), Eigergletscher (🚂)

 Guggigletscher oder Mönch - Jungfraujoch oder Mönchsjochhütte

# Heftihütte

 1904 m
641.420 / 189.000

 1189 Sörenberg
244 Escholzmatt

 SAC Emmental,
3550 Langnau

| I | II | III | IV | V | VI | VII | VIII | IX | X | XI | XII |
|---|----|-----|----|---|----|-----|------|----|----|----|----|

Hütte geschlossen, Schlüsseldepot
*Cabane fermée, dépôt des clefs*

 Nach Trockenheit wenig Wasser
*Peu d'eau par temps sec*

 Fränzi Marti, Hansenstrasse 11, 3550 Langnau,
034 402 20 49

 fraenzi.marti@bluewin.ch

 P.1070/Hirsegg - Cheiserschwand - Bodenhütten
(T2, 2 h 30')

 Flühli - Wilegg - Toregg - P.1466 - P.1772
(T2, 3 h 30')

 P.830/Hilfernstrasse - Hilfere - Bächli - Hohmädli - P.1772
(T2, 3 h 30')

 Hirsegg (🚌), Flühli (🚌), Hilfernstrasse (🚌)

 Hirsegg (🚌)

 Schrattenflue - Schibengütsch - Kemmeriboden; Schrattenflue -
Imbrig - Marbach

# Hohganthütte

 1805 m
635.700 / 181.380

 1208 Beatenberg
254 Interlaken

 SAC Emmental,
3550 Langnau

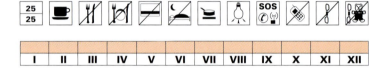

| 25 | | | | | | | | | | | |
|----|----|----|----|----|----|----|----|----|----|----|----|
| 25 | | | | | | | | | | | |

| I | II | III | IV | V | VI | VII | VIII | IX | X | XI | XII |
|---|----|----|----|----|----|----|----|----|----|----|----|

 Markus Thommen, Dorfstrasse 5, 3550 Langnau,
034 402 51 11 / Fax 034 402 51 13

 mk.thommen@bluewin.ch

**1** Kemmeriboden - Hinter Hübeli - P.1608
(T2, 3 h)

**2** Habkern - Bolsiten - Widegg - Ällgäuli
(T2, 4 h)

**3** Habkern - Traubach - Haglätsch - Ällgäuli
(T2, 4 h)

**4** Möser - Ällgäuli
(T2, 1 h 30')

Kemmeriboden (🚌), Habkern (🚌), Möser (🚐)

Kemmeriboden (🚌), Habkern (🚌)

 Steinigi Matte - Chrinde - Eriz

# Hollandiahütte (Lötschenhütte) SAC

| | | | |
|---|---|---|---|
|  | 3240 m<br>640.060 / 147.240 |  | 1249 Finsteraarhorn<br>264 Jungfrau |
|  | 027 939 11 35 |  | SAC Bern,<br>3000 Bern |

| 100 |  |  |  |  |  |  |  |  |  |  |
|---|---|---|---|---|---|---|---|---|---|---|
| 30 | | | | | | | | | | |

| I | II | III | IV | V | VI | VII | VIII | IX | X | XI | XII |
|---|---|---|---|---|---|---|---|---|---|---|---|

 Marcel Hagen, Haus Galmiblick, 3998 Gluringen,
027 973 21 26 / 079 347 22 53

@ hollandia@bluewin.ch
www.hollandiahuette.ch

**1** Fafleralp oder Anenhütte - Langgletscher - Lötschenlücke
(L, ⌐, 4 h 30' von der Anenhütte, 7 h von Fafleralp)

**2** Jungfraujoch - Sphinxstollen - Jungfraufirn - Konkordiaplatz -
Grosser Aletschfirn (L, ⌐, 4 h 30')

**3** Jungfraujoch - Sphinxstollen - Jungfraufirn - Louwitor -
Kranzbergfirn - Grosser Aletschfirn (WS, ⌐, 4 h 30')

Fafleralp (🚂), Jungfraujoch (🚞)

Blatten (🚂), Jungfraujoch (🚞)

Louwitor oder Konkordiaplatz - Mönchsjochhütte; Konkordiaplatz
(- Konkordiahütten) - Grünhornlücke - Finsteraarhornhütten

# Konkordiahütten SAC

 2850 m
647.200 / 150.100

 1249 Finsteraarhorn
264 Jungfrau

 033 855 13 94

 SAC Grindelwald,
3818 Grindelwald

| 155 | | | | | | | | | | | |
|---|---|---|---|---|---|---|---|---|---|---|---|
| 38 | | | | | | | | | | | |

| I | II | III | IV | V | VI | VII | VIII | IX | X | XI | XII |
|---|---|---|---|---|---|---|---|---|---|---|---|

 Alfred und Renate Hagmann, Davains 13, 7077 Valbella,
081 384 64 62 / Fax 081 384 35 71

 konkordia@bluewin.ch
www.konkordiahuette.ch

 **1** Jungfraujoch - Sphinxstollen - Jungfraufirn - Konkordiaplatz
(L, ⤻, ⚏, 3 h)

**2** Eggishorn - Grosser Aletschgletscher
(L, ⤻, ⚏, 5 h 30')

**3** Fiescheralp - Grosser Aletschgletscher
(L, ⤻, ⚏, ◀≲, 6 h)

**4** Bettmerhorn - Roti Chumma - Grosser Aletschgletscher
(L, ⤻, ⚏, 5 h 30')

 Jungfraujoch (⛟), Eggishorn (⛴), Fiescheralp (⛴),
Bettmerhorn (⛴)

 Jungfraujoch (⛟), Eggishorn (⛴), Fiescheralp (⛴)

 Grünhornlücke (- Finsteraarhornhütten) - Oberaarjochhütte;
Lötschenlücke (- Hollandiahütte) - Anenhütte oder Fafleralp;
Ewigschneefäld - Mönchsjochhütte; Jungfraufirn - Jungfraujoch
oder Mönchsjochhütte

# Lämmerenhütte SAC

 2501 m
610.450 / 138.780

 027 470 25 15

 1267 Gemmi
263 Wildstrubel

 SAC Angenstein,
4000 Basel

| 96 | | | | | | | | | | | |
|---|---|---|---|---|---|---|---|---|---|---|---|
| 10 | | | | | | | | | | | |

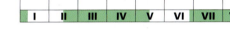

| I | II | III | IV | V | VI | VII | VIII | IX | X | XI | XII |
|---|---|---|---|---|---|---|---|---|---|---|---|

 Zustig 1: Leukerbad - Gemmipass im Winter nur mit 🚠
*Accès 1: Leukerbad - Gemmipass en hiver seulement en* 🚠

 Barbara & Christian Wäfler, Lismiweg 3, 3715 Adelboden,
033 673 30 10 (Tel+Fax)

 Urs Karrer, Ahornweg 45, 3095 Spiegel b. Bern,
031 971 01 49 / 031 333 48 20

 waeflercb@bluewin.ch
www.strubel.ch

 Leukerbad - Gemmipass - Lämmerenboden
(T2, 🎿, 1 h 30' von der Gemmi, 4 h 30' von Leukerbad)

 Kandersteg - Sunnbüel - Schwarenbach - Daubensee oder Lämmerenplatten (T2, 🎿, 4 h von Sunnbüel, 6 h 30' von Kandersteg)

 Engstligenalp - Chindbettipass - Tälligletscher - Lämmerental
(T4, ⟋, 4 h)

 Gemmipass (🚠), Leukerbad (🚌), Sunnbüel (🚠), Kandersteg (🚂),
Engstligenalp (🚠)

 Gemmipass (🚠), Sunnbüel (🚠), Kandersteg (🚂),
Engstligenalp (🚠)

 Wildstrubel - Flueseehütte - Lenk; Wildstrubel - Ammertenhütte;
Wildstrubel oder Schneejoch - Glacier de la Plaine Morte - Cabane
des Violettes oder Wildstrubelhütte

# Lauteraarhütte SAC

 2392 m
 660.080 / 157.940

 1250 Ulrichen
   265 Nufenenpass

📞 033 973 11 10

🏠 SAC Zofingen,
4800 Zofingen

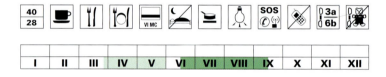

| 40 28 | ☕ | 🍴 | 🍽 | ▭ VI MC | 🌙 | 📯 | 💡 | SOS 📞 | ✕ | 3a 6b | 🧸 |
|---|---|---|---|---|---|---|---|---|---|---|---|

| I | II | III | IV | V | VI | VII | VIII | IX | X | XI | XII |
|---|---|---|---|---|---|---|---|---|---|---|---|

 Magdalena & Ueli Ernst-von Allmen, Steinerstrasse 18, 3855 Brienz,
**i R** 033 951 25 24

 ernst.magdalena@tiscalinet.ch
www.haslihuetten.ch

**1** ☀ Grimsel Hospiz - Meder - Unteraargletscher - Triftleni
(T3, 4 h 30')

**2** ❄ Grimselpass - Berghaus Oberaar - Oberaarbach - Unteraargletscher -
Triftleni (Grimselsee gefährlich / dangereux) (ZS, ↗, 5 h)

 Grimsel Hospiz (🚐)

 Guttannen (🚐), Handegg (🚡), Gerstenegg (⚓ 033 982 20 11),
Oberwald (🚐)

 Fellenberglicken - Bächlitalhütte; Hiendertelltijoch oder Hubeljoch
oder Gaulipass - Gaulihütte; Scheuchzerjoch - Oberaarjochhütte;
Finsteraargletscher (- Aarbiwak) - Strahleggpass oder Finsteraarjoch -
Schreckhornhütte; Lauteraarsattel - Glecksteinhütte; Agassizjoch -
Finsteraarhornhütten

# Lohnerhütte SAC

 2171 m
612.370 / 147.040

 1247 Adelboden
263 Wildstrubel

 SAC Wildstrubel,
3715 Adelboden

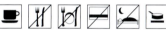

| 40 | | | | | | | | | | | |
|----|----|----|----|----|----|----|----|----|----|----|----|
| 20 | | | | | | | | | | | |

| I | II | III | IV | V | VI | VII | VIII | IX | X | XI | XII |
|---|----|----|----|---|----|-----|------|----|----|----|-----|
|   |    |    |    |   |    |     |      |    |    |    |     |

 Joachim Allenbach, Ausserschwandstrasse 3, 3715 Adelboden,
033 673 04 87 / 079 431 54 25

 www.sac-wildstrubel.ch
grabemattli@freesurf.ch

 Adelboden Öy - Bunderle - I de Schrickmatte - P.2005 oder P.1917
(Leiternweg) (T3, 🥾, 1 h von I de Schrickmatte, 3 h 30' von Öy)

 Engstligenalp oder Unter dem Birg - Luserbleika - Witi Chume
(T5, 🥾, 2 h 30' von Engstligenalp, 3 h 30' von Unter dem Birg)

 I de Schrickmatte (🚐), Adelboden Öy (🚡), Engstligenalp (🚠),
Unter dem Birg (🚐)

 Bunderchrinde oder P.2411 - Kandersteg; Bunderchrinde - Üschene -
Berghotel Schwarenbach oder Lämmerenhütte

# Lötschenpasshütte

 2690 m
621.380 / 140.590

 027 939 19 81

 1268 Lötschental
264 Jungfrau

 Beat Dietrich,
3918 Wiler

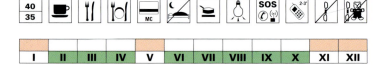

| 40 | ☕ | 🍴 | 🍽 | ▬ MC | 🌙 | 🛏 | 💡 | SOS 📞(·) | 📱 2-3' | ⊘ | 🐭 |
| 35 | | | | | | | | | | | |

| I | II | III | IV | V | VI | VII | VIII | IX | X | XI | XII |
|---|----|-----|----|---|----|-----|------|----|---|----|-----|

 Yolande & Beat Dietrich, 3918 Wiler,
027 939 18 87 / Fax 027 939 18 45

 info@loetschenpass.ch
www.loetschenpass.ch

 **1** Wiler - Lauchernalp - Sattlegi - Lötschepass
(T2, 2 h 30' von Lauchernalp, 4 h von Wiler)

 **2** Ferden - Färdawald - Kummenalp - Stierstutz
(T2, 4 h)

 **3** Selden - Gfelalp - Balme - Lötschegletscher
(T4, ⌐, 4 h)

 **4** Hockenhorngrat / P.3111 - Klein Hockenhorn - Lötschepass
(WS, 30')

 Lauchernalp (🚠), Wiler (🚌), Ferden (🚌), Selden/Steinbock (🚌)

 Lauchernalp (🚠), Wiler (🚌), Ferden (🚌), Leukerbad (🚌),
Hockenhorngrat (🚠)

 Restipass - Rinderhütte - Leukerbad; Petersgrat - Mutthornhütte -
Stechelberg

# Berghütte Männdlenen (Weberhütte)

 2344 m
640.570 / 168.770

 1229 Grindelwald
254 Interlaken

 033 853 44 64

 Bergschaft Hintisberg,
3816 Lütschental

| I | II | III | IV | V | VI | VII | VIII | IX | X | XI | XII |
|---|----|-----|----|----|-----|-----|------|----|----|----|-----|

☺ iR  Fam. Robert Reichen, Im Boden 15, 3815 Gündlischwand,
033 855 14 35

@  www.berghaus-maenndlenen.ch

1☀  Schynige Platte - Egg
(T2, 3 h)

2☀  Burglauenen - Hintisberg/Underläger
(T2, 2 h von Hintisberg, 4 h 30' von Burglauenen)

3☀  First - Bachsee - Faulhorn
(T2, 3 h)

☀⊕  Schynige Platte (🚌), Hintisberg/Underläger (🚐),
Burglauenen (🚌), First (🚌)

↗  Faulhorn - Axalp oder Grosse Scheidegg oder Grindelwald

# Gletscherstube Märjelen

 2360 m
650.980 / 143.450

 027 971 47 83

 1269 Aletschgletscher
264 Jungfrau

 Fam. Herbert Volken,
3984 Fiesch

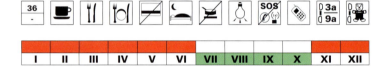

| 36 | ☕ | 🍴 | 🍽 | | 🛏 | | 💡 | SOS | 📱 | 3a 9a | 🧸 |
|----|---|---|---|---|----|---|----|-----|----|-------|---|
| - | | | | | | | | | | | |

| I | II | III | IV | V | VI | VII | VIII | IX | X | XI | XII |
|---|----|----|----|----|----|-----|------|----|----|----|-----|

😊
i R
Fam. Herbert Volken, La Montanara, 3984 Fiesch,
027 971 14 88 / 027 971 47 83

@ herbertvolken@fiesch.ch

1 ☀ Fiescheralp - Obers Tälli oder Unners Tälli
(T2, 1 h 30' über Obers Tälli, 2 h 30' über Unners Tälli)

2 ☀ Eggishorn - P.2610
(T2, 1 h 30')

3 ☀ Bettmergrat - Märjelesee
(T2, 1 h 30')

4 ☀ Fiechertal - Unnerbärg - Stock - Märjelewang
(T2, 4 h)

☀ Fiescheralp (⛓), Eggishorn (⛓), Bettmergrat (⛓), Fiechertal (🚠)
↔

🏔 Grosser Aletschgletscher (- Konkordiahütten) - Jungfraujoch;
Märjelesee - Riederfurka oder Belalp; Stock - Burghütte;
Mittelaletschgletscher - Mittelaletschbiwak

# Chalet Les Marrindes

 1868 m
578.780 / 153.880

 1245 Château-d'Oex
262 Rochers de Naye

 Pro Natura Fribourg
1700 Fribourg

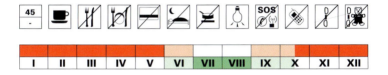

| I | II | III | IV | V | VI | VII | VIII | IX | X | XI | XII |
|---|----|-----|----|---|----|-----|------|----|----|----|----|

 Jean Barras, la Gottaz, 1648 Hauteville,
026 915 31 07 / 079 751 88 85

 info@cas-gruyere.ch
www.cas-gruyere.ch

**1** Charmey/Pra Jean - Gros Mont - Oussanna
(T2, 1 h 45' du Gros Mont, 3 h 30' de Pra Jean)

**2** Flendruz - Ciernes Picat - Le Sori - Oussanna
(T2, 2 h 45' des Ciernes Picat, 3 h 30' de Flendruz)

**3** Grandvillard - Bounavaux - Col de Bounavalette -
Les Roches Pourries (T4, 3 h de Les Baudes, 4 h 30' de Grandvillard)

 Charmey/Praz-Jean (🚌), Gros Mont (🚐), Flendruz (🚌),
Ciernes Picat (🚐), Grandvillard (🚌/🚐), Les Baudes (🚐)

Ciernes Picat - Chateau d'Oex; Pertet à Bovets - Grubenberghütte

# Mittelaletschbiwak SAC

 3013 m
644.950 / 146.120

 1249 Finsteraarhorn
264 Jungfrau

 CAS Diablerets,
1002 Lausanne

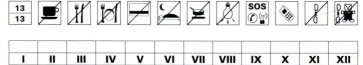

| I | II | III | IV | V | VI | VII | VIII | IX | X | XI | XII |
|---|----|-----|----|---|----|-----|------|----|---|----|-----|

Keine Reservationen, keine grossen Gruppen während Skisaison
*Pas de réservations, pas de groupes nombreux en saison de ski*

 Kein Kocher und Geschirr, Lampe/Kerzen mitnehmen
*Pas de réchaud et couverts, amener lampe/bougies*

i Michel Demenga, Av. S.-Reymondin 23, 1009 Pully,
021 729 85 73 (Tel+Fax)

i Raymond Fontannaz, Rte de Chenaux 7, 1091 Grandvaux,
021 793 19 06 / 021 799 26 08

@ www.cas-diablerets.ch

1 Bettmergrat - Roti Chumma - Grosser Aletschgletscher -
Mittelaletschgletscher (L, ↗, 6 h)

2 Bettmergrat oder Moosfluo - Biel - Chatzulecher -
Grosser Aletschgletscher - Mittelaletschgletscher (L, ↗, 6 h 30')

3 Fiescheralp oder Eggishorn - Märjelen - Gr. Aletschgletscher - Mittelaletschgletscher (L, ↗, 6 h vom Eggishorn, 6 h 30' von Fiescheralp)

4 Jungfraujoch - Jungfraufirn - Konkordiaplatz - Grosser
Aletschgletscher - Mittelaletschgletscher (L, ↗, 5 h)

 Bettmergrat (⛟), Moosfluo (⛟), Fiescheralp (⛟), Eggishorn (⛟),
Jungfraujoch (🚂)

 Bettmergrat (⛟), Moosfluo (⛟), Fiescheralp (⛟), Eggishorn (⛟),
Jungfraujoch (🚂)

 Geisslücke - Oberaletschhütten; Dreieckhorn - Konkordiahütten

# Mittellegihütte

 3355 m
644.760 / 159.290

 1229 Grindelwald
254 Interlaken

 033 853 03 66

 Bergführerverein Grindelwald, 3818 Grindelwald

| 36 |
|----|
| 12 |

| I | II | III | IV | V | VI | VII | VIII | IX | X | XI | XII |
|---|----|----|----|---|----|-----|------|----|----|----|----|

neue Hütte geschlossen wenn unbewartet (Schlüssel erhältlich bei
Grindelwald Sports) – Biwak immer offen

*nouvelle cabane fermée en absence du gardien (clés auprès de
Grindelwald Sports) – bivouac toujours ouvert*

 Beni Wenger, Bergführer, 3818 Grindelwald,
079 204 87 48

 Grindelwald Sports, 3818 Grindelwald,
033 854 12 90 / Fax 033 854 12 95

 info@grindelwaldsports.ch
www.grindelwald.ch/mittellegi

 Station Eismeer - Challifirn
(ZS, ↗, 2 h)

 Grindelwald oder Pfingstegg - Stieregg - Challi - Challifirn
(ZS, ↗, 7 h von Pfingstegg, 8 h von Grindelwald)

 Station Eismeer (🚃), Pfingstegg (🚠), Grindelwald (🚃)

 Challifirn - Fieschergletscher - Zäsenberg - Schreckhornhütte

# Mönchsjochhütte

 3657 m
643.480 / 156.090

033 971 34 72

1249 Finsteraarhorn
264 Jungfrau

Genossenschaft Mönchs-
jochhütte, 3818 Grindelwald

| 120 | | | | | | | SOS | 2-3' | | |
|---|---|---|---|---|---|---|---|---|---|---|
| 20 | ☕ | 🍴 | 🍽 VI MC | — | 🌙 | 🍲 | 💡 | 📞 | 📱 | 🚫 |

| I | II | III | IV | V | VI | VII | VIII | IX | X | XI | XII |
|---|---|---|---|---|---|---|---|---|---|---|---|
| | | | IV | V | VI | VII | VIII | IX | | | |

☺ i R  Tania & Martin Burgener, 3801 Jungfraujoch,
033 853 62 35 (Tel+Fax)

i  Grindelwald Sports, 3818 Grindelwald,
033 854 12 90 / Fax 033 854 12 95

@  info@moenchsjoch.ch
www.moenchsjoch.ch

1  Jungfraujoch - Sphinxstollen - Obers Mönchsjoch
(T2 wenn bewartet, sonst L / *T2 si cab. gardiennée, sinon L*, ⚒, 1 h)

2  Konkordiahütten - Konkordiaplatz - Ewigschneefäld
(L, ⚒, 5 h)

3  Konkordiahütten - Konkordiaplatz - Jungfraufirn
(L, ⚒, 5 h)

☀  Jungfraujoch (🚂)

❄  Jungfraujoch (🚂)

⤴  Grünhornlücke oder Fiechersattel - Finsteraarhornhütten;
Louwitor oder Konkordiaplatz - Hollandiahütte; Unders Mönchsjoch -
Berglihütte

# Mutthornhütte SAC

2900 m
630.050 / 148.400

1248 Mürren
264 Jungfrau

033 853 13 44

SAC Weissenstein,
4500 Solothurn

| 100 | | | | | | | | | | | |
|---|---|---|---|---|---|---|---|---|---|---|---|
| 40 | | | | | | | | | | | |

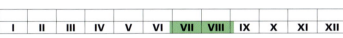

| I | II | III | IV | V | VI | VII | VIII | IX | X | XI | XII |
|---|---|---|---|---|---|---|---|---|---|---|---|

 Toni Brunner, Bergführer, 3822 Lauterbrunnen,
033 855 12 52

 Roger Herrmann, Dörfliweg 15, 4552 Derendingen,
032 682 19 72

 mutthornhuette@bluewin.ch
www.sac-weissenstein.ch

 Stechelberg - Trachsellauenen - Schiirboden oder Hotel Oberstein-
berg (P.1778) - Oberhornsee - Tschingelgletscher (L, ↗, 7 h)

 Selden - Heimritz - Uf de Schafgrinde - Alpetligletscher - Kanderfirn
(L, ↗, 6 h)

 Griesalp - Gamchi - Uf der Moräne - Gamchigletscher -
Gamchilücke - Tschingelpass (WS, ↗, ↗, 6 h 30')

 Fafleralp oder Lauchernalp oder Gandegg (Winter/*hiver*) - Petersgrat
(L, ↗, 4 h von ⛩ Gandegg, 7 h von Lauchernalp, 6 h von Fafleralp)

 Stechelberg (🚌), Selden (🚌), Griesalp (🚌), Fafleralp (🚌),
Lauchernalp (⛩)

 Stechelberg (🚌), Eggeschwand (🚌), Kiental (🚌), Blatten (🚌),
Lauchernalp (⛩), Gandegg (⛩)

Gamchilücke - Gspaltenhornhütte; Oberhornsee - Schmadrihütte;
Petersgrat - Tellingletscher - Lötschenpasshütte

# Chalet Neuf

 1865 m
571.420 / 114.570

1305 Dent de Morcles
272 St-Maurice

Bourgeoisie de Collonges,
1903 Collonges

| 32 | | | | | | | | | | |
|----|--|--|--|--|--|--|--|--|--|--|
| 32 | | | | | | | | | | |

| I | II | III | IV | V | VI | VII | VIII | IX | X | XI | XII |
|---|----|----|----|----|----|----|----|----|----|----|----|

**i R**  Société de Développement, 1903 Collonges,
027 767 10 29 / 079 392 17 84 / 079 588 89 05

**1**  Morcles - L'Au d'Arbignon
(T1, 2 h 45')

**2**  Evionnaz - Collonges - Monts de Collonges - L'Au d'Arbignon
(T1, 4 h 30')

**3**  Champex d'Allesse - Plex - L'Au d'Arbignon
(T2, 2 h 45')

Morcles (🚋), Evionnaz (🚂), Champex d'Allesse (🚠)

Cabane du Demècre - Cabane de Sorniot - Cabane de Fenestral -
Ovronnaz; Rionda - Cabane de la Tourche - Col des Perris Blancs -
Pont de Nant

# Oberaarjochhütte SAC

 3256 m
656.360 / 153.010

 1250 Ulrichen
265 Nufenenpass

 033 973 13 82

 SAC Biel,
2500 Biel

| 56 |
|----|
| 22 |

| I | II | III | IV | V | VI | VII | VIII | IX | X | XI | XII |
|---|----|----|----|----|----|----|----|----|----|----|----|

 Betriebszeiten im Sommer unsicher (Steinschlag), Hüttenwart anfragen
*Ouverture en été incertaine (chute de pierres), demander au gardien*

 Kurt Baumgartner, Im Moos 11, 9450 Lüchingen,
071 755 61 81

 Enrico Odermatt, Scheibenweg 6, 2503 Biel,
032 365 12 32

 www.sac-biel.ch

 Grimselpass - Berghaus Oberaar - Oberaargletscher
(L, ⌇, ⌇, 5 h vom Berghaus Oberaar, 6 h 30' vom Grimselpass)

 Münster - Galmihornhütte - Bächilicke oder Galmilicke -
Studergletscher (L, ⌇, ⌇, 8 h)

 Fieschertal - Fieschergletscher - Galmigletscher
(WS, ⌇, ⌇, 9 h)

 Jungfraujoch - Grünhornlücke - Rotloch - Galmigletscher
(L, ⌇, ⌇, 7 h)

 Grimselpass (⌇), Berghaus Oberaar (⌇), Münster (⌇),
Fieschertal (⌇), Jungfraujoch (⌇)

 Münster (⌇), Jungfraujoch (⌇)

 Rotloch oder Gemschlicke (- Finsteraarhornhütten) - Grünhornlücke -
Konkordiahütten; Scheuchzerjoch - Lauteraarhütte oder Aarbiwak

# Oberaletschhütten SAC

 2640 m
641.150 / 141.640

 027 927 17 67

 1269 Aletschgletscher
264 Jungfrau

 CAS Chasseral,
2610 St-Imier

| 60 |  |  |  |  |  |  |  |  | 3a |  |
|---|---|---|---|---|---|---|---|---|---|---|
| 17 | | | | | | | | SOS 2-3' | | 6b |

| I | II | III | IV | V | VI | VII | VIII | IX | X | XI | XII |
|---|---|---|---|---|---|---|---|---|---|---|---|

 Leitern Zustieg 2: im Winter ungesichert (Stahlkabel werden entfernt)
*Accès 2 par les échelles: en hiver non assuré (câble enlevés)*

 Peter Schwitter & Ariane Ritz, Bergführer, 3904 Naters,
027 924 30 64 (Tel+Fax) / 079 221 05 86

 Alpin Center, 3914 Blatten
027 923 73 13

 info@oberaletsch.ch
www.oberaletsch.ch

 Belalp - Hotel Belalp - Brücke/*pont* P.2127 - P.2228 - Jegi
(T3, 🚶, 4 h)

 Belalp - Hotel Belalp - P.2272 - Oberaletschgletscher
(ZS, 🪜, 🚶, 4 h)

 Belalp ( 🚠 )

 Belalp ( 🚠 )

 Jegi - Tällihitta - Grosser Aletschgletscher - Riederalp;
Jegi oder Gross Fusshorn - Fusshornbiwak; Gredetschjoch -
Baltschiederlicka - Baltschiederklause; Beichpass - Fafleralp oder
Anenhütte; Geisslücke - Mittelaletschbiwak

# Refuge de Pierredar

  2293 m
581.210 / 130.020

  1285  Les Diablerets
272  St-Maurice

  024 492 13 03

  Club de Pierredar,
1865 Les Diablerets

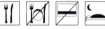

| 22 | | | | | | | | | | | |
| 22 | | | | | | | | | | | |

| I | II | III | IV | V | VI | VII | VIII | IX | X | XI | XII |
|---|----|-----|----|----|----|-----|------|----|----|----|----|
|   |    |     |    |    |    |     |      |    |    |    |    |

  Gisèle Ruffieux, chalet Soulane, 1864 Vers-l'Eglise,
024 492 33 66

  Club de Pierredar, case postale 49, 1865 Les Diablerets

  www.pierredar.ch

**1**  Les Diablerets - Creux de Champ - Prapio
(T2, 3 h 30')

**2**  Sex Rouge (Glacier des Diablerets) - P.2844/Col de Prapio -
Glacier de Prapio (WS, ✈, ☃, 2 h)

  Les Diablerets (🚂), Glacier des Diablerets (⛷)

Col de Prapio - Cabane des Diablerets; Col de Prapio - Glacier de
Tsanfleuron - Cabane de Prarochet - Col du Sanetsch; Sommet des
Diablerets - Anzeindaz ou Derborence

# Cabane de Plan Névé

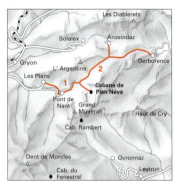

 2262 m
577.300 / 122.320

 024 498 22 11

 1285 Les Diablerets
272 St-Maurice

 Union des Patrouilleurs
Alpes de la div mont 10

| 35 / 27 |  | | | | | | | | | | | |

| I | II | III | IV | V | VI | VII | VIII | IX | X | XI | XII |
|---|----|-----|----|----|----|-----|------|----|----|----|-----|

 Anne-Catherine Monod, Ch. de Bellevue 8, 1073 Savigny,
021 781 12 30

 plan-neve@bluewin.ch
www.montagne.ch/plan-neve.asp

 Les Plans-sur-Bex - Pont de Nant - Le Richard - Les Erbéruets
(T2, 2 h 30' de Pont de Nant, 3 h de Les Plans-sur-Bex)

 Anzeindaz ou Derborence - Col des Essets - La Vare
(T2, 3 h d'Anzeindaz, 5 h de Derborence)

 Pont de Nant (🚐), Les Plans-sur-Bex (🚐), Anzeindaz (🚐),
Solalex (🚐), Derborence (🚐)

 Pont de Nant (🚐), Les Plans-sur-Bex (🚐)

Col des Essets - Cabane Barraud; Col des Chamois - Anzeindaz;
Col du Pacheu - Cabane Rambert ou Derborence

# Cabane de Prarochet

 2555 m
585.270 / 129.250

 1286 St-Léonard
273 Montana

 027 395 27 27

 Ski-Club Savièse,
1965 Savièse

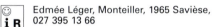

| I | II | III | IV | V | VI | VII | VIII | IX | X | XI | XII |
|---|---|---|---|---|---|---|---|---|---|---|---|

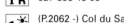 Edmée Léger, Monteiller, 1965 Savièse,
027 395 13 66

**1** 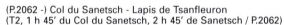 (P.2062 -) Col du Sanetsch - Lapis de Tsanfleuron
(T2, 1 h 45' du Col du Sanetsch, 2 h 45' de Sanetsch / P.2062)

**2**  Sex Rouge (Glacier des Diablerets) - Glacier de Tsanfleuron
(T4, 1 h)

**3** 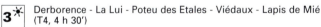 Derborence - La Lui - Poteu des Etales - Viédaux - Lapis de Mié
(T4, 4 h 30')

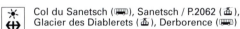 Col du Sanetsch (🚌), Sanetsch / P.2062 (🚡),
Glacier des Diablerets (🚡), Derborence (🚌)

Glacier des Diablerets (🚡)

 Glacier de Tsanfleuron - Cabane des Diablerets; Glacier de
Tsanfleuron - Col de Prapio - Refuge de Pierredar; Col du Sanetsch -
Grand'Gouilles - Châble du Ley - Cabane des Audannes

# Cabane Rambert CAS

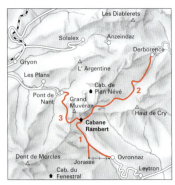

 2582 m
 576.510 / 119.910

 1305 Dent de Morcles
272 St-Maurice

027 207 11 22

CAS Diablerets,
1002 Lausanne

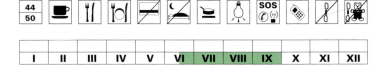

| I | II | III | IV | V | VI | VII | VIII | IX | X | XI | XII |
|---|----|-----|----|---|----|----|------|----|---|----|-----|

 Roland Tacchini, 1903 Collonges,
027 767 10 57 / 079 679 56 82

 Bernard Bessard, Route de Chamoson 63, 1912 Leytron,
079 307 04 61

 www.cas-diablerets.ch

 **1** Ovronnaz ou Jorasse - Saille - Plan Coppel - Plan Salentse
(T2, 3 h de Jorasse, 4 h d'Ovronnaz)

 **2** Derborence - Pierra Grosse - Pro Fleuri - Col de la Forcla
(T2, 5 h 30')

 **3** Pont de Nant - La Larze - Truche du Liapay - Frête de Saille (dangereux par neige ou verglas/gefährlich bei Schnee oder Eis) (T4, 5 h)

 Jorasse (⛐), Ovronnaz/Plein Soleil (🚐), Derborence (🚐),
Pont de Nant (🚐), Les Plans-sur-Bex (🚐)

 Ovronnaz/Plein Soleil (🚐)

 Saille - Cabane du Fenestral - Cabane de Sorniot ou Cabane du
Demècre; Col du Brotset - Anzeindaz; Frête de Saille - La Larze -
Cabane de Plan Névé

# Rosenlauibiwak SAC

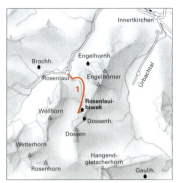

 2330 m
655.800 / 167.800

 1230 Guttannen
255 Sustenpass

 SAC Oberaargau,
4900 Langenthal

| I | II | III | IV | V | VI | VII | VIII | IX | X | XI | XII |
|---|----|-----|----|---|----|-----|------|----|---|----|----|
|   |    |     |    |   |    |     |      |    |   |    |    |

 im Sommer geschlossen
*fermé en été*

 Cyrille Zwicky, Rosenbordstrasse 28, 8867 Niederurnen,
055 610 32 28 / 079 332 97 70

 Rosenlaui - Gletscherhubel - Dossenweg
(WS, 3 h 30')

 Rosenlaui (🚗), Meiringen (🚂)

 Rosenlauigletscher - Westliche Wätterlimi oder Ränfenhorn -
Gauligletscher - Gaulihütte; Mitteljoch - Lauteraarsattel -
Lauteraarhütte

# Rotstockhütte

 2039 m
 630.650 / 154.950

033 855 24 64

 1248 Mürren
  264 Jungfrau

Skiclub Stechelberg,
3824 Stechelberg

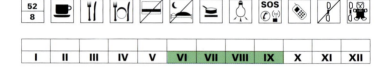

| 52 8 | | | | | | | | | | | | |
|---|---|---|---|---|---|---|---|---|---|---|---|---|
| **I** | **II** | **III** | **IV** | **V** | **VI** | **VII** | **VIII** | **IX** | **X** | **XI** | **XII** |

 Bruno Rechsteiner, ch. de Cerniaz 21, 1824 Caux,
021 963 89 48

 brunojosette@bluewin.ch
www.rotstockhutte.ch

 Stechelberg - Sefinental - Ozen
(T2, 3 h 30')

 Mürren - Gimmela - Spilboden - P.2051
(Winter/*hiver*: Mürren - Schiltgrat - Schilttal - Wasenegg) (T2, 2 h 15')

 Birg - Grauseewli - Wasenegg - P.2051
(T2, 1 h 30')

 Schilthorn - P.2828 oder Rote Härd - Poganggen
(T3, 🚟, 1 h 45')

 Stechelberg (🚌), Mürren (🚠), Birg (🚠), Schilthorn (🚠)

 Stechelberg (🚌), Mürren (🚠), Schiltgrat (🎿), Schilthorn (🚠)

 Sefinenfurgge - Gspaltenhornhütte oder Griesalp oder
Blümlisalphütte; Rote Härd - Soustal - Suls-Lobhornhütte
oder Isenfluh oder Grütschalp

# Rottalhütte SAC

 2755 m
638.830 / 152.875

 1249 Finsteraarhorn
264 Jungfrau

 033 855 24 45

 SAC Interlaken,
3800 Interlaken

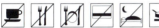

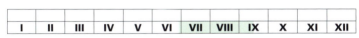

| I | II | III | IV | V | VI | VII | VIII | IX | X | XI | XII |
|---|----|----|----|---|----|-----|------|----|---|----|-----|

 Hans Möhl, Campingstrasse 3, 3806 Bönigen,
033 822 47 39

 Stechelberg - P.1204 - Altläger - Madfura - P.2096 - Bäreflue
(T4, ☂, 5 h 30')

 Stechelberg (🚌)

 Stuefestein - Schmadrihütte; Bäreflue - Strälblatt - Silberhornhütte

# Schmadrihütte

 2262 m
634.800 / 149.850

 1248 Mürren
264 Jungfrau

 Akademischer Alpenclub
Bern, 3000 Bern

| I | II | III | IV | V | VI | VII | VIII | IX | X | XI | XII |
|---|----|-----|----|----|----|-----|------|----|----|----|-----|
| | | | | | | | | | | | |

 Zustieg 1: Schwand-Tanzhubel Eisschlaggefahr
*Accès 1: Schwand-Tanzhubel danger de chute de séracs*

 Jürg Abegglen, Bergführer, 3824 Stechelberg,
033 855 23 65 / 033 855 12 35

**1**  Stechelberg - Trachsellauenen - Schwand (T2, im Sommer
Wildbäche ohne Brücke / *en été torrents sans pont*, 4 h)

**2**  Stechelberg - Trachsellauenen - Schiirboden - Schafläger -
Oberhorn - Oberhornmoräne (T2, 5 h)

 Stechelberg (🚐)

 Tschingelfirn (- Mutthornhütte) - Gamchilücke - Gspaltenhornhütte;
Stuefestein - Rottalhütte oder Silberhornhütte; Schmadrijoch -
Anenhütte; Schmadrijoch oder Wetterlücke - Fafleralp

# Schreckhornhütte SAC

 2529 m
650.600 / 159.150

 1229 Grindelwald
254 Interlaken

 033 855 10 25

 SAC Basel,
4000 Basel

| 90 | | | | | | | | | | | |
|----|----|----|----|----|----|----|----|----|----|----|----|
| 57 | | | | | | | | | | | |

| I | II | III | IV | V | VI | VII | VIII | IX | X | XI | XII |
|---|----|----|----|----|----|-----|------|----|----|----|-----|
|   |    |    |    |   |    |     |      |    |    |    |     |

 Hans Balmer, Bänisegg, 3818 Grindelwald,
033 853 33 74

 www.sac-basel.ch

 **1** Grindelwald oder Pfingstegg - Stieregg
(T4, 🥾, 4 h 30' von Pfingstegg, 5 h 30' von Grindelwald)

 **2** Station Eismeer (- ev. Challifirn) - Fieschergletscher -
Zäsenberg/In Grienen Wengen (ZS, ↗, 4 h)

 Pfingstegg (🚠), Grindelwald (🚂), Station Eismeer (🚂)

 Station Eismeer (🚂)

 Gwächtejoch - Glecksteinhütte; Strahleggpass oder Finsteraarjoch -
Aarbiwak - Lauteraarhütte; Finsteraarjoch - Agassizjoch - Finsteraarhornhütten; Zäsenberg - Mittellegihütte oder Berglihütte

# Berghotel Schwarenbach

2060 m
614.320 / 142.320

1267 Gemmi
263 Wildstrubel

033 675 12 72

Familie Peter Stoller-Wehrli,
3718 Kandersteg

150
30

VI MC AX

SOS

2-3'

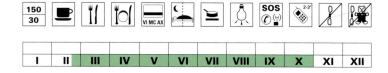

| | | | | | | | | | | | |
|---|---|---|---|---|---|---|---|---|---|---|---|
| I | II | III | IV | V | VI | VII | VIII | IX | X | XI | XII |

Zustieg 2: Leukerbad - Gemmipass im Winter nur mit
*Accès 2: Leukerbad - Gemmipass en hiver seulement en*

i R
Fam. Peter Stoller-Wehrli, Schwarenbach Post, 3718 Kandersteg,
033 675 12 72 / Fax 033 675 22 87

info@schwarenbach.ch
www.schwarenbach.ch

1 Kandersteg - Eggeschwand - Sunnbüel - Spittelmatte (T2, 1 h 15' von Sunnbüel, 3 h von Eggeschwand, 3 h 30' von Kandersteg)

2 Leukerbad - Gemmipass - Daubensee (T2, 1 h vom Gemmipass, 4 h von Leukerbad)

3 Engstligenalp - Chindbettipass - Rote Chumme oder Schwarzgrätli (T3, 4 h)

Sunnbüel ( ), Eggeschwand ( ), Kandersteg ( ), Gemmipass ( ), Leukerbad ( ), Engstligenalp ( )

Sunnbüel ( ), Eggeschwand ( ), Kandersteg ( ), Gemmipass ( ), Engstligenalp ( )

Schwarzgrätli - Üschene; Tälligletscher oder Lämmerenplatten oder Daubensee - Lämmerenhütte; Gurnigel - Gasteretal; Gurnigel - Waldhus - Balmhornhütte

# Silberhornhütte SAC

 2663 m
637.960 / 155.420

 1249 Finsteraarhorn
264 Jungfrau

 SAC Lauterbrunnen,
3822 Lauterbrunnen

| I | II | III | IV | V | VI | VII | VIII | IX | X | XI | XII |
|---|----|-----|----|---|----|-----|------|----|---|----|----|
|   |    |     |    |   |    |     |      |    |   |    |    |

 Zustieg bei Regen oder Schnee heikel
*Accès difficile par pluie ou neige*

 Hans Boss, Aenderbergstrasse 44, 3800 Matten, 033 822 85 57

 Beat Bossard, Ey, 3822 Lauterbrunnen, 033 855 30 85

 **1** Stechelberg - P.1204 - Altläger - Madfura - P.2019 - Wart - Strälblatti
(T5, 🚠, 6 h)

 Stechelberg (🚌)

 Strälblatti - Bäreflue - Rottalhütte; Strälblatti - Stuefestein -
Schmadrihütte

# Cabane de Sorniot (Sorgno)

2064 m
573.450 / 113.150

1305 Dent de Morcles
272 St-Maurice

027 746 24 26

Ski-Club Chavalard,
1926 Fully

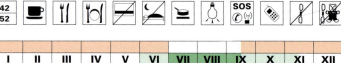

| I | II | III | IV | V | VI | VII | VIII | IX | X | XI | XII |
|---|----|-----|----|----|----|-----|------|----|----|----|----|

Cabane de Sorniot, 1926 Fully,
027 746 24 26 / 079 721 15 58

Office du Tourisme, 1926 Fully, 027 746 20 80
(Tel+Fax)

@
sorniot@chavalard.com
www.sorniot.ch

**1** L'Erié
(T2, 1 h 15')

**2** Champex d'Allesse - La Giète ou Sex Carro - Portail de Fully
(T2, 3 h 30')

**3** Fully - Planuit - Les Garettes
(T2, 1 h 30' de Les Garettes, 5 h de Fully)

**4** Ovronnaz ou Jorasse - Euloi - Cabane du Fenestral
(T2, 2 h 30' de Jorasse, 4 h d'Ovronnaz)

L'Erié (🚌), Champex d'Allesse (🚠), Les Garettes (🚌), Fully (🚃),
Jorasse (🚠), Ovronnaz (🚃)

Champex d'Allesse (🚠), Jorasse (🚠), Ovronnaz (🚃)

Cabane du Demècre - Chalet Neuf - Cabane de la Tourche ou
Morcles; Cabane du Fenestral - Saille - Cabane Rambert

# Stockhornbiwak SAC

 2598 m
634.040 / 136.320

 1268 Lötschental
264 Jungfrau

 SAC Blümlisalp,
3600 Thun

| I | II | III | IV | V | VI | VII | VIII | IX | X | XI | XII |
|---|----|-----|----|----|----|-----|------|----|----|----|-----|

Keine Reservationen
*Pas de réservations*

 Kaum Wasser
*Peu d'eau*

 Amadeus Schmid, Zweimädelhaus, 3984 Fieschertal,
079 449 32 09

 Ausserberg - P.1264 - Stollen/Tunnel oder Niwärch - Baltschiedertal -
Hohbitzu (T5, 🚠, 5 h vom P.1264, 6 h von Ausserberg)

 Ausserberg (🚂), P.1264 (🚕)

 Hohbitzu - Baltschiederklause; Hohbitzu - Eiiltini - Underbärg
(Klettersteig/*Via Ferrata*) - Wiwannihütte

# Suls-Lobhornhütte

 1955 m
632.970 / 163.110

 1228 Lauterbrunnen
254 Interlaken

 079 656 53 20

 SAC Lauterbrunnen,
3822 Lauterbrunnen

| 24 | I | II | III | IV | V | VI | VII | VIII | IX | X | XI | XII |
|----|---|----|-----|-----|---|----|-----|------|----|---|----|-----|
| 16 |   |    |     |     |   |    |     |      |    |   |    |     |

Reservation empfohlen
*Réservation conseillée*

 Hans & Heidi Feuz, Lischmaad, 3822 Lauterbrunnen,
079 656 53 20 / 033 855 27 12

 Isenfluh - Sulwald - Suls
(T2, 1 h 15' von Sulwald, 2 h 30' von Isenfluh)

 Grütschalp - Marcheggwald - Sousläger - Suls
(T2, 2 h 30')

 Saxeten - Underberg - Hinder Bällen - Bällenlücke P.1998 - Tschingel
(T3, 4 h 30')

 Isenfluh (🚌), Sulwald (🚠), Grütschalp (🚠), Saxeten (🚌),
Zweilütschinen (🚃)

 Isenfluh (🚌), Sulwald (🚠)

 Chilchfluepass oder Schwalmere - Kiental oder Griesalp; Rote Härd -
Rotstockhütte; Bietenlücke - Schilthornhütte - Birg oder Mürren

# Cabane de la Tourche

 2198 m
570.920 / 118.180

 1305 Dent de Morcles
272 St-Maurice

 079 471 98 56

 CAS Monte Rosa, Groupe de
St-Maurice, 1890 St-Maurice

| I | II | III | IV | V | VI | VII | VIII | IX | X | XI | XII |
|---|----|-----|----|----|----|-----|------|----|---|----|-----|
|   |    |     |    |    |    |     |      |    |   |    |     |

 Pas d'éclairage sans gardiennage
*Kein Licht wenn unbewartet*

 Benjamin Genet, case postale 25, 1892 Lavey-Village,
024 485 26 65 / 079 434 87 46

 Morcles - Les Martinaux - Le Crêtelet
(T1, 1 h 30' de Les Martinaux, 3 h de Morcles)

 Les Plans-de-Bex ou Frenières - Javerne - Croix de Javerne
(T2, 1 h 45' de Javerne, 4 h de Les Plans-de-Bex ou Frenières)

 Morcles (🚙), Les Martinaux (🚙), Les Plans-de-Bex (🚌),
Frenières (🚌), Javerne (🚙)

 Morcles (🚙), Les Plans-de-Bex (🚌), Frenières (🚌)

 Col des Perris Blancs ou Col des Pauvres - Nant - Pont de Nant;
Rionda - Cabane du Demècre ou Chalet Neuf; Croix de Javerne -
La Dreusine - Bex

# Cabane de la Videmanette

 2130 m
581.960 / 145.310

 1265 Les Mosses
262 Rochers de Naye

 Club Vanil

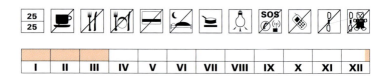

| 25 | | | | | | | | | | | |
|----|----|-----|----|---|----|-----|------|----|---|----|-----|
| 25 | | | | | | | | | | | |
| I | II | III | IV | V | VI | VII | VIII | IX | X | XI | XII |

Marc Cherix, Les Quartiers, 1660 Château-d'Oex,
026 924 64 65 (Tel+Fax) / 079 408 72 16

**1** ⛺ La Videmanette
(T1, 5')

**2** Rougemont - Les Planards - Creux de Ruble - Les Gouilles
(T2, 3 h 30')

**3** Château d'Oex - Les Granges - Gérignoz - La Videman
(T2, 4 h de Les Granges)

La Videmanette (⛺), Rougemont (🚋), Les Granges (🚋)

La Videmanette (⛺), Rougemont (🚋)

Comba Litou - Dorfflüe - Saanen; Col de la Videman - Col de Jable -
L'Etivaz

# Cabane des Violettes CAS

 2209 m
604.730 / 132.330

 1287 Sierre
273 Montana

 027 481 39 19

 CAS Montana-Vermala,
3962 Montana-Vermala

| 40 | | | | | | | | | | |
|---|---|---|---|---|---|---|---|---|---|---|
| - | ☕ | 🍴 | 🍲 | VI MC AX | 🌙 | | 💡 | SOS | 📱 | |

| I | II | III | IV | V | VI | VII | VIII | IX | X | XI | XII |
|---|---|---|---|---|---|---|---|---|---|---|---|

 Bernard Bonvin, case postale 16, 3962 Montana,
027 481 35 37

 ⛺ Cabane des Violettes
(T1, 3')

 Vermala - Pépinet
(T2, 2 h)

 Cabane des Violettes (⛺), Vermala (🚡), Cry d'Er (⛺), Bellalui (⛺)

 Cabane des Violettes (⛺), Vermala (🚡), Cry d'Er (⛺), Bellalui (⛺)

 Pointe de la Plaine Morte - Wildstrubelhütte - Lenk; Wildstrubel ou
Schneejoch - Lämmerenhütte - Gemmi; Glacier de la Plaine Morte -
Flueseehütte; Echelles - Bella Lui; Prabey - Cry d'Er

# Wildhornhütte SAC

 2303 m
596.100 / 136.430

 033 733 23 82

 1266 Lenk
 263 Wildstrubel

 CAS Moléson,
1700 Fribourg

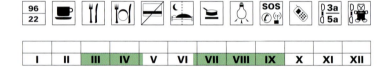

| I | II | III | IV | V | VI | VII | VIII | IX | X | XI | XII |
|---|----|-----|----|---|----|-----|------|----|---|----|----|

 Willy Romang, Grubenstrasse 5, 3780 Gstaad,
033 744 44 45

 wildhornhütte@bluewin.ch
www.wildhornhuette.ch

 **1** Lenk - Iffigenalp - Iffigtal - Iffigsee
(T2, 2 h 45' von Iffigenalp, 5 h von Lenk)

 **2** Betelberg/Leiterli - Stübleni - Tungelpass/Stigellegi - P.2381
(T3, 🚠, 3 h 30')

 **3** Lauenen - Louwenesee - Chüetungel - P.2381
(T3, 3 h 30' vom Louwenesee, 5 h von Lauenen)

 **4** Lac de Tseuzier/Barrage du Rawil - Lourantse - Lac de Ténéhet -
Schnidejoch (T3, 4 h)

 Iffigenalp (🚐), Lenk (🚌), Betelberg (🚠), Lauenensee (🚐),
Barrage du Rawil (🚐)

 Iffigenalp (🚕/🚐), Lenk (🚌)

 Wildhorn - Col du Sanetsch - Cabane des Diablerets; Chüetungel
oder Chatzegrabe - Geltenhütte; Wildhorn - Cabanne des Audannes;
Schnidejoch - Rawilpass - Wildstrubelhütte oder Flueseehütte

# Wildstrubelhütte SAC

 2791 m
602.270 / 136.800

 1266 Lenk
263 Wildstrubel

 033 744 33 39

 SAC Wildhorn, Zweisimmen
SAC Kaiseregg, Düdingen

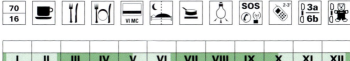

| I | II | III | IV | V | VI | VII | VIII | IX | X | XI | XII |
|---|----|----|----|---|----|-----|------|----|----|----|-----|
|   |    |    |    |   |    |     |      |    |    |    |     |

 Margret & Heinz Steiger, Moosstrasse 60, 2540 Grenchen,
032 652 33 74 / 078 635 20 51

 wildstrubelhuette@bluewin.ch
www.wildstrubelhuette.ch

**1** Iffigenalp - Blattihütte - Rawilseeleni
(T2, 3 h 30')

**2** Pointe de la Plaine Morte - Weisshornlücke
(T2, 1 h 15')

**3** Lac de Tseuzier/Barrage du Rawil - Lourantse - Plan des Roses -
Rawilpass (T2, 4 h)

 Iffigenalp (🚌), Glacier de la Plaine Morte (🚠),
Barrage du Rawil (🚌)

 Glacier de la Plaine Morte (🚠)

 Wildstrubel - Lämmerenhütte; Tierbergsattel - Flueseehütte -
Ammertenhütte oder Lenk; Ancien Bisse du Ro - Crans; Cabane des
Violettes - Montana; Schnidejoch - Wildhornhütte; Col des Eaux
Froides - Cabane des Audannes

# Winteregghütte

 1890 m
616.230 / 145.420

 1267 Gemmi
263 Wildstrubel

 079 727 35 73

 SAC Biel,
2501 Biel

| 36 | | | | | | | | | | |
|----|--|--|--|--|--|--|--|--|--|--|
| 36 | | | | | | | | | | |

| I | II | III | IV | V | VI | VII | VIII | IX | X | XI | XII |
|---|----|-----|----|---|----|-----|------|----|---|----|-----|
|   |    |     |    |   |    |     |      |    |   |    |     |

 Christine Rohrer & Marcel Vögeli, Brunnenmatte, 3703 Aeschi,
033 654 35 73

 Luftseilbahn Sunnbüel Talstation, 3718 Kandersteg,
033 675 81 41

 christinerohrer@gmx.ch
www.sac-biel.ch

 Sunnbüel - Winteregg
(T1, 10')

 Eggeschwand - Stock
(T2, 2 h)

 Sunnbüel ( ⛰ ), Eggeschwand ( 🚌 )

 Sunnbüel ( ⛰ ), Eggeschwand ( 🚌 )

 Schwarenbach - Gemmipass oder Lämmerenhütte; Gurnigel -
Gasteretal; Schwarzgrätli - Chindbettipass - Engstligenalp

# Wiwannihütte

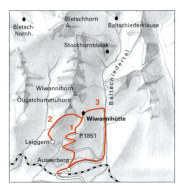

 2463 m
632.580 / 132.680

 027 946 74 78

 1288 Raron
274 Visp

 Egon Feller,
3900 Brig

| 34 | | | | | | | | | | | | | | | | |
| 22 | | | | | | | | | | | | | | | | |

| I | II | III | IV | V | VI | VII | VIII | IX | X | XI | XII |
|---|----|-----|----|---|----|-----|------|----|---|----|----|

 Egon & Regula Feller-Oester, Termerweg 15, 3900 Brig,
027 923 09 03 (Tel+Fax)

 info@wiwanni.ch
www.wiwanni.ch

 Ausserberg - Telwald - Fuxtritt (P.1851) - Grieläger
(T2, 1 h 30' vom P.1851, 4 h 30' von Ausserberg)

 Leiggern - Arbol - Grieläger
(T2, 3 h)

 Ausserberg - Baltschiedertal - Klettersteig
(T5, Klettersteig/Via ferrata, ➳, 6 h)

 Fuxtritt/P.1851 (🚗, gebührenpflichtig/à péage), Leiggern (🚗),
Ausserberg (🚌)

Fuxtritt/P.1851 (🚗, gebührenpflichtig/à péage), Ausserberg (🚌)

 Arbol - Leiggern - Ausserberg

# Urner, Schwyzer, Unterwaldner Alpen

© Marco Volken

Hüfihütte SAC

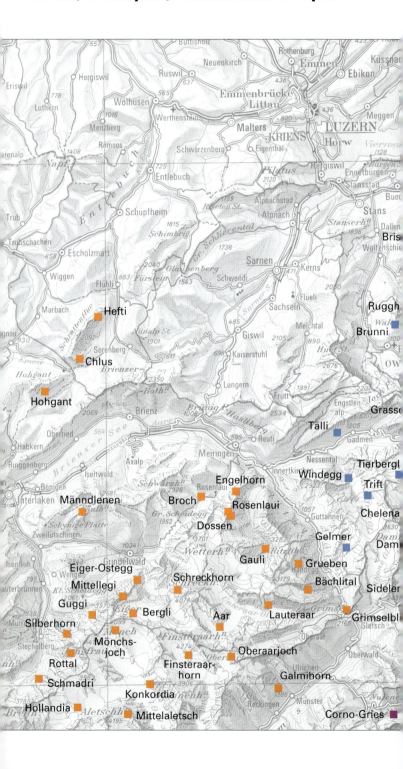

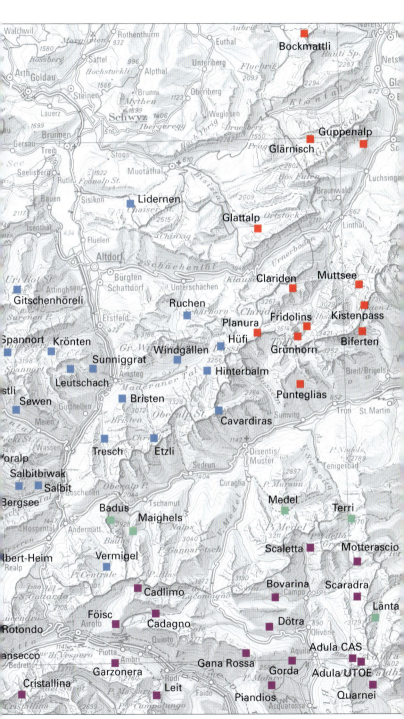

reproduziert mit Bewilligung des Bundesamtes für Landestopographie vom 17.4.1998

# Albert-Heim-Hütte SAC

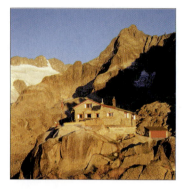

 2543 m
678.510 / 162.480

 041 887 17 45

 1231 Urseren
255 Sustenpass

 SAC Uto,
8000 Zürich

 |  |  |  |  |  |  |  |  |  |

| I | II | III | IV | V | VI | VII | VIII | IX | X | XI | XII |
|---|----|----|----|---|----|-----|------|----|----|----|-----|

 Schutzwald NW von Realp für Skitouristen gesperrt
*Forêt au NW de Realp interdite au skieurs*

 Armin Rey, Postfach 203, 6490 Andermatt
078 613 56 16

 albert-heim-huette-sac@bluewin.ch
www.albert-heim-huette-sac.ch

 Tiefenbach - Älpetli
(T1, 1 h 30')

 Realp - Saasegg
(T2, 3 h)

 Realp - P.1650 - Hotel Galenstock - Tätsch
(WS, 3 h von Realp, 1 h 45' vom Hotel Galenstock)

 Tiefenbach (🚐), Realp (🚌)

 Realp (🚌), Hotel Galenstock (🚗)

 Untere Bielenlücke oder Nepali-Highway - Sidelenhütte - Furkapass;
Lochberglücke oder Älpergenlücke - Göscheneralp; Nördlicher
Tiefensattel - Rhonegletscher - Trifthütte oder Berghotel Grimselblick

# Bergseehütte SAC

 2370 m
680.080 / 167.890

 041 885 14 35

 1231 Urseren
255 Sustenpass

 SAC Angenstein,
4000 Basel

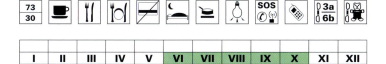

| | | | | | | | | | | | |
|---|---|---|---|---|---|---|---|---|---|---|---|
| I | II | III | IV | V | VI | VII | VIII | IX | X | XI | XII |

 Toni Fullin, Kirchstrasse 17, 6454 Flüelen,
041 870 68 32 (Tel+Fax)

 Beat Hiss, Humligenstrasse 21, 6386 Wolfenschiessen,
041 628 02 85, 079 783 16 26

 toni.fullin@bergsee.ch
www.bergsee.ch

 Göscheneralpsee (🚌: Dammagletscher) - Berg
(T2, 1 h 30')

 Göscheneralp/Hotel Dammagletscher (🚌)

 Göschenen (🚌)

 P.2600 - Horefellistock - Voralphütte; Hinter Mur - Chelenalphütte;
Vorder Röti - Dammahütte

# Brisenhaus

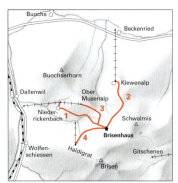

1753 m
678.120 / 196.490

041 628 18 91

1171 Beckenried
245 Stans

SAC Pilatus,
6000 Luzern

| I | II | III | IV | V | VI | VII | VIII | IX | X | XI | XII |
|---|----|-----|----|---|----|-----|------|----|----|----|-----|

Wenn unbewartet nur Aufenthaltsraum offen
*En cas d'absence du gardien seulement local de séjour*

 Leo Bachmann, Brisenhaus, 6375 Beckenried,
041 628 18 91

brisenhaus@bluewin.ch

 **1** Niederrickenbach - Ahorn - Brändlisboden
(T1, 2 h)

 **2** Klewenalp - Stafel - Büel - Sätteli
(T1, 1 h 30')

 **3** Ober Musenalp - Bärenfallen - Morschfeldboden
(T2, 1 h 30')

 **4** Haldigrat - Stockgädeli
(T2, 45')

 Niederrickenbach (⛺), Klewen (⛺), Ober Musenalp (⛺),
Haldigrat (⛺ 041 628 22 60)

 Niederrickenbach (⛺), Klewen (⛺), Haldigrat (⛺ 041 628 22 60)

 Hinter Jochli oder Steinalper Jochli - Gitschenen - Isenthal;
Vorder Jochli - Emmetten; Haldigrat - Oberrickenbach

# Bristenhüttli

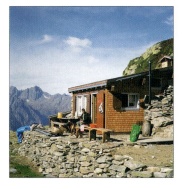
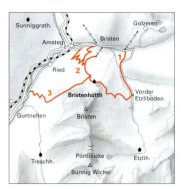

 2140 m
695.620 / 178.500

 1212 Amsteg
256 Disentis

 Kreuzersteller Bristensee,
6473 Silenen

| 14 | | | | | | | | | | | |
|----|----|----|----|----|----|----|----|----|----|----|----|
| 14 | | | | | | | | | | | |

| I | II | III | IV | V | VI | VII | VIII | IX | X | XI | XII |
|---|----|----|----|----|----|-----|------|----|----|----|-----|
| | | | | | | | | | | | |

 Werner Jauch, Gotthardstrasse 120, 6473 Silenen,
041 883 17 65 / 079 371 14 10

 www.maderanertal.ch

 Bristen/Golzern Talstation - Vorder Etzliboden - Laucherlückli
(T3, 4 h von Bristen/Golzern Talstation, 3 h vom Vorder Etzliboden)

 Breitlaui oder Bristen oder St. Anton - Bristenstäfeli - Bläcki
(T2, 3 h von Breitlaui, 3 h 30' von Bristen, 4 h von St. Anton)

 Meitschlingen - Bristenberg - Stuben - Bläcki
(T2, 4 h)

 Bristen/Golzern Talstation (🚌), Vorder Etzliboden (🚐), Breitlaui
(☎ 041 883 01 28), St. Anton (🚌), Meitschlingen (🚌)

 Breitlaui (☎ 041 883 01 28), Bristen (🚌), St. Anton (🚌)

 Laucherlückli - Stock - Stein - Steingrätli - Etzlihütte

# Brunnihütte SAC

 1860 m
674.140 / 188.210

 1191 Engelberg
245 Stans

 041 637 37 32

 SAC Engelberg,
6390 Engelberg

| I | II | III | IV | V | VI | VII | VIII | IX | X | XI | XII |

 Alfred Schleiss, Postfach 756, 6390 Engelberg,
041 637 37 32

 Ruedi Ettlin, Tellenstein 23, 6390 Engelberg,
041 637 27 37

 info@berghuette.ch
www.berghuette.ch

 Engelberg - Flüematt - Ristis - Tümpfeli
(T1, 2' von ⌂ Brunni, 45' von Ristis, 2 h 30' von Engelberg)

Brunni (⌂), Ristis (⌂), Engelberg (🚂)

Brunni (⌂), Ristis (⌂), Engelberg (🚂)

Planggenstafel - Rugghubelhütte - Rot Grätli - Isenthal oder
Gitschenhörelihütte oder Bannalp; Walenalp - Bannalp -
Oberrickenbach

# Camona da Cavardiras CAS

 2649 m
705.120 / 177.730

 081 947 57 47

 1212 Amsteg
256 Disentis

 SAC Winterthur,
8400 Winterthur

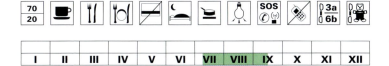

| I | II | III | IV | V | VI | VII | VIII | IX | X | XI | XII |
|---|----|-----|----|---|----|-----|------|----|----|----|-----|
|   |    |     |    |   |    |     |      |    |   |    |     |

 Ueli Wiesmann & Manuela Fischer Wiesmann, Wannenstrasse 15, 8542 Wiesendangen, 052 337 02 55 / Fax 052 233 20 68

 info@cavardiras.ch
www.cavardiras.ch

**1** Disentis/Acletta oder Caischavedra - Brunnipass
(T4, ⌇, ⌇, 3 h 30' von Caischavedra, 5 h von Disentis)

**2** Disentis oder Sumvitg - Madernal - Val Russein - Val Cavardiras
(T2, 5 h 30' von Madernal, 6 h 30' von Sumvitg oder Disentis)

**3** Bristen/Golzern Talstation - Balmenschachen - Guferen - Hinterbalm -
Brunnital (T3, ⌇, 5 h von Guferen, 7 h von Bristen/Golzern Talstation)

**4** ⌇ Piz Ault - Brunnifirn
(WS, ⌇, ⌇, 1 h)

 Caischavedra (⛰), Disentis/Acla da Funtauna (🚂), Madernal (🚌),
Sumvitg (🚂), Bristen/Golzern Talstation (🚌), Guferen (🚐)

 Piz Ault (⌇), Caischavedra (⛰), Disentis/Acla da Funtauna (🚂),
Madernal (🚌), Sumvitg (🚂), Bristen/Golzern Talstation (🚌)

 Fuorcla da Strem Sut oder Sura - Etzlihütte; Fuorcla da Cavrein -
Hüfihütte oder Planurahütte; Sandpass - Planurahütte; Val Gliems -
Fuorcla da Puntéglias - Camona da Puntéglias

# Chelenalphütte SAC

 2350 m
676.620 / 169.430

 1231 Urseren
255 Sustenpass

 041 885 19 30

 SAC Aarau,
5000 Aarau

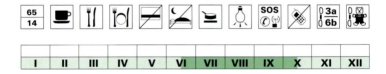

| I | II | III | IV | V | VI | VII | VIII | IX | X | XI | XII |
|---|----|-----|----|----|-----|-----|------|----|----|----|-----|

☺
**i R** Urs Arnold, Langgasse 35, 6467 Schattdorf,
041 870 15 27 / 079 335 11 74

**i** Christoph Liebetrau, Myrtenstrasse 19, 5737 Menziken,
062 771 44 32, sac@urbrain.ch

**@** chelenalp@bluewin.ch
www.sac-aarau.ch/chelenalp

**1** Göscheneralpsee (🚌: Dammagletscher) - Berg - Vorder Röti -
Hinter Röti (T3, 3 h)

Göscheneralp/Hotel Dammagletscher (🚌)

Göschenen (🚋)

Sustenlimi - Tierberglihütte; Chelenalplücke - Voralphütte;
Hinter Röti (- Dammahütte) - Lochberglücke - Albert-Heim-Hütte;
Hinter Mur - Bergseehütte

# Dammahütte SAC

 2439 m
678.020 / 166.460

 1231 Urseren
255 Sustenpass

 041 885 17 81

 SAC Pilatus,
6000 Luzern

| 22 |
|----|
| 22 |

| I | II | III | IV | V | VI | VII | VIII | IX | X | XI | XII |
|---|----|-----|----|----|----|-----|------|----|----|----|-----|
|   |    |     |    |    |    |     |      |    |    |    |     |

 Zustieg 2 nur wenn schneefrei
*Accès 2 uniquement s'il n'y a pas de neige*

 Anni & Sepp Walker, Unterdorf, 6487 Göschenen,
041 885 16 66

 Armin Jenny, Engelgasse, 4813 Uerkheim,
062 721 14 74

 Göscheneralpsee (🚌: Dammagletscher) - Berg - Vorder Röti - P.1967
(T2, 3 h)

 Göscheneralpsee (🚌: Dammagletscher) - P.1927 - P.1967
(T2, 2 h 45')

 Göscheneralp/Hotel Dammagletscher (🚌)

 Lochberglücke oder Älpergenlücke - Albert-Heim-Hütte;
P.2207 - Chelenalphütte; Vorder Röti - Chelenalp oder Bergseehütte

# Etzlihütte SAC

 2052 m
698.000 / 174.900

 041 820 22 88

 1212 Amsteg
256 Disentis

 SAC Thurgau,
8500 Frauenfeld

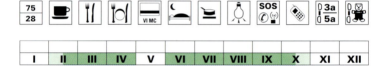

| 75 |  |  |  |  |  |  |  | SOS |  | 3a | |
|----|----|----|----|----|----|----|----|----|----|----|----|
| 28 |  | VI MC |  |  |  |  |  |  |  | 5a | |

| I | II | III | IV | V | VI | VII | VIII | IX | X | XI | XII |
|---|----|----|----|----|----|----|----|----|----|----|----|

 **☺ i R** Rita & Christoph Sager, Landsgemeindestrasse 2, 6467 Schattdorf,
041 870 49 24 / 079 355 12 60

**i** Rolf Bernhard, Hanfäckerstrasse 6, 8500 Frauenfeld,
052 720 64 77

**@** info@etzlihuette.ch
www.etzlihuette.ch

**1** Bristen/Golzern Talstation - Herrenlimi - Hinter Etzliboden - Gulmen
(T1, 2 h vom Hinter Etzliboden, 4 h von Bristen/Golzern Talstation)

**2** Sedrun - Val Strem - Chrüzlipass - Müllersmatt
(T2, 4 h)

**3** Rueras - Val Milà - Mittelplatten - Müllersmatt
(T2, 4 h)

**4** ↳ Piz Ault - Fuorcla da Strem Sut - Chrüzlipass - Müllersmatt
(WS, ↗, ≈, 2 h 30')

**↔** Bristen/Golzern Talstation (🚠), Hinter Etzliboden (🚌),
Sedrun (🚌), Rueras (🚌)

**↔** Piz Ault (↳), Bristen/Golzern Talstation (🚠), Rueras (🚌)

**↰** Chrüzlipass - Fuorcla da Strem Sut - Camona da Cavardiras;
Pörtlilücke - Treschhütte; Fuorcla Piz Nair - Val Giuv - Rueras

# Gelmerhütte SAC

 2412 m
669.240 / 164.840

 033 973 11 80

 1230 Guttannen
255 Sustenpass

 SAC Brugg,
5200 Brugg

| I | II | III | IV | V | VI | VII | VIII | IX | X | XI | XII |
|---|----|-----|----|----|----|-----|------|----|----|----|-----|
|   |    |     |    |    |    | VII | VIII | IX |   |    |     |

 Walter & Ruth Schläppi, Grimselstrasse, 3864 Guttannen,
033 973 11 41 / 033 973 13 33

 www.gelmerhuette.ch

 Chüenzentennlen - Gelmersee
(T2, 2 h ab Gelmersee, 3 h ab Chüenzentennlen)

 Kunzentännlein (🚐), Gelmersee (🚂 033 982 20 11)

 Guttannen (🚐), Handegg (🚕), Gerstenegg (🚠 033 982 20 11)

 Diechterlimi - Triftgletscher - Trifthütte; Diechterlimi - Undri Triftlimi -
Rhonegletscher - Furkapass oder Grimselpass; Üssri Garwydilimi -
Guttannen

# Gitschenhörelihütte

 2325 m
682.850 / 190.200

 1191 Engelberg
245 Stans

 Fam. Werner Infanger-
Aschwanden, 6461 Isenthal

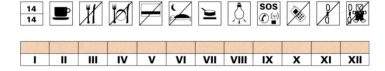

|  | I | II | III | IV | V | VI | VII | VIII | IX | X | XI | XII |
|---|---|---|---|---|---|---|---|---|---|---|---|---|
|  |  |  |  |  |  |  |  |  |  |  |  |  |

 Fam. Werner Infanger, Biwaldalp, 6461 Isenthal,
041 878 11 62 (Sommer/*été*)

 Fam. Werner Infanger, Kirchenhofstatt, 6461 Isenthal,
041 878 11 27 (Winter/*hiver*)

 St. Jakob - Grosswald - Biwaldalp - P.2256
(T2, 4 h)

 St. Jakob - Chimiboden - Steinhüttli - Bösenboden - Firnbäch - P.2145
(ZS, 4 h 30')

 St. Jakob/Isenthal (🚌)

 St. Jakob/Isenthal (🚌)

 Biwaldalp - Musenalp; Rot Grätli - Bannalper Schonegg - Bannalp;
Schlossstocklücke - Engelberger Lücke - Rugghubelhütte

# Biwak am Grassen SAC

 2647 m
677.000 / 180.380

 041 637 08 25

 1211 Meiental
255 Sustenpass

 SAC Engelberg,
6390 Engelberg

| I | II | III | IV | V | VI | VII | VIII | IX | X | XI | XII |
|---|----|-----|----|---|----|-----|------|----|---|----|-----|
|   |    |     |    |   |    |     |      |    |   |    |     |

 Peter Hurschler-Wyss, Hasenmatt, 6388 Grafenort,
041 637 41 72

 Engelberg - Herrenrüti - Firnalpeli - Gorisegg
(T4, ↗, 4 h 30' von Herrenrüti, 6 h von Engelberg)

 Gadmen - Obermad - Wenden - Rote Wang - P.2028 (Sommer/*été*)
oder Rossboden (Winter/*hiver*) - Wendengletscher (L, ↗, 5 h)

 Klein Titlis - Vord. Titlisjoch - Schwarzi Naad (Sommer/*été*) oder
Schwarze Berg (Winter/*hiver*) - Wendengletscher (WS, ↗, 4 h 30')

 Sustlihütte - Stössenfirn - Stössensattel
(L, ↗, 2 h 30')

 Engelberg (🚂), Herrenrüti (🚠), Gadmen/Obermaad (🚌),
Klein Titlis (🚠), Chli Sustli/Sustenbrüggli (🚌)

 Engelberg (🚂), Herrenrüti (🚠), Gadmen/Obermaad (🚌),
Klein Titlis (🚠), Färnigen (🚕 079 209 24 59)

Stössensattel - Sustlihütte; Obertaljoch - Steigletscher

# Hinterbalmhütte

 1820 m
703.850 / 181.830

 041 883 19 39

 1212 Amsteg
256 Disentis

 Gebr. Tresch,
6475 Bristen

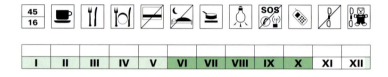

| 45 | 16 |
|----|----|

| I | II | III | IV | V | VI | VII | VIII | IX | X | XI | XII |
|---|----|-----|----|----|----|-----|------|----|----|----|-----|

 Ernst Jauch-Zberg, Dorf 41, 6475 Bristen,
041 883 15 58

 www.maderanertal.ch

 Bristen/Golzern Talstation - Guferen - Blindensee (Winter/*hiver*:
Stäuberböden - Frutt - Rinderbiel) (T2, 2 h von Guferen, 4 h von Bristen)

 Disentis/Acletta - Caischavedra - Brunnipass - Brunnital
(T4, ⚲, ⚲, 5 h von Caischavedra)

 ⛷ Piz Ault - Brunnifirn - Brunnital
(ZS, ⚲, ⚲, 2 h 30')

 Bristen/Golzern Talstation (🚌), Guferen (🚐), Caischavedra (🚠)

 Bristen/Golzern Talstation (🚌), Piz Ault (⛷), Caischavedra (🚠)

 Murenplanggen (Schafweg) - Hüfihütte; Brunnital - Camona da
Cavardiras; Fuorcla da Strem Sura oder Sut - Etzlihütte oder Sedrun;
Guferen - Balmenegg/Hotel SAC - Windgällenhütte

# Hüfihütte SAC

 2334 m
705.360 / 184.340

 041 885 14 75

 1192 Schächental
246 Klausenpass

 SAC Pilatus,
6000 Luzern

 60/12      SOS  2-3'

| I | II | III | IV | V | VI | VII | VIII | IX | X | XI | XII |
|---|----|-----|----|---|----|-----|------|----|---|----|-----|

 ☺ i R Paul Streiff, Klausenstrasse 100, 6463 Bürglen,
041 870 47 76 / 079 710 83 38

 i R Arnold Bünter, Postfach 124, 6055 Alpnach Dorf,
041 670 01 47

@ www.sac-pilatus.ch

**1** Bristen/Golzern Talstation - Balmenschachen - Guferen - Rimenen
(T2, 3 h von Guferen, 5 h von Bristen/Golzern Talstation)

**2** Klausenpass - Chammlijoch oder Chammlilücke - Hüfifirn
(WS, ↗, 6 h)

**3** Planurahütte - Hüfifirn
(WS, ↗, 1 h 30')

⇔ Bristen/Golzern Talstation (🚐), Guferen (🚙), Klausenpass (🚐)

↑ Murenplanggen (Schafweg) - Hinterbalmhütte - Camona da Cavardiras;
Rimenen - Tritt - Windgällenhütte; Schärhorngriggeli - Ruchenhüttli;
Hüfifirn (- Planurahütte) - Claridenhütte; Fuorcla da Cavrein - Val
Russein

# Kröntenhütte SAC

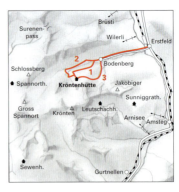

| | |
|---|---|
|  1903 m<br>686.780 / 183.840 |  1191 Engelberg<br>245 Stans |
|  041 880 01 22 (Tel+Fax) |  SAC Gotthard,<br>6472 Erstfeld |

   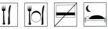       

| I | II | III | IV | V | VI | VII | VIII | IX | X | XI | XII |
|---|----|-----|----|----|----|-----|------|----|----|----|----|

 Strasse Erstfeld-Bodenberg nur mit Taxi oder Bewilligung
*Route Erstfeld-Bodenberg seulement en taxi ou avec autorisation*

 Markus & Irene Wyrsch, Talweg 32, 6472 Erstfeld,
041 880 01 72 / Fax 041 881 01 73

 kroentenhuette@gmx.ch
mypage.bluewin.ch/kroentenhuette

 Erstfeld - Bodenberg - Hasenrüteli - Unter Geissfad
(T2, 2 h 30' vom Bodenberg, 4 h von Erstfeld)

 Erstfeld - Bodenberg - Chüeplangg - Fulensee
(T2, 3 h 30' vom Bodenberg, 5 h von Erstfeld)

 Erstfeld - Bodenberg - Ellbogen - Päuggen
(T2, 3 h 30' vom Bodenberg, 5 h von Erstfeld)

 Erstfeld (🚌), Bodenberg (🚐)

 Erstfeld (🚌), Bodenberg (🚐)

 Steinchelenfurggi - Leutschachhütte; P.2329 (Leidseepass) -
Leutschachhütte; Schlossberglücke - Spannorthütte; Zwächten -
Bächenstock - Sewenhütte; Älplilücke oder Wanneliegg - Brüsti;
Jakobiger - Ruchälplistock - Sunniggrathütte

# Leutschachhütte SAC

 2208 m
688.780 / 182.040

 041 883 15 17

 1191 Engelberg
245 Stans

 SAC Zimmerberg,
8810 Horgen

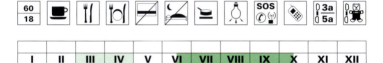

| I | II | III | IV | V | VI | VII | VIII | IX | X | XI | XII |
|---|----|-----|----|---|----|-----|------|----|---|----|-----|

 Claudia Zurfluh & Adrian Gnos, Oberdorf, 6487 Göschenen,
041 888 00 89 / 078 744 32 23

 www.sac-zimmerberg.ch

 Intschi - Arnisee - Leitschach
(T2, 2 h 30' vom Arnisee, 5 h von Intschi)

 Arnisee ( Intschi oder Amsteg), Intschi ()

 Arnisee ( Intschi oder Amsteg), Intschi ()

 P.2329 (Leidseepass) oder Steinchelenfurggi - Kröntenhütte;
P.2095 - Sunniggrathütte; Sasspass - Rot Bergli - Sewenhütte;
Sasspass - Kröntenlücke - Kröntenhütte oder Spannorthütte

# Lidernenhütte SAC

 1727 m
695.480 / 199.000

 1172 Muotatal
  246 Klausenpass

(telephone) 041 820 29 70

SAC Mythen,
6430 Schwyz

| I | II | III | IV | V | VI | VII | VIII | IX | X | XI | XII |
|---|----|-----|----|---|----|-----|------|----|---|----|-----|

 Irène & Pius Fähndrich Kamer, Neudorfstrasse 1, 6312 Steinhausen,
041 741 12 07 (Tel+Fax)

 Walter Seeholzer, Dietisberghof, 6344 Meierskappel,
041 790 36 05

 info@lidernenhuette.ch
www.lidernenhuette.ch

**1** Riemenstalden/Chäppeliberg - Proholz
(T2, 1 h 30')

**2** ⛩ Gitschen
(T1, 10')

**3** Muotathal - Hellberg - Höchi
(T2, 3 h 30')

 Riemenstalden/Chäppeliberg (🚠 041 820 32 55),
Gitschen (⛩ 041 820 44 48), Muotathal (🚠)

 Riemenstalden/Chäppeliberg (🚠 041 820 32 55),
Gitschen (⛩ 041 820 44 48), Muotathal (🚠)

 Schön Chulm - Eggbergen - Flüelen; Höchi - Wannentritt - Stoos;
Spilauer Grätli - Chinzig Chulm - Schächental; Spilauer Grätli oder
Rossstocklücke - Seenalp - Muotathal

# Rotondohütte SAC

 2570 m
680.200 / 155.380

 041 887 16 16

 1251 Val Bedretto
265 Nufenenpass

 SAC Lägern,
5400 Baden

| 92 20 | | | | | | | | | | | |
|---|---|---|---|---|---|---|---|---|---|---|---|

| I | II | III | IV | V | VI | VII | VIII | IX | X | XI | XII |
|---|---|---|---|---|---|---|---|---|---|---|---|

 Fahrbewilligung Realp-P.2155 Waffenplatz Andermatt (041 888 81 11)
*Autorisation Realp-P.2155 Waffenplatz Andermatt (041 888 81 11)*

 Claudia Rey, Postfach 257, 6490 Andermatt,
041 887 16 16

 rotondo.hut@bluewin.ch
www.jo-sac.ch/rotondo

 Realp - Witenwasseren - P.2155 - Im Tälli
(T2, 1 h vom P.2155, 3 h 30' von Realp)

 P.2155 (🚗), Realp (🚌)

 Realp (🚌)

 Ronggergrat - Passo di Cavanna - Passo del S. Gottardo;
Witenwasserenpass oder Passo di Cavanna - Capanna Piansecco;
Witenwasserenpass - Oberwald; Leckipass oder Rottälligrat -
Stotzigen Firsten - Furkapass

# Ruchenhüttli

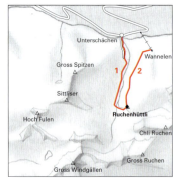

 1520 m
701.650 / 187.500

 1192 Schächental
246 Klausenpass

 Heinz Arnold,
6465 Unterschächen

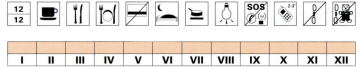

| I | II | III | IV | V | VI | VII | VIII | IX | X | XI | XII |
|---|----|-----|----|----|----|-----|------|----|----|----|-----|

Hütte geschlossen, Schlüsseldepot, bewartet auf Anfrage
*Cabane fermée, dépôt des clefs, gardien selon accord*

 Heinz Arnold, Mätteli, 6465 Unterschächen,
041 879 15 92 / Fax 041 879 15 91

 arnold.heinz@bluewin.ch
www.arweb.ch/ruchenhuettli

 Unterschächen - Brunnital - Rüti - P.1505
(T1, 2 h)

 Wannelen - Riedblätz - Hinter Boden
(T2, 1 h 15')

 Unterschächen (🚌), Wannelen (☎ 041 879 14 43)

 Unterschächen (🚌)

 Ruch Chälen - Schwerzifad - Windgällenhütte - Maderanertal;
Seewligrat oder Stich - Erstfeld

# Rugghubelhütte SAC

 2290 m
678.110 / 188.850

 041 637 20 64

 1191 Engelberg
245 Stans

SAC Titlis,
6370 Stans

| 100 | | | | | | | | | | | | |
|---|---|---|---|---|---|---|---|---|---|---|---|---|
| 40 | | | | | | | | | | | | |

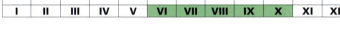

| I | II | III | IV | V | VI | VII | VIII | IX | X | XI | XII |
|---|---|---|---|---|---|---|---|---|---|---|---|

Megi Schleiss, Bänklialpweg 22, 6390 Engelberg,
079 403 86 24

info@rugghubel.ch
www.rugghubel.ch

**1** Engelberg - Bord oder Ristis - Rigidalstafel - Planggen
(T2, 2 h 30' von Ristis, 4 h 30' von Engelberg)

**2** Chrüzhütte/Bannalpsee - Bannalper Schonegg - Rot Grätli
(T4, 4 h)

**3** Fürenalp - Wissberg - Rotband - Brünnen
(T5, ⚞, 6 h 30')

Ristis (⛰), Engelberg (🚌), Chrüzhütte/Bannalpsee (⛰),
Fürenalp (⛰)

Chrüzhütte/Bannalpsee (⛰), Fürenalp (⛰)

 Planggen - Brunnihütte; Rot Grätli - Isenthal; Engelberger Lücke -
Schlossstocklücke - Gitschenhörelihütte; Schlittchuechen - Bannalp

# Salbithütte SAC

 2105 m
685.180 / 170.080

 041 885 14 31

 1211 Meiental
255 Sustenpass

 SAC Lindenberg,
5610 Wohlen

| I | II | III | IV | V | VI | VII | VIII | IX | X | XI | XII |
|---|----|-----|----|----|----|-----|------|----|----|----|-----|

 Hans Berger, Gotthardstrasse 31a, 6490 Andermatt,
041 887 00 60

 hansberger@sunrise.ch
www.salbit.ch

 **1** Ulmi (🚌: Abzw. Salbit) - Regliberg
(T2, 2 h 30')

 **2** Göschenen - Regliberg
(EB, 3 h 30')

 Abzw. Salbit (🚌), Göschenen (🚂)

 Göschenen (🚂)

 Kettenweg - Salbitschijenbiwak; Bandlücke - Gross See oder Ror -
Wassen

# Salbitschijenbiwak SAC

 2400 m
683.020 / 170.010

 1211 Meiental
255 Sustenpass

 SAC Mythen,
6430 Schwyz

| I | II | III | IV | V | VI | VII | VIII | IX | X | XI | XII |
|---|----|-----|----|----|-----|-----|------|----|----|----|-----|

Keine Reservationen
*Pas de réservations*

 Kocher und Geschirr vorhanden, Gaskartuschen C102 mitnehmen
*Réchaud et couverts à disposition, amener cartouches gaz C102*

 Im Herbst kein Wasser
*En automne pas d'eau*

 Markus Camenzind, Bernerhöhe, 6410 Goldau,
041 855 58 71 / 079 255 73 54

 www.sac-mythen.ch

 P.1402 (🚌: Abzw. Voralp) - Horefelli - Couloir - P.2218 -
Spicherribichelen - ca. 2300 m (T5, 3 h 30')

 Abzw. Voralp (🚌)

 Kettenweg - Salbithütte; Horefelli - Voralphütte

# Sewenhütte SAC

 2150 m
682.710 / 177.840

 041 885 18 72

 1211 Meiental
255 Sustenpass

 SAC Pfannenstiel,
8706 Meilen

| 60 |  |  |  |  |  |  |  | SOS |  | 3a | |
|----|---|---|---|---|---|---|---|---|---|---|---|
| 10 | | | | VI MC | | | | | | 6b | |

| I | II | III | IV | V | VI | VII | VIII | IX | X | XI | XII |
|---|----|----|----|---|----|-----|------|----|----|----|----|

 Adrian & Anita Kälin-Wespi, Wasserbühlen, 3818 Grindelwald,
033 853 39 60 / 079 224 66 44

 info@sewenhuette.ch
www.sewenhuette.ch

 Gorezmettlenbach / P.1613 - Gitzichrummenflue
(T2, 1 h 30')

 Gorezmettlen / P.1560 - Färnigenwald - Rieter
(T2, 1 h 45')

 Gorezmettlenbach / P.1613 (🚌)

 Wassen (🚌), Färnigen (🚐 041 885 17 87)

 Bächenstock - Zwächten - Spannorthütte oder Kröntenhütte;
Rot Bergli - Gornerental - Sasspass - Leutschachhütte;
P.1613 - Sustlihütte; Sustenjoch - Voralphütte

# Sidelenhütte

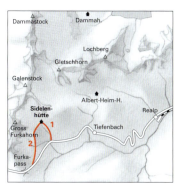

 2708 m
675.720 / 161.160

 1231 Urseren
255 Sustenpass

 041 887 02 33

 Alpine Sportschule
Gotthard, 6490 Andermatt

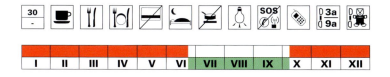

| | 30 |  | | | | | | | | | SOS | | | 3a | |
| --- | --- | --- | --- | --- | --- | --- | --- | --- | --- | --- | --- | --- | --- | --- | --- |

| I | II | III | IV | V | VI | VII | VIII | IX | X | XI | XII |
| --- | --- | --- | --- | --- | --- | --- | --- | --- | --- | --- | --- |

 René & Jeannette Gamma, Hagenstrasse 10, 6460 Altdorf,
041 870 03 26

 sidelenhuette@gmx.ch
www.sidelen-huette.ch

 Sidelenbach / P.2280
(T2, 1 h)

 Furkablick / P.2427 - Galenbödmen - P.2600
(T3, 1 h 15')

 Sidelenbach / P.2280 (🚌), Furkablick / P.2427 (🚌)

 Untere Bielenlücke oder Nepali-Highway - Albert-Heim-Hütte;
Furkapass - Stotzigen Firsten - Leckipass oder Rottälligrat -
Rotondohütte

# Spannorthütte SAC

 1956 m
681.770 / 183.740

 041 637 34 80

 1191 Engelberg
245 Stans

 SAC Uto,
8000 Zürich

| I | II | III | IV | V | VI | VII | VIII | IX | X | XI | XII |
|---|----|-----|----|----|----|-----|------|----|----|----|-----|

 Marianne & Thomas Rohrer-Lehmann, Hinter Bramberg 3,
6004 Luzern, 041 410 68 74 / 079 720 66 06

 spannorthuette@bluewin.ch
www.spannorthuette.ch

 Engelberg - Herrenrüti - Stäfeli
(T2, 2 h 30' von Herrenrüti, 4 h von Engelberg)

 Engelberg (🚌), Herrenrüti (🚕)

 Engelberg (🚌), Herrenrüti (🚕)

Schlossberglücke - Glatt Firn (- Kröntenhütte) - Kröntenlücke -
Sasspass - Leutschachhütte; Surenenpass - Erstfeld; Schlossberg-
lücke - Zwächten - Bächenstock - Sewenhütte; Schlossberglücke -
Glatt Pass - Meiental

# Sunniggrathütte

 1977 m
691.280 / 182.060

 079 386 14 85

 1192 Schächental
246 Klausenpass

 Familie Gnos,
6473 Silenen

| 30 − | | | | | | | | | | | |

| I | II | III | IV | V | VI | VII | VIII | IX | X | XI | XII |
|---|----|-----|----|---|----|-----|------|----|---|----|-----|

 Martin Gnos, Dörfli 14, 6473 Silenen,
041 883 18 75

 Intschi oder Amsteg - Arnisee - Grüenwald - Riedboden
(T2, 1 h 45' vom Arnisee, 4 h von Intschi oder Amsteg)

 Arnisee (🚠 Intschi oder Amsteg), Intschi (🚌), Amsteg (🚌)

 Älpli - Furt - Arni; P.2095 - Leutschachhütte; Ruchälplistock -
Jakobiger - Kröntenhütte oder Leutschachhütte

# Sustlihütte SAC

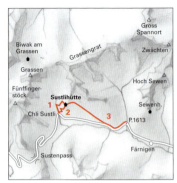

 2257 m
678.860 / 178.350

 041 885 17 57

 1211 Meiental
255 Sustenpass

 SAC Rossberg,
6300 Zug

| 83 20 |  |  |  |  |  |  |  | SOS | 2-3' | 3a 6b |  |
|---|---|---|---|---|---|---|---|---|---|---|---|

| I | II | III | IV | V | VI | VII | VIII | IX | X | XI | XII |
|---|---|---|---|---|---|---|---|---|---|---|---|

 Agi & Kari Stadler, Postmatte 36, 6462 Seedorf,
041 870 95 49

 www.sustlihuette.ch
sustlihuette@bluemail.ch

 Chli Sustli (🚌: Abzw. Sustenbrüggli) - Sustlibach
(T2, 1 h)

 Chli Sustli (🚌: Abzw. Sustenbrüggli) - Böschenstöckli
(T3, 〰, 1 h von Chli Sustli, 3 h von Färnigen)

 Färnigen / P.1613 - Hochstalden
(T2, 2 h von P.1613, 2 h 30' von Färnigen)

 Chli Sustli/Sustenbrüggli (🚌), Färnigen / P.1613 (🚌)

 Wassen (🚌), Färnigen (🚐 079 209 24 59)

 Stössensattel - Biwak am Grassen - Engelberg; P.1613 - Sewenhütte;
Guferjoch - Sustenpass; Grassenjoch/Wasenhornjoch oder Lücke
P.2791 - Gadmen

# Tällihütte

 1726 m
668.000 / 176.940

 033 975 14 10

 1210 Innertkirchen
255 Sustenpass

 Bergführerverein Haslital,
3860 Meiringen

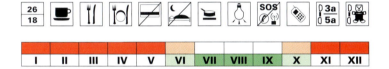

| 26 | | | | | | | | | | | |
|----|---|---|---|---|---|---|---|---|---|---|---|
| 18 | | | | | | | | | | | |

| I | II | III | IV | V | VI | VII | VIII | IX | X | XI | XII |
|---|----|----|----|----|----|----|----|----|----|----|----|
|   |    |    |    |    |    |    |    |    |    |    |    |

 Fahrbewilligung Furen - Birchlaui: Kleingeldautomat
*Autorisation Furen - Birchlaui: automate à monnaie*

 Emil Feuz, Bergführer, 3857 Unterbach,
033 971 21 45

 emilfeuz@bluewin.ch

 Furen - Birchlaui
(T2, 30' von Birchlaui, 1 h 30' von Furen)

 Gadmen - P.1480 - Raflue - Alpligen
(T2, 2 h)

 Gadmen/Fuhren (🚐), Birchlaui (🚗), Gadmen/Post (🚐)

 Sätteli - Engstlenalp - Jochpass - Engelberg;
Klettersteig Tälli - Engstlenalp

# Tierberglihütte SAC

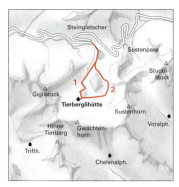

 2795 m
674.610 / 172.780

 033 971 27 82

 1211 Meiental
255 Sustenpass

 SAC Baselland,
4410 Liestal

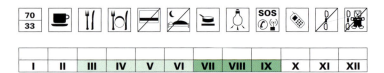

| 70 / 33 | ☕ | 🍴 | 🍲 | | | | 💡 | SOS | | | |

| I | II | III | IV | V | VI | VII | VIII | IX | X | XI | XII |
|---|----|-----|----|---|----|-----|------|----|---|----|-----|

 Trudi Imdorf, Postfach 536, 3860 Meiringen,
079 422 94 69

 tierbergli@sac-baselland.ch
www.sac-baselland.ch

 Steigletscher - Steisee - Umpol
(T2, 3 h 30')

 Steigletscher - Chüöbärgli - Steigletscher
(WS, ↗, 3 h)

 Steingletscher (🚌)

 Gadmen/Obermaad (🚌)

 Tierberglücke - Trifthütte oder Windegghütte; Sustenlimi -
Chelenalphütte - Bergseehütte; Sustenlimi - Chelenalplücke -
Voralphütte

# Treschhütte SAC

 1475 m
692.570 / 174.870

 1212 Amsteg
256 Disentis

 041 887 14 07

 SAC Am Albis,
8910 Affoltern am Albis

| I | II | III | IV | V | VI | VII | VIII | IX | X | XI | XII |
|---|----|-----|----|---|----|-----|------|----|---|----|----|

 Martin Scheiber, Kohlplatz 4, 6474 Amsteg,
079 229 27 81

**1** Gurtnellen/Fellital - Unterer Felliberg
(T2, 2 h 30')

**2** Oberalppass - Fellilücke - Obermatt
(T3, 3 h)

Gurtnellen/Fellital (🚌), Oberalppass (🚂)

Gurtnellen/Fellital (🚌), Oberalppass (🚂)

 Pörtlilücke - Etzlihütte; Murmetsbüel - Rientallücke - Göschenen

# Trifthütte SAC

 2520 m
671.770 / 170.060

 1210 Innertkirchen
255 Sustenpass

(phone) 033 975 12 28

(hut) SAC Bern,
3000 Bern

| 40 | | | | | | | | | | | |
|----|--|--|--|--|--|--|--|--|--|--|--|
| 40 | | | | | | | | | | | |

| I | II | III | IV | V | VI | VII | VIII | IX | X | XI | XII |
|---|----|----|----|---|----|-----|------|----|----|----|-----|

☺ i R  Daniela Zwyer, Neuhausweid, 6404 Greppen,
033 975 12 88

i R  Walter Brog, Bottigen, 3862 Innertkirchen,
033 971 30 78

@  www.trifthuette.ch

**1** ☀  Chäppeli oder Furen - Underi Trift - Hängebrücke/*pont suspendu* Trift
(T4, 〰, 4 h 30' von Underi Trift, 6 h 30' von Chäppeli oder Furen)

**1** ❄  Furen - Underi Trift - Windegghütte - P.2660
(WS, ➚, 7 h)

**2** ☀❄  Belvédère/Furkapass oder Grimselpass - Rhonegletscher -
Undri Triftlimi (WS, ➚, 5 h vom Belvédère, 6 h vom Grimselpass)

**3** ☀❄  Tierberglihütte - Tierberglücke - Hängebrücke/*pont suspendu* (Sommer/
*été*, WS, ➚, 〰, 3 h) oder P.2660 (Winter/*hiver*, WS, ➚, 4 h 30')

**4** ☀❄  Gelmerhütte - Diechterlimi - Triftgletscher
(WS, ➚, 4 h von der Gelmerhütte)

☀ ↔  Underi Trift (☎ 033 382 20 11), Käppeli b. Nessental (🚐),
Gadmen/Fuhren (🚐), Belvedere Furka (🚐), Grimsel Passhöhe (🚐)

❄ ↔  Gadmen/Fuhren (🚐), Realp (🚃), Oberwald (🚃), Guttannen (🚐),
Handegg (🚡), Gerstenegg (☎ 033 982 20 11)

↯  Undri oder Obri Triftlimi - Rhonegletscher - Nördlicher Tiefensattel -
Albert-Heim-Hütte; Triftgletscher - Furtwangsattel - Guttannen

# Vermigelhütte

 2042 m
693.440 / 161.090

 041 887 17 73

 1232 Oberalppass
256 Disentis

 SAC Zofingen,
4800 Zofingen

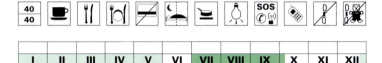

| I | II | III | IV | V | VI | VII | VIII | IX | X | XI | XII |
|---|----|-----|----|----|----|-----|------|----|----|----|-----|

 Kurt Hotz, Buchmattweg 30, 4800 Zofingen,
062 794 41 02

 vermigel@sac-zofingen.ch
www.sac-zofingen.ch

 Andermatt - Unteralp
(T1, 2 h 45')

 Gemsstock - Gafallenstafel
(T4, 2 h 15')

 Andermatt (🚃), Gemsstock (🚠)

 Andermatt (🚃), Gemsstock (🚠)

 Pass Maighels - Passo Bornengo - Capanna Cadlimo - Capanna
Cadagno; Pass Maighels - Camona da Maighels oder Badushütte;
Passo Sella - Passo del San Gottardo

# Voralphütte SAC

 2126 m
680.250 / 171.570

 041 887 04 20

 1211 Meiental
255 Sustenpass

 SAC Uto,
8000 Zürich

| I | II | III | IV | V | VI | VII | VIII | IX | X | XI | XII |
|---|----|-----|----|---|----|-----|------|----|---|----|-----|

 Anita Stadler & Bruno Müller, Sticki, 6468 Attinghausen,
041 870 88 34

 info@voralphuette.ch
www.voralphuette.ch

 P.1402 (🚌: Abzw. Voralp) - Horefelli - Bodmen
(T2, 2 h 30')

 Abzw. Voralp (🚌)

 Göschenen (🚂)

 Horefellistock - P.2600 - Bergseehütte; Sustenjoch - Sustenpass;
Chelenalplücke - Sustenlimi - Tierberglihütte; Chelenalplücke -
Chelenalphütte; Horefelli - Salbitschijenbiwak - Salbithütte

# Wildenmattenhütte

 2286 m
693.650 / 160.130

 1232 Oberalppass
256 Disentis

 SAC Basel,
4000 Basel

| I | II | III | IV | V | VI | VII | VIII | IX | X | XI | XII |
|---|----|-----|----|---|----|-----|------|----|---|----|-----|

Hütte im Oktober 2005 vollständig abgebrannt
kein Wiederaufbau geplant

*Cabane détruite par un incendie en octobre 2005
pas de reconstruction prévue*

# Windegghütte SAC

 1887 m
669.550 / 171.930

 1210 Innertkirchen
255 Sustenpass

033 975 11 10

SAC Bern,
3000 Bern

| 48 | | | | | | | | | | | |
|---|---|---|---|---|---|---|---|---|---|---|---|
| 12 | | | | | | | | | | | |

| I | II | III | IV | V | VI | VII | VIII | IX | X | XI | XII |
|---|----|-----|----|---|----|-----|------|----|---|----|-----|

 Monika & Walter Lüthi, Bergführer, 6083 Hasliberg,
033 971 35 51 (Tel+Fax)

 monika.luethi@gmx.ch
www.windegghuette.ch

 **1** Furen - Schaftellauiwald - Underi Trift
(T3, 1 h 30' von Underi Trift, 3 h 30' von Furen)

 **2** Chäppeli - Erggeli - Underi Trift
(T3, 3 h)

 Underi Trift (☎ 033 382 20 11), Gadmen/Fuhren (🚌), Käppeli b.
Nessental (🚌)

 Gadmen/Fuhren (🚌)

 Hängebrücke/*pont suspendu* - Trifthütte; P.2660 - Trifthütte;
Furtwangsattel - Guttannen; Tierberglücke - Tierberglihütte

# Windgällenhütte

 2032 m
700.570 / 182.960

 1192 Schächental
246 Klausenpass

 041 885 10 88

 Akademischer Alpenclub
Zürich, 8000 Zürich

| I | II | III | IV | V | VI | VII | VIII | IX | X | XI | XII |
|---|----|-----|----|----|----|-----|------|----|----|----|-----|

 Hans & Agnes Jauch-Zberg, Dorf 39, 6475 Bristen,
041 883 17 48

 Franz Schüle, Mülimatt 5, 8916 Hausen am Albis,
01 764 09 43

 **1** Bristen/Golzern Talstation - Golzeren - Seewen - Schisseneggen
(T2, 2 h von Golzern, 3 h 45' von Bristen/Golzern Talstation)

 **2** Bristen/Golzern Talstation - Golzeren - Oberchäseren - Bernetsmatt
(T2, 2 h 15' von Golzern, 4 h von Bristen/Golzern Talstation)

 Golzeren ( ⚓ ), Bristen/Golzern Talstation ( 🚌 )

 Golzeren ( ⚓ ), Bristen/Golzern Talstation ( 🚌 )

 Tritt (- Balmenegg) - Hinterbalmhütte oder Hüfihütte;
Eselweg - Balmenegg; Oberchäseren (- Waldiberg - ⚓ Bristen) -
Ändi - ⚓ Silenen; Schwerzifad - Ruch Chälen - Ruchenhüttli

© Marco Volken

Spitzmeilenhütte SAC

# Glarner und St. Galler Alpen, Alpstein

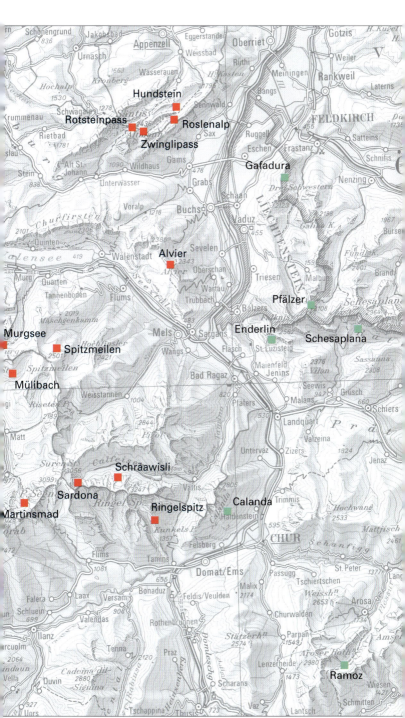

Hundstein
Rotsteinpass
Roslenalp
Zwinglipass
Gafadura
Alvier
Pfälzer
Murgsee
Spitzmeilen
Enderlin
Schesaplana
Mülibach
Schräawisli
Sardona
Calanda
Ringelspitz
Martinsmad
Ramoz

reproduziert mit Bewilligung des Bundesamtes für Landestopographie vom 17.4.1998

# Aeugstenhütte

 1499 m
726.800 / 209.820

 1154 Spitzmeilen
237 Walenstadt

 055 640 56 06

 Ortsgemeinde Ennenda,
8755 Ennenda

 20/20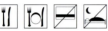

| I | II | III | IV | V | VI | VII | VIII | IX | X | XI | XII |
|---|----|-----|----|----|----|-----|------|----|----|----|-----|

 Alfred Peter-Schädler, Dr. Rudolf Schmid-Strasse 16, 8755 Ennenda,
055 640 45 62

 info@aeugstenhuette.ch
www.aeugstenhuette.ch

 **1** Ennenda - Chräzler - Schwamm - Bärenboden
(T2, 10' von Äugsten/Bärenboden, 2 h 45' von Ennenda)

 **2** Mitlödi oder Sool - Holzbort - Bärenboden
(T2, 2 h 45')

 **3** Fronalp - Fronalppass - Rotärd - Alp Begligen
(T2, 3 h 15')

 Äugsten/Bärenboden (⌂), Ennenda (🚂), Mitlödi (🚂), Sool (🚐),
Fronalp (🚐 079 693 49 49)

 Heustockfurggel oder Rotärd - Berggasthaus Murgsee; Rotärd -
Talalpsee - Filzbach; Gufelstock - Skihütte Mülibachtal

# Gipfelhütte Alvier

 2343 m
749.940 / 219.510

 079 681 81 82

 1135 Buchs
237 Walenstadt

 Jakob Frey AG,
9478 Azmoos

| 20<br>- | ☕ | 🍴 | 🍽 | | 🌙 | | 💡 | SOS | 📱 | | |
|---|---|---|---|---|---|---|---|---|---|---|---|

| I | II | III | IV | V | VI | VII | VIII | IX | X | XI | XII |
|---|---|---|---|---|---|---|---|---|---|---|---|

☺
**i**   Erika Giezendanner, Feldgass 8, 9478 Azmoos,
081 783 10 22 / 079 611 95 69

**i R**   Jakob Frey, Berghaus Palfries, 9478 Azmoos,
081 783 12 24 / 081 783 26 74 / Fax 081 740 22 81

**@**   palfries.ch@bluewin.ch
www.palfries.ch

**1**   Oberschan oder Kurhaus Alvier - Stofel - Schaner Alp
(T2, 4 h vom Kurhaus Alvier, 5 h von Oberschan)

**2**   Oberschan - Kurhaus Alvier - Palfris - Chemmi
(T3, 🚡, 2 h von Palfris, 4 h 30' vom Kurhaus Alvier)

**3**   Buchs - Hüseren/Seveler Berg - Masora - Arin - P.1845
(T2, 4 h vom Seveler Berg, 6 h von Buchs)

**4**   Kurhaus Voralp - Isisitzgrat - P.2007 - Malschüel Obersäss
(T2, 4 h 30')

  Palfris (🚡), Kurhaus Alvier (🏠), Oberschan (🚌), Buchs (🚂),
Seveler Berg (🚡), Kurhaus Voralp (🚌)

  Chemmi - Malun - Lüsis - Walenstadtberg; Palfris - Walserberg -
Sargans

# Bifertenhütte

 2482 m
721.180 / 186.040

 081 941 23 36

 1193 Tödi
    246 Klausenpass

 Akademischer Alpenclub
Basel, 4000 Basel

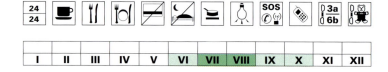

| I | II | III | IV | V | VI | VII | VIII | IX | X | XI | XII |
|---|----|-----|----|---|----|-----|------|----|---|----|-----|

 Giusep Albin, Casa Christian, 7188 Sedrun,
081 949 18 17, 079 409 16 28

 www.biferten.ch
huettenwart@biferten.ch

**1** Breil/Brigels - Rubi Sut - Rubi Sura
(T2, 4 h)

**2** Breil/Brigels - Crest Falla - Quader - Rubi Sura
(T2, 2 h von Quader, 2 h 45' von Crest Falla, 4 h von Breil/Brigels)

**3** Muttseehütte - Kistenpasshütte - Kistenpass
(T3, 2 h von der Muttseehütte)

**4** Breil/Brigels - La Cauma oder P.2360/Rubi oder P.2419/Fil - Rubi Sura
(WS, 1 h 30' von La Cauma oder P.2360 oder P.2419)

Breil/Brigels (🚌), Crest Falla (🚠), Quader (🚗)

La Cauma (🚠), P.2360/Rubi (🎿), P.2419/Fil (🎿)

 Kistenpass - Kistenpasshütte - Muttseehütte; Barcun Frisal Sut -
Camona da Puntelias; Fuorcla da Gavirolas - Panixerpasshütte

# Bockmattlihütte

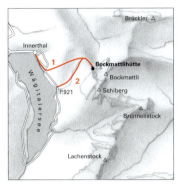

 1501 m
714.760 / 217.620

 1153 Klöntal
236 Lachen

 Hüttengemeinschaft
Bockmattli

| I | II | III | IV | V | VI | VII | VIII | IX | X | XI | XII |
|---|----|-----|----|---|----|-----|------|----|---|----|----|

 Benno Kälin, Sonnmatt 9, 8854 Siebnen,
055 440 61 58 / 055 440 28 22

 benno@bockmattli.org / b.kaelin@brautmode-hochzeit.ch
www.bockmattli.ch

 Innerthal - Heuboden - P.1101 - Schwarzenegg
(T2, 1 h 30')

 P.921 - Fällätschen - Schwarzenegg
(T2, 1 h 30')

 Innerthal (🚌), P.921 (🚐)

 Innerthal (🚌), P.921 (🚐)

 Scheidegg (- Brückler) - Schwändital - Näfels; Wägitalersee -
Schwialppass - Klöntal - Glärnischhütte; Bockmattli - Ahornen -
Obersee - Näfels

# Claridenhütte SAC

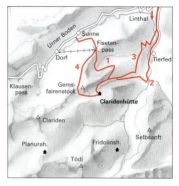

 2453 m
714.160 / 190.910

 055 643 31 21

 1193 Tödi
246 Klausenpass

 SAC Bachtel,
8630 Rüti

 72 / 8

| I | II | III | IV | V | VI | VII | VIII | IX | X | XI | XII |
|---|----|-----|----|---|----|-----|------|----|---|----|-----|

 Peter Beglinger, Wald, 8783 Linthal,
055 643 12 75

 Verkehrsverein Linthal, 8783 Linthal,
055 643 39 17

 www.sac-bachtel.ch

 1 Urner Boden - Fisetenpass - Malor - Geissstein
(T3, 4 h 30' vom Urner Boden, 3 h vom Fisetenpass)

 2 Linthal - Tierfed - Sandwald - Walenbach
(T3, 4 h 30' vom Tierfed, 6 h von Linthal)

 3 Linthal - Reitimatt - Chrummlaui - Chäsboden - Altstafel
(T3, 4 h 30' von Reitimatt, 5 h 30' von Linthal)

 4 Urner Boden - Fisetenpass - Rundloch - Lang Firn - P.2848/Gems-
fairenjoch (WS, ⌁, 5 h vom Urner Boden, 3 h vom Fisetenpass)

 Fisetenpass (☎ 055 643 15 05), Linthal (🚂), Reitimatt/Tierfed (🚐),
Urnerboden (🚌)

Fisetenpass (☎ 055 643 15 05), Linthal (🚂), Reitimatt (🚐),
Urnerboden (🚌)

Claridenfirn - Claridenpass - Chammlijoch - Klausenpass;
Claridenfirn - Claridenpass (- Hüfihütte) - Planurahütte - Sandpass -
Val Russein; Beggilücke - Ochsenstock - Fridolinshütten

# Fridolinshütten SAC

 2111 m
715.330 / 186.680

 1193 Tödi
246 Klausenpass

 055 643 34 34

 SAC Tödi,
8750 Glarus

| I | II | III | IV | V | VI | VII | VIII | IX | X | XI | XII |
|---|----|-----|-----|---|----|-----|------|----|----|-----|-----|

 Gabi Aschwanden, Kilchengut, 8783 Linthal,
055 653 10 94 / 079 228 91 60

 fridolinshuette@bluewin.ch (nur ausserhalb der Bewartungszeiten /
*seulement hors des périodes de gardiennage*) / www.sac-toedi.ch

 Linthal - Tierfed - Vorder Sand - Hinter Sand
(T2, 4 h vom Tierfed, 5 h 30' von Linthal)

 Linthal ( ), Tierfed ( )

 Linthal ( ), Tierfed ( )

 Ochsenstock - Beggilücke - Claridenhütte; Ochsenstock -
Sandpassweidli - Planurahütte; Grünhornhütte - Porta da Gliems -
Val Russein; Porta da Gliems - Fuorcla da Punteglias - Camona da
Punteglias

# Glärnischhütte SAC

 1990 m
715.960 / 206.740

 1153 Klöntal
236 Lachen

 055 640 64 00

 SAC Tödi,
8750 Glarus

| 120 20 |  | 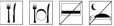 | | | | | | | | |
|---|---|---|---|---|---|---|---|---|---|---|

| I | II | III | IV | V | VI | VII | VIII | IX | X | XI | XII |
|---|---|---|---|---|---|---|---|---|---|---|---|
| | | | | | | | | | | | |

 Winter nur bei sicheren Verhältnissen
*En hiver par conditions favorables seulement*

 Heidi Marti & Monika Hefti, Glärnischhütte, Postfach 363,
8750 Glarus, 055 640 64 00

 www.glaernischhuette.ch.vu
www.sac-toedi.ch

 Klöntal/Plätz oder Klöntal/Vorder Richisau - Chäseren - Grieseren
(T3, 3 h 30' von Klöntal, 2 h 30' von Chäseren)

 Klöntal/Plätz - Chäseren - Zeinenstafel - Bächistafel - Spitzplanggen
(T3, 4 h)

 Klöntal/Plätz (🚌), Klöntal/Richisau (🚌),
Chäseren (🚐 055 640 11 77)

 Klöntal/Richisau (🚐), Netstal (🚌)

 Bächistafel - Zeinenfurggel - Braunwald oder Guppenalp-Oberstafel
oder Luchsingen; Bächistafel - Dräckloch - Brunalpelihöchi -
Glattalphütte oder Braunwald

# Glattalphütte SAC

 1892 m
 709.410 / 197.200

 1173 Linthal
 246 Klausenpass

041 830 19 39

SAC Mythen,
6430 Schwyz

| 50 |  |  |  |  |  |  |  | SOS |  |  |  |
| 21 | | | | | | | | | | | |

| I | II | III | IV | V | VI | VII | VIII | IX | X | XI | XII |
|---|----|-----|----|---|----|-----|------|----|---|----|----|

 Gabriela & Markus Ulrich, Wehristrasse 3, 6436 Muotathal,
079 446 51 34

 Josef Gwerder, Poststrasse 1, 6436 Muotathal,
041 830 18 88 / Fax 041 830 18 66

 glattalphuette@bluewin.ch
www.sac-mythen.ch

 **1** ⛰ Glattalp
(T1, 5')

 **2** Bisisthal - Sali - Läcki - Mütschen
(T2, 2 h von Sali, 3 h von Bisisthal)

**3** Braunwald oder Seblen - Gumen - Erigsmatt - Charetalp - Grossbodenkreuz (T2, 4 h von Seblen/Gumen, 5 h 30' von Braunwald)

**4** Schwarzenbach - Ober Schwarzenbach - In der Stägen - Robutzli -
Charetalp - Grossbodenkreuz (T2, 4 h)

 Glattalp (⛰ 041 830 13 59), Sali (🚐), Schwarzenbach (🚐),
Seblen (⛰), Gumen (⛰), Braunwald (🚃)

 Seblen (⛰), Gumen (⛰), Braunwald (🚃), Schwarzenbach (🚐),
Muotathal (🚐)

 Furggele - Bärentritt - Braunwald; Inner Brüelchälen - Firner Loch -
Urner Boden; Ruosalp - Ruosalper Chulm oder Balmer Grätli -
Klausenpass; Brunalpelihöchi - Dräcklochstafel - Glärnischhütte

# Grünhornhütte SAC

 2448 m
714.690 / 185.470

 1193 Tödi
246 Klausenpass

 (telephone)

 SAC Tödi,
8750 Glarus

| 8/8 |  |  |  |  |  | |  | SOS | 2-3' |  |  |

| I | II | III | IV | V | VI | VII | VIII | IX | X | XI | XII |
|---|----|----|----|---|----|-----|------|----|---|----|----|

erste Unterkunft des SAC, 1863 erbaut
*premier refuge du CAS, construit en 1863*

 weder Matratzen noch Wolldecken vorhanden
*pas de matelas et de couvertures*

 Gabi Aschwanden, Kilchengut, 8783 Linthal,
055 653 10 94 / 079 228 91 60

 Fridolinshütten, Hüttenwartin Gabi Aschwanden,
055 643 34 34

@ www.sac-toedi.ch

1 Linthal - Tierfed - Vorder Sand - Hinter Sand - Fridolinshütten
(T2, 5 h vom Tierfed, 6 h 30' von Linthal)

 Linthal (🚌), Tierfed (🚐)

 Fridolinshütten - Ochsenstock - Beggilücke - Claridenhütte;
Fridolinshütten - Ochsenstock - Sandpassweidli - Planurahütte; Porta
da Gliems - Val Russein; Porta da Gliems - Fuorcla da Punteglias -
Camona da Punteglias

# Guppenalp-Oberstafel

 1658 m
721.750 / 206.480

 1153 Klöntal
236 Lachen

 Gemeinde Schwanden,
8762 Schwanden

| 20 16 | | | | | | | | | | | |
|---|---|---|---|---|---|---|---|---|---|---|---|
| I | II | III | IV | V | VI | VII | VIII | IX | X | XI | XII |

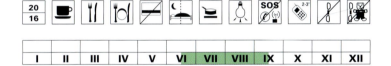

 Während Alpsaison (Ende Juni - Mitte September) Milchprodukte
*Pendant l'alpage (fin juin - mi septembre) produits laitiers*

 Mahlzeiten auf Voranmeldung
*Repas sur commande*

☺ i R Ruedi Mächler, Schulhausstrasse 7, 8762 Schwanden,
079 359 57 06

i R Andrea Weber, Schulhausstrasse 7, 8762 Schwanden, 078 744 21 84
Elsbeth Mächler-Krieg, 079 281 74 50

i Gemeindekanzlei, 8762 Schwanden,
055 647 44 40

@ www.schwanden.ch/guppenalp

1 ⚹ Schwanden - Schwändi - Mittler Guppen
(T2, 2 h 30' von Schwändi, 3 h von Schwanden)

2 ⚹ Luchsingen - Brunnenberg - Oberblegi
(T3, 2 h von Brunnenberg, 3 h 30' von Luchsingen)

3 ⚹ Braunwald - Mittler Stafel - Oberblegi
(T3, 2 h 15')

⚹ ↔ Schwändi (🚠), Schwanden (🚌), Luchsingen (🚌),
Brunnenberg (🚠 055 643 39 44), Braunwald (🚌)

↗ Oberblegi - Zeinenfurggel - Bächistafel - Glärnischhütte;
Vorder Glärnisch - Klöntalersee

# Hundsteinhütte SAC

 1551 m
750.140 / 235.660

 071 799 15 81

 1115 Säntis
227 Appenzell

 SAC Säntis,
9100 Herisau

| 52 |
|----|
| 12 |

| I | II | III | IV | V | VI | VII | VIII | IX | X | XI | XII |
|---|----|----|----|---|----|-----|------|----|----|----|-----|

wenn unbewartet Schlüssel bei Bollenwees (nur Mai bis Oktober)
*sans gardien dépôt des clefs à Bollenwees (seul de mai à octobre)*

☺ **i R** Ruth Graf, Moosstrasse 12, 9444 Diepoldsau,
071 733 17 54

Berggasthaus Bollenwees 071 799 11 70 / 071 799 16 20
(nur Mai bis Oktober / *seul de mai à octobre*)

@ huettenwart@hundsteinhuette.ch
www.hundsteinhuette.ch

**1** Brülisau - Brüeltobel - Sämtisersee - Rheintaler Sämtis oder
Geisserhüttli - Bollenwees (T2, 2 h 45')

**2** Wildhaus oder Gamplüt - Tesel - Zwinglipass - Fälensee
(T2, 3 h von Gamplüt, 3 h 30' von Wildhaus)

**3** Sax oder Stauberen - Saxer Lücke - Bollenwees
(T2, 1 h 45' von Stauberen, 3 h 45' von Sax)

**4** Säntis - Meglisalp - Spitzigstein - Widderalpsattel - Widderalp
(WS, 4 h 30')

Brülisau (🚌), Wildhaus (🚌), Gamplüt (🚠), Sax/Rofisbach (🚌),
Stauberen (🚠 081 757 24 24)

Brülisau (🚌), Wildhaus (🚌), Gamplüt (🚠), Säntis (🚠)

 Saxer Lücke - Roslenalphütte; P.2368 (Altmannsattel) - Rotsteinpass -
Lisengrat - Säntis; Meglisalp - Rotsteinpass - Wildhaus; Bogarten -
Wasserauen; Stauberenkanzel - Hoher Kasten

# Kistenpasshütte

 2714 m
721.340 / 188.930

 079 480 41 18

 1193 Tödi
246 Klausenpass

 SAC Winterthur,
8400 Winterthur

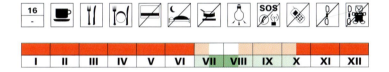

| I | II | III | IV | V | VI | VII | VIII | IX | X | XI | XII |
|---|----|-----|----|---|----|-----|------|----|---|----|-----|

**R** ☺ Gustav & Bernadette Müller-Gisler, Obere Allmeind,
8777 Betschwanden, 055 643 26 63 / 079 455 39 94

**i** Reto Grundbacher, Im Büel 28, 9548 Matzingen,
052 376 15 00 / 052 262 52 23

**1** Breil/Brigels - Rubi Sut - Rubi Sura - Kistenpass
(T2, 4 h 30')

**2** Breil/Brigels - Crest Falla - Quader - Rubi Sura - Kistenpass
(T2, 2 h 30' von Quader, 3 h 15' von Crest Falla, 4 h 30' von Breil/Brigels)

**3** Linthal - Tierfed - Muttseehütte
(T3, 1 h 30' von der Muttseehütte)

Linthal (🚌), Tierfed (🚐), P.1860 (🏠 055 643 31 67),
Breil/Brigels (🚟), Crest Falla (🚠), Quader (🚐)

Muttseehütte; Fuorcla da Gavirolas - Panixerpasshütte;
Kistenpass (- Bifertenhütte) - Barcun Frisal Sut - Camona da Punteglias

# Leglerhütte SAC

 2273 m
725.010 / 198.670

 1174 Elm
247 Sardona

 055 640 81 77

 SAC Tödi,
8750 Glarus

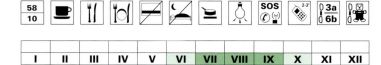

| 58 | | | | | |
|----|----|----|----|----|----|
| 10 | | | | | |

| I | II | III | IV | V | VI | VII | VIII | IX | X | XI | XII |
|---|----|-----|----|---|----|----|-----|----|---|----|----|

 Sara Elmer & Romano Frei, Dorf, 8767 Elm,
055 642 51 67

 www.leglerhuette.ch
info@leglerhuette.ch

 Chis - Mettmen/Stausee Garichti - Ober Stafel
(T2, 2 h 30' von Mettmen, 4 h von Kies)

 Diesbach - Diestalstafel - Ängisee
(T2, 5 h)

 Elm - Ämpächli - Gelb Chopf - Wildmadfurggeli - Schwarz Chöpf
(T2, 3 h 30' von Ämpächli, 5 h von Elm)

 Kies (🚌), Mettmen (⛓), Diesbach-Betschwanden (🚌),
Elm (🚌), Ämpächli (⛓)

 Kies (🚌), Mettmen (⛓), Diesbach-Betschwanden (🚌),
Elm (🚌), Steinboden/Gelb Chopf (⛓)

 Naturfreundehaus Mettmen; Chärpfscharte - Bischofalp - Elm;
Chärpfscharte oder Chärpftor - Ober Erbs - Elm;
Ängisee - Aueren - Schwanden

# Martinsmadhütte SAC

 2002 m
733.330 / 194.990

 1174 Elm
 247 Sardona

 055 642 12 12

 SAC Randen,
8200 Schaffhausen

| I | II | III | IV | V | VI | VII | VIII | IX | X | XI | XII |
|---|----|----|----|---|----|-----|------|----|---|----|-----|

 Barbara Rhyner, Untertal 31, 8767 Elm,
055 642 23 80 / 079 342 41 60

 Elm - Wisli - Nideren - Matt
(T3, 🚠, 1 h 30' von Nideren, 3 h von Elm)

 Elm (🚌), Nideren (☎ Mo-Fr: 079 714 13 81 / Sa-So: 079 468 23 67
oder 079 240 57 42 oder 079 610 06 60)

 Grischsattel - Camona da Segnas - Flims; Bündner Vorab -
Sether-Unterkunft - Panixerpasshütte - Pigniu oder Elm

# Skihütte Mülibachtal

 1763 m
732.700 / 208.140

 1154 Spitzmeilen
237 Walenstadt

 079 291 23 49

 Werner Luchsinger,
8773 Haslen

| 40 |
|----|
| 34 |

| I | II | III | IV | V | VI | VII | VIII | IX | X | XI | XII |
|---|----|----|----|---|----|-----|------|----|----|----|----|

 Mahlzeiten auf Voranmeldung
*Repas sur commande*

 Werner Luchsinger, Oberhaslen, 8773 Haslen,
079 291 23 49

 werner.luchsinger@bluemail.ch
www.engi.ch

 Engi - Üblital
(T1, 3 h)

 Wissenberg - Heueggli (Sommer/*été*) oder
Sunnenhörnli (Winter/*hiver*) - Gams (T2, 4 h 30')

 Engi/Weberei (🚌), Weissenberg (🚠)

 Engi/Weberei (🚌), Weissenberg (🚠)

 Widersteiner Furggel - Berggasthaus Murgsee; Gufelstock -
Aeugstenhütte; Wissmilenpass - Spitzmeilenhütte oder
Maschgenkamm

# Berggasthaus Murgsee

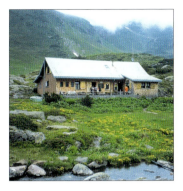

 1817 m
730.610 / 211.200

 1154 Spitzmeilen
237 Walenstadt

 00871 762 826 352
00871 762 826 354 (Fax)

Murgsee AG,
8883 Quarten

| 65 | ☕ | 🍴 | 🍽 | ⊘ | ⊘ | 🍴 | 💡 | SOS | 📱 | ⊘ | ⊘ |
|----|----|----|----|----|----|----|----|-----|----|----|----|
| -  |    |    |    |    |    |    |    |     |    |    |    |

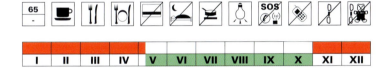

| I | II | III | IV | V | VI | VII | VIII | IX | X | XI | XII |
|---|----|----|----|---|----|----|----|----|----|----|----|

 Halbpension nur am Samstag
*Demi-pension le samedi uniquement*

 Viktoria Steiner, Boden, Postfach 3, 8882 Unterterzen,
079 341 66 50

 info@murgsee.ch
www.murgsee.ch

 **1** Murg - Murgtal - Merlen - Mornen - Murgsee
(T2, 1 h 30' von Mornen, 2 h 15' von Merlen)

 **2** Filzbach - Habergschwänd - Scheidweg - Talalpsee - Mürtschen-
furggel - Murgseefurggel (T2, 4 h von Habergschwänd)

 **3** P.2019/Maschgenkamm - Leist - Erdisgulmen - Chammseeli - P.2235
(T2, 3 h)

 **4** Engi - Üblital - Widersteiner Furggel
(T2, 4 h)

 Mornen (🚡), Habergschwänd (🚠), P.2019/Maschgenkamm (🚠),
Engi (🚌)

 Widersteiner Furggel - Skihütte Mülibachtal; Ober Mürtschen -
Fronalppass - Naturfreundenhaus Fronalp; Chammseeli - Türli -
Spitzmeilenhütte; Heustockfurggel oder Rotärd - Aeugstenhütte -
Ennenda

# Muttseehütte SAC

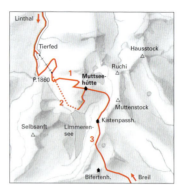

 2501 m
720.490 / 190.800

 1193 Tödi
246 Klausenpass

 055 643 32 12

 SAC Winterthur,
8400 Winterthur

| I | II | III | IV | V | VI | VII | VIII | IX | X | XI | XII |
|---|----|-----|-----|---|-----|------|------|-----|---|-----|------|

 Elisabeth & Hans Müller, Beugnersand, 8783 Linthal,
055 643 12 66

 info@muttseehuette.ch
www.muttseehuette.ch

 Linthal - Tierfed - P.1860 - Chalchtrittli (oder - Tor) - Muttenwändli
(T4, ⚒, 2 h 30' vom P.1860, 5 h vom Tierfed, 6 h 30' von Linthal)

 Linthal - Tierfed - P.1860 - Kraftwerkstollen - Limmerensee - Mörtel
(T3, ⚒, ⚒, 2 h vom P.1860, 4 h 30' vom Tierfed, 6 h von Linthal)

 Breil/Brigels - Crest Falla - Quader - Kistenpass (T3, 3 h 30' von
Quader, 4 h 15' von Crest Falla, 5 h 30' von Breil/Brigels)

 Linthal (🚌), Tierfed (🚡), P.1860 (⚓ 055 643 31 67),
Breil/Brigels (🚌), Crest Falla (⚓), Quader (🚠)

 Kistenpasshütte - Kistenpass (- Bifertenhütte) - Fuorcla da Gavirolas -
Panixerpasshütte; Ruchi - Hausstock - Panixer Pass - Elm oder Pigniu

# Skihütte Obererbs

 1700 m
727.560 / 195.650

 1174 Elm
247 Sardona

📞 Skiclub Elm,
8767 Elm

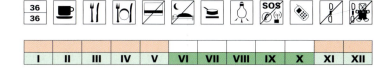

| 36 | ☕ | 🍴 | 🍲 | | | | 💡 | SOS | 📱 | | |
|----|----|----|----|----|----|----|----|----|----|----|----|
| 36 | | | | | | | | | | | |

| I | II | III | IV | V | VI | VII | VIII | IX | X | XI | XII |
|---|----|----|----|----|----|----|----|----|----|----|----|

Winter/*hiver*:
**R** Rudolf Elmer-Gantenbein, Obmoos, 8767 Elm, 055 642 13 19

Sommer/*été*:
Elsbeth Zentner, Chappelen, 8767 Elm, 055 642 11 06 / 078 721 59 31

**i** Urs Pedrocchi, Im Tschogglen, 8766 Matt,
055 642 14 05 / 079 507 22 90

**@** www.groups.ch/k-0576-2874

**1** Steinibach - Büelhütte - Obererbs
(T1, 2' ab Obererbs, 2 h ab Steinibach)

**2** Ämpächli - Hängstboden - Chleb
(T2, 2 h 15')

Obererbs (🚡), Elm/Steinibach (🚡), Ämpächli (🚠)

Elm/Steinibach (🚡)

Chärpfscharte oder Chärpftor - Leglerhütte;
Walenbrugg - Panixerpasshütte

# Panixerpasshütte

 2407 m
726.990 / 190.780

📞

 1194 Flims
247 Sardona

🏠 Baudirektion des Kanton
Glarus, 8750 Glarus

| 14 | | | | | | | | | | | |
|----|---|---|---|---|---|---|---|---|---|---|---|
| 14 | | | | | | | | | | | |

| I | II | III | IV | V | VI | VII | VIII | IX | X | XI | XII |
|---|----|----|----|---|----|-----|------|----|----|----|----|

**i**   Infobüro Elm, 8767 Elm,
055 642 52 52 / Fax 055 642 23 25

**@**   info@elm.ch
www.elm.ch

**1**   Elm - Walenbrugg - Lochhüttli - Gurglen
(T2, 3 h von Walenbrugg, 4 h 30' von Elm)

**2**   Pigniu - Ranasca Dadens - Alp Mer
(T2, 3 h 30')

**3**   Pigniu - Ranasca Dadens - P.2495
(WS, 4 h)

Elm/Steinibach (🚌), Walenbrugg (🚐), Pigniu (🚌)

Elm/Steinibach (🚌), Walenbrugg (🚐), Pigniu (🚌)

Fuorcla da Gavirolas (- Bifertenhütte) - Kistenpasshütte - Muttseehütte;
P.2584 - Fuorcla da Ranasca - Fuorcla da Sagogn - Camona da
Segnas; Sether-Unterkunft - Bündner Vorab - Martinsmadhütte;
Hausstock - Ruchi - Muttseehütte

# Planurahütte SAC

 2947 m
710.020 / 186.440

 041 885 16 65

 1193 Tödi
246 Klausenpass

 SAC Tödi,
8750 Glarus

| 60 | | | | | | | | | | | |
|----|----|----|----|----|----|----|----|----|----|----|----|
| 20 | | | | | | | | | | | |
| I | II | III | IV | V | VI | VII | VIII | IX | X | XI | XII |

 Hans Rauner, Sernftalstrasse 60, 8762 Schwanden,
055 644 34 46

 www.sac-toedi.ch

 **1** Klausenpass - Tierälpligrat - Chammlijoch
(WS, ⚲, 5 h)

 **2** Linthal - Tierfed - Hinter Sand - Ober Sand - Sandpassweidli
(T3, 7 h vom Tierfed, 8 h 30' von Linthal)

 **3** Disentis oder Sumvitg - Madernal - Val Russein - Sandpass
(L, ⚲, 6 h von Madernal, 7 h von Sumvitg oder Disentis)

 **4** Fisetenpass - Claridenhütte (Sommer/*été*) oder Gemsfairenstock
(Winter/*hiver*) - Claridenfirn (L, ⚲, 6 h)

 Klausenpass (🚐), Linthal (🚆), Tierfed (🚐), Madernal/Val Russein
(🚐), Sumvitg (🚆), Disentis (🚆), Fisetengrat (☎ 055 643 15 05)

 Urner Boden (🚐), Linthal (🚆), Tierfed (🚐), Madernal/Val Russein
(🚐), Sumvitg (🚆), Disentis (🚆), Fisetengrat (☎ 055 643 15 05)

 Ober Sand - Ochsenstock - Fridolinshütten - Grünhornhütte;
Hüfifirn - Hüfihütte; Hüfifirn - Fuorcla da Cavrein - Camona da
Cavardiras; Sandpass - Alp Cavrein - Camona da Cavardiras

# Camona da Punteglias CAS

2311 m
715.880 / 181.800

081 943 19 36

1213 Trun
256 Disentis

SAC Winterthur,
8400 Winterthur

| 35 | ☕ | 🍴 | 🍽 | 🚫 | 🛏 | 🎩 | 💡 | SOS | 📱 2-3' | 🚫 | 🧸 |
|----|---|----|----|----|----|----|----|-----|--------|----|----|
| 18 |   |    |    |    |    |    |    |     |        |    |    |

| I | II | III | IV | V | VI | VII | VIII | IX | X | XI | XII |
|---|----|----|----|----|----|-----|------|-----|----|----|-----|
|   |    |    |    |    |    |     |      |     |    |    |     |

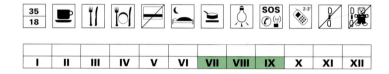

☺
**i R**  Fritz Freuler, Eichwiesstrasse 20, 8645 Jona,
055 210 40 76

**i**  Markus Rütschi, Chruzlerstrasse 3, 8544 Rickenbach,
052 337 17 17

**@**  fritz_freuler@hotmail.com
www.punteglias.ch

**1** ☀  Trun - Val Punteglias - P.2060
(T3, 4 h)

**2** ☀  Schlans - Alp da Schlans Sut - Uaul da Punteglias
(T3, 2 h 30' von Alp da Schlans Sut, 4 h 30' von Schlans)

**3** ☀❄  Sumvitg - S. Benedetg - Alp Dado Sura - Fuorcla Posta Biala
(L, ⌒, 6 h von S. Benedetg, 6 h 30' von Sumvitg)

☀
**↔**  Trun (🚂), Schlans (🚐), Alp da Schlans Sut (🚙), S.
Benedetg (🚙), Sumvitg/Cumpadials (🚂)

❄
**↔**  S. Benedetg (🚙), Sumvitg/Cumpadials (🚂)

Barcun Frisal Sut (Abseilstelle/*rappel*) - Val Frisal (- Breil/Brigels) -
Bifertenhütte - Kistenpasshütte - Muttseehütte; Porta da Gliems -
Grünhornhütte - Fridolinshütten; Fuorcla da Punteglias - Val Russein -
Sandpass - Planurahütte

# Ringelspitzhütte SAC

 1998 m
748.070 / 192.350

 079 632 24 34

 1195 Reichenau
247 Sardona

 SAC Rätia,
7000 Chur

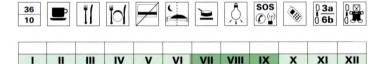

| I | II | III | IV | V | VI | VII | VIII | IX | X | XI | XII |
|---|----|-----|----|----|----|-----|------|----|----|----|-----|

 Marcel Manhart, Serra 2, Postfach 40, 7315 Vättis,
081 306 14 04 / 079 632 24 34

**@** info@ringelspitz.ch
www.ringelspitz.ch

**1** Tamins - Kunkelspass - Grossalp
(T1, 2 h vom Kunkelspass, 4 h von Tamins)

**2** Tamins - Lawoitobel
(T2, 4 h)

**3** Vättis - Langwis - Kunkelspass - Grossalp
(T1, 2 h vom Kunkelspass, 3 h von Langwis, 4 h von Vättis)

Tamins (🚌), Kunkelspass (🚐), Vättis (🚌), Langwis (🚐)

Tamins (🚌), Vättis (🚌)

 Kunkelspass - Taminser Älpli - Felsberger Älpli - Calandahütte;
Lawoi - Morgang - Bargis

# Roslenalphütte

 1767 m
749.870 / 234.350

 1115 Säntis
227 Appenzell

(✆) Rettungskolonne Sax,
9468 Sax

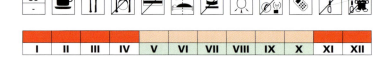

| I | II | III | IV | V | VI | VII | VIII | IX | X | XI | XII |
|---|----|-----|----|---|----|-----|------|----|----|----|-----|

**i R** Werner Heeb, Farbbachstrasse, 9468 Sax,
081 740 47 08

**1** Stauberen - Saxer Lücke
(T2, 1 h 30')

**2** Sax - Nasseel - Saxer Lücke
(T2, 3 h 30')

**3** Wildhaus oder Gamplüt - Tesel - Grueb - Mutschensattel
(T2, 3 h von Gamplüt, 3 h 30' von Wildhaus)

**4** Brülisau - Brüeltobel - Sämtisersee - Rheintaler Sämtis oder
Geisserhüttli - Bollenwees - Saxer Lücke (T2, 3 h 30')

Stauberen (☎ 081 757 24 24), Sax/Rofisbach (🚌), Wildhaus (🚌),
Gamplüt (🚠), Brülisau (🚌)

Wildhaus (🚌), Gamplüt (🚠), Brülisau (🚌)

Stauberenkanzel - Hoher Kasten; Saxer Lücke - Hundsteinhütte;
Mutschensattel - Chreialpfirst - Zwinglipasshütte

# Berggasthaus Rotsteinpass

 2120 m
745.850 / 234.250

 1115 Säntis
227 Appenzell

 071 799 11 41

 Fam. Wyss-Räss,
9057 Weissbad

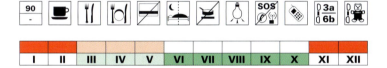

| I | II | III | IV | V | VI | VII | VIII | IX | X | XI | XII |
|---|----|-----|----|---|----|----|----|----|----|----|----|

 Berggasthaus Rotsteinpass, Fam. Cäcilia & Albert Wyss-Räss, 9057 Weissbad, 071 799 11 41 / 079 233 35 56 / 071 799 15 68

 info@rotsteinpass.ch
www.rotsteinpass.ch

 Säntis - Lisengrat (Sommer/*été*) oder Meglisalp (Winter/*hiver*)
(T4, ⚒, 1 h)

 Wasserauen - Seealpsee - Meglisalp
(T2, 4 h)

 Wildhaus - Gamplüt - Thurwis
(T2, 2 h 15' von Thurwis, 2 h 45' von Gamplüt, 3 h 30' von Wildhaus)

 Säntis (⛰), Wasserauen (🚂), Thurwis (🚐), Gamplüt (⛰),
Wildhaus (🚎)

 Säntis (⛰), Thurwis (🚐), Wildhaus (🚎)

P.2368 (Altmannsattel) - Zwinglipass - Mutschensattel - Roslenalphütte - Saxer Lücke - Bollenwees/Hundsteinhütte oder Hoher Kasten;
P.2368 (Altmannsattel) - Nädliger - Jöchli - Gamplüt - Wildhaus

# Sardonahütte SAC

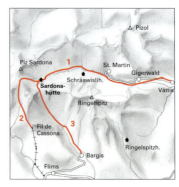

 2158 m
739.910 / 197.680

 1174 Elm
247 Sardona

 081 306 13 88

 SAC Zindelspitz,
8854 Galgenen

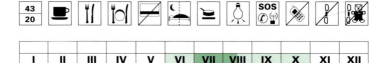

| 43 | | | | | | | | | | | |
|----|----|----|----|----|----|----|----|----|----|----|----|
| 20 | | | | | | | | | | | |

| I | II | III | IV | V | VI | VII | VIII | IX | X | XI | XII |
|---|----|----|----|---|----|-----|------|----|---|----|-----|

---

☺
**i R**  Beat Jäger, Erdinos, 7315 Vättis,
081 306 11 17 / 081 303 41 41

**R**  Josef Schwiter, Neuheimstrasse 3, 8853 Lachen,
055 442 27 34

**@**  jaeger.beat@bluewin.ch
www.sac-zindelspitz.ch

**1**  Vättis - Gigerwaldsee - St. Martin - Brennboden
(T2, 3 h von St. Martin, 4 h vom Gigerwaldsee, 5 h von Vättis)

**2**  Flims - Fil de Cassons - Glatschiu dil Segnas - Sardonagletscher -
P.2563 (L, ↗, 3 h vom Fil de Cassons)

**3**  Bargis oder Fil de Cassons - Trinser Furgga
(T4, 4 h von Bargis, 2 h von Fil de Cassons)

↔  St. Martin (🚐), Gigerwald/Staudamm (🚌), Vättis (🚌),
Cassonsgrat (🚠), Bargis (🚌)

❄
↔  Vättis (🚌), Cassonsgrat (🚠)

↰  Schräawislihütte; Plattenseeli - Heidelpass - Weisstannen;
Heubützlipass - Foo - Foopass - Elm

# Schräawislihütte

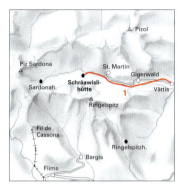

 1732 m
744.050 / 198.270

 1175 Vättis
247 Sardona

 SAC Piz Sol,
9470 Buchs

| I | II | III | IV | V | VI | VII | VIII | IX | X | XI | XII |
|---|----|-----|----|---|----|-----|------|----|---|----|-----|

 Zustieg im Winter sehr stark lawinengefährdet
*Accès très dangereux en hiver*

 Robert Kohler, Eichbüel, 7312 Pfäfers,
081 302 35 44

 robert.kohler@freesurf.ch

 Vättis - Gigerwaldsee - St. Martin - Tüfwald
(T2, 1 h von St. Martin, 2 h vom Gigerwaldsee, 3 h von Vättis)

 St. Martin (🚐), Gigerwald/Staudamm (🚌), Vättis (🚌)

 Sardonahütte; Heidelpass - Weisstannen; Heubützlipass - Foo -
Foopass - Elm; Trinser Furgga - Bargis

# Spitzmeilenhütte SAC

 2087 m
737.710 / 210.840

 081 733 22 32

 1154 Spitzmeilen
237 Walenstadt

 SAC Piz Sol,
9470 Buchs

| I | II | III | IV | V | VI | VII | VIII | IX | X | XI | XII |
|---|----|-----|----|----|-----|-----|------|----|----|----|-----|

 Fridolin Giger, Zell, 8883 Quarten,
081 738 18 46 / 079 605 43 56

**1**  P.2019/Maschgenkamm oder P.1939/Prodkamm - Fursch oder
Mietböden (T2, 2 h 15' vom P.2019, 2 h 30' vom P.1939)

**2**  Flums - Schilstal - Wisen - Lauiboden
(T1, 2 h 30' von Wisen, 5 h von Flums)

**3**  Engi - Mülibach - Wissmilenpass
(T2, 5 h 30')

 P.2019/Maschgenkamm (⛻), P.1939/Prodkamm (⛻), Flums (🚋),
Wisen (🚐), Engi (🚌)

 P.2019/Maschgenkamm (⛻), P.1939/Prodkamm (⛻), Flums (🚋),
Wisen (🚐), Engi (🚌)

 Wissmilenpass - Skihütte Mülibachtal; Fansfurggla oder Siezfurggla
oder Lauifurggla - Weisstannen; Schönbüelfurggel - Matt;
Lauifurggla - Tamons - Vermol - Mels; Chläuifurggla - Pfufisegg -
Mädems - Flums

# Zwinglipasshütte

 1999 m
746.700 / 233.170

 1115 Säntis
227 Appenzell

 SAC Toggenburg,
9630 Wattwil

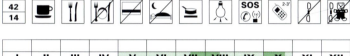

| I | II | III | IV | V | VI | VII | VIII | IX | X | XI | XII |
|---|----|-----|-----|---|----|-----|------|----|----|----|-----|

**Mahlzeiten: nur Suppe (ohne Brot)**
*Repas: potage uniquement (sans pain)*

**i R** Eugen Kressibucher, Ebnaterstrasse 173, 9631 Ulisbach,
071 988 28 02 / 071 999 24 36

**1** Wildhaus oder Gamplüt - Tesel - Chreialp
(T2, 2 h 15' von Gamplüt, 2 h 45' von Wildhaus)

**2** Säntis - Lisengrat - Rotsteinpass - P.2334
(T4, 🚠, 2 h 30')

**3** Brülisau - Brüeltobel - Sämtisersee - Rheintaler Sämtis oder
Geisserhüttli - Fälensee - Häderen (T2, 5 h)

**4** Stauberen – Saxer Lücke - Roslenalphütte – Mutschensattel –
Chreialpfirst (T3, 3 h 15')

 Wildhaus (🚌), Gamplüt (🚠), Säntis (🚠), Brülisau (🚌),
Stauberen (🚠 081 757 24 24)

 Wildhaus (🚌), Gamplüt (🚠), Brülisau (🚌)

 Fälensee - Hundsteinhütte; Chreialpfirst - Mutschensattel -
Roslenalphütte; Rotsteinpass - Meglisalp - Wasserauen;
Jöchli - Schafberg - Wildhaus

# Bündner Alpen
# Alpi grigionesi

Chamanna Lischana CAS

# Bündner Alpen
# Alpi grigionesi

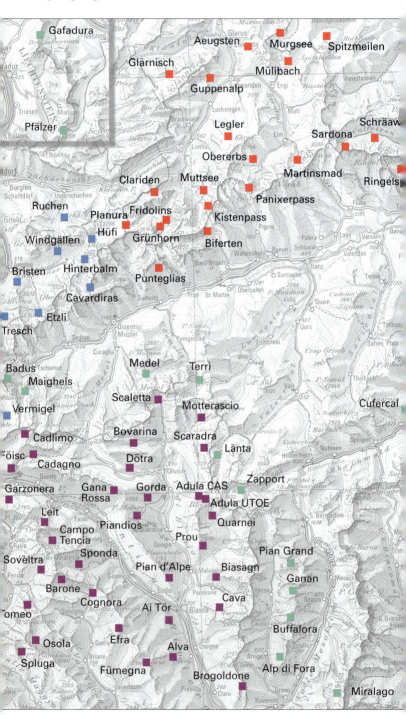

Gafadura
Aeugsten
Murgsee
Spitzmeilen
Glärnisch
Mülibach
Guppenalp
Pfälzer
Legler
Schräw
Sardona
Obererbs
Clariden
Muttsee
Martinsmad
Ringels
Ruchen
Panixerpass
Planura
Fridolins
Kistenpass
Hüfi
Windgällen
Grünhorn
Biferten
Bristen
Hinterbalm
Cavardiras
Punteglias
Etzli
Tresch
Badus
Medel
Terri
Maighels
Scaletta
Motterascio
Vermigel
Cufercal
Bovarina
Cadlimo
Scaradra
Länta
Föisc
Cadagno
Dötra
Zapport
Garzonera
Gana
Gorda
Adula CAS
Rossa
Adula UTOE
Leit
Piandios
Quarnei
Campo
Tencia
Prou
Pian Grand
Sponda
Soveltra
Pian d'Alpe
Biasagn
Ganan
Barone
Cava
Cognora
Ai Tör
Omeo
Buffalora
Osola
Efra
Alva
Spluga
Fümegna
Alp di Fora
Brogoldone
Miralago

Enderlin
Schesaplana
Carschina
Lischana
Calanda
Seetal
Heidelberger
Fergen
Silvretta
Tuoi
Vereina
Marangun
Linard
Ramoz
Grialetsch
Kesch
Cluozza
Ela
Es-cha
Varusch
Jenatsch
Boval
Tschierva
Diavolezza
Saoseo
Coaz
Albigna
Colombo
Sciora
Forno
Anghileri
e Rusconi
Sasc Furä
Ronconi

# Capanna da l'Albigna CAS

 2333 m
770.660 / 133.360

 1296 Sciora
278 M. Disgrazia

 081 822 14 05

 SAC Hoher Rohn,
8820 Wädenswil

| 94 |  |  |  |  |  |  | SOS |  | 3a |  |
| 18 | | | | | | | | | 6b | |

| I | II | III | IV | V | VI | VII | VIII | IX | X | XI | XII |
|---|----|-----|----|----|----|-----|------|----|----|----|-----|

 Michele & Manuela Marazzi, 7606 Bondo,
081 822 13 16

 Karl Rusterholz, Zugerstrasse 73, 8820 Wädenswil,
01 780 00 74

@ www.sachoherrohn.ch

1 Pranzaira - Motta Ciürela - Lägh da l'Albigna
(T2, 40' dal Lägh da l'Albigna, 3 h 30' da Pranzaira)

Albigna (⚓), Pranzaira (🚌)

Albigna (⚓), Pranzaira (🚌)

Pass Cacciabella Sud - Capanna di Sciora - Viäl - Capanna Sasc Furä;
Pass da Casnil Sud - Capanna del Forno; Passo di Zocca - Rifugio
Allievi-Bonacossa

# Bivacco Anghileri e Rusconi

 2654 m
795.980 / 134.040

1278 La Rösa
269 Passo del Bernina

 OSA Valmadrera,
I-23868 Valmadrera

| I | II | III | IV | V | VI | VII | VIII | IX | X | XI | XII |
|---|----|-----|-----|---|-----|------|------|----|---|----|-----|
|   |    |     |     |   |     |      |      |    |   |    |     |

**i** Organizzazione Sportiva Alpinisti Valmadrera,
I-23868 Valmadrera

**1** Cavaglia - Stabli da Varuna - Somdoss - Plan dal Fopal -
Pass da Canfinal (T2, 4 h da Cavaglia, 2 h da Somdoss)

**2** Poschiavo - Campel - Ursé - Alp Canfinal - Pass da Canfinal
(T3, 5 h)

**3** Franscia - Alpe Foppa - Lago di Campo Moro - Lago di Gera - Alpe
Gembré (T2, 4 h da Franscia, 2 h dal Lago di Gera)

Cavaglia (🚂), Somdoss (🚌/🚗), Poschiavo (🚂), Franscia (🚌),
Lago di Gera (🚗)

Lago di Gera - Rifugio Bignami - Bocchetta di Caspoggio - Rifugio
Marinelli-Bombardieri; Lago di Gera - Rifugio Zoya - Rifugio Carate -
Rifugio Marinelli-Bombardieri

# Badushütte

 2503 m
694.160 / 165.770

 1232 Oberalppass
256 Disentis

 SAC Manegg,
8000 Zürich

| 22 | | | | | | | | | | | |
|----|---|---|---|---|---|---|---|---|---|---|---|
| 22 | | | | | | | | | | | |
| I | II | III | IV | V | VI | **VII** | **VIII** | **IX** | X | XI | XII |

**R** Bruno Freytag, Buchwiesen 61, 8052 Zürich,
01 301 48 56

**i** Jakob Engler, Friesenberghalde 15, 8055 Zürich,
044 463 73 86

**@** info@badushuette.ch
www.badushuette.ch

**1** Oberalppass - Trutg Nurschalas - P.2392
(T2, 2 h)

**2** Oberalppass - Pazolastock - P.2743
(T2, 3 h)

Oberalppass (🚂)

Oberalppass (🚂)

Camona da Maighels; Passo Bornengo - Capanna Cadlimo -
Capanna Cadagno; Pass Tagliola - Andermatt; Pass Maighels -
Vermigelhütte

# Chamanna da Boval CAS

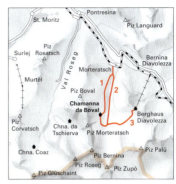

 2495 m
791.140 / 143.460

 081 842 64 03

 1277 Piz Bernina
268 Julierpass

 SAC Bernina,
7500 St. Moritz

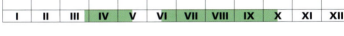

| I | II | III | IV | V | VI | VII | VIII | IX | X | XI | XII |
|---|----|-----|----|----|----|-----|------|----|----|----|-----|

 Roberto Costa, Boval-Hütte, 7504 Pontresina,
081 842 61 30

 boval@bluewin.ch
www.sac-bernina.ch

 Morteratsch - Sur Sem da Boval - Chamin
(T2, 2 h)

 Morteratsch - Vadret da Morteratsch bis 2450 m
(L, ↗, 2 h 30')

 Diavolezza - Isla Persa - Vadret da Morteratsch
(L, ↗, 2 h)

 Morteratsch (🚂), Diavolezza (🚠)

 Morteratsch (🚂), Diavolezza (🚠)

 Fuorcla da Boval - Chamanna da Tschierva; Isla Persa - Berghaus
Diavolezza; Fuorcla Crast'Agüzza oder Fuorcla Bellavista - Rifugio
Marinelli-Bombardieri; Fuorcla Crast'Agüzza - Rifugio Marco e Rosa;
Fuorcla Misaun - Val Roseg

# Capanna Buffalora

 2078 m
731.600 / 134.730

 091 828 14 67

1274 Mesocco
 267 S. Bernardino

Associazione Sentieri Alpini
Calanca, 6548 Rossa

| I | II | III | IV | V | VI | VII | VIII | IX | X | XI | XII |
|---|----|-----|----|----|----|-----|------|----|----|----|-----|
|   |    |     |    |    |    |     |      |    |    |    |     |

 Hansueli Baier, Hartbertstrasse 11, 7000 Chur,
081 253 09 66 / Fax 081 252 89 36

 mail@hbaier.ch
www.sentiero-calanca.ch

 Rossa - Ör
(T2, 3 h)

 Soazza - Alp de Bec - Pass de Buffalora
(T2, 5 h 30' da Soazza, 2 h 30' dall'Alp de Bec)

 Rossa (🚌), Soazza (🚌), Alp de Bec (🚐)

 Rossa (🚌), Soazza (🚌)

Piz de Ganan - Rifugio Ganan - Rifugio Pian Grand - San Bernardino;
Fil de Nomnom - Braggio o Sta. Maria

# Calandahütte SAC

 2073 m
755.750 / 194.460

 081 285 15 37

 1175  Vättis
 247  Sardona

 SAC Rätia,
7000 Chur

| I | II | III | IV | V | VI | VII | VIII | IX | X | XI | XII |
|---|----|-----|----|---|----|-----|------|----|---|----|-----|

An Wochenenden Reservation obligatorisch
*Réservation obligatoire le week-end*

 Während Alpzeit SOS-Telefon in Nähe
*Téléphone de secours lors de la saison d'alpage*

 Alice Gasser, Vogelsangweg 18, 7000 Chur,
081 285 15 37

 www.sacraetia.ch

 Haldenstein - Funtanolja - P.1601 (oder Haldenstein - Steinwald -
Berg) (T1, 4 h)

 Untervaz - Vazer Alp
(T2, 1 h 15' von der Vazer Alp, 4 h 30' von Untervaz)

 Tamins - Foppaloch - Kunkelspass - Taminser Älpli - Felsberger Älpli
(T3, 4 h 30')

 Vättis - Gonscherolaboden - Haldensteiner Schaftäli -
Tüfels Chilchli / P.2411 (T4, 5 h)

 Haldenstein (🚂), Untervaz Dorf (🚌), Vazer Alp (🚐), Tamins (🚌),
Kunkelspass (🚐), Vättis (🚌)

 Haldenstein (🚂), Untervaz (🚌)

 Kunkelspass - Ringelspitzhütte; (Kunkelspass -) Vättis - Sardonahütte
oder Schräawislihütte; Vazer Alp - Salaz - St. Margretenberg

# Carschinahütte SAC

 2236 m
781.620 / 208.980

 1157 Sulzfluh
238 Montafon

 079 418 22 80

 SAC Rätia,
7000 Chur

| 85 | | | | | | | | | | | |
| 20 | | | | | | | | | | | |

| I | II | III | IV | V | VI | VII | VIII | IX | X | XI | XII |
|---|---|---|---|---|---|---|---|---|---|---|---|

 Roman Guidon, Bahnhof Laret, 7265 Wolfgang,
081 416 35 22 / Fax 081 416 53 85

 Guido Maissen, Masanserstrasse 199, 7000 Chur,
081 353 93 56 / 081 252 81 71

 guidon.laret@bluewin.ch
www.carschinahuette.ch

 St. Antönien - Partnun - Brunnenegg
(T1, 1 h 45' von Partnun, 2 h 30' von St. Antönien)

 St. Antönien - Bärgli - Carschinasee
(T1, 2 h 45')

 St. Antönien/Rüti (🚌), Partnun (🚐)

 St. Antönien/Rüti (🚌)

 Drusa - Grüscher Älpli - Schuders; Tilisunafürggli - Tilisunahütte;
Schweizertor oder Cavelljoch - Lünersee - Douglashütte;
Drusator - Lindauerhütte; Golrosa - Schesaplanahütte

# Chamanna Cluozza

 1882 m
805.000 / 171.470

1218 Zernez
259 Ofenpass

081 856 12 35

Schweizerischer
Nationalpark, 7530 Zernez

| I | II | III | IV | V | VI | VII | VIII | IX | X | XI | XII |
|---|----|----|----|---|----|----|----|----|---|----|----|

 Dumeng & Claudia Duschletta-Müller, Scheschna, 7530 Zernez,
081 856 16 89 / Fax 081 856 16 86

@ cluozza@hotmail.ch
www.nationalpark.ch

**1** Zernez - Bellavista - Val Cluozza
(T2, 3 h)

**2** Vallun Chafuol/Praspöl (P3) - Murter
(T2, 4 h 30')

Zernez (🚌), Vallun Chafuol (P3) (🚌)

Fuorcla Val Sassa - Val Trupchun - Chamanna dal Parc Varusch -
S-chanf

# Chamanna Coaz CAS

 2610 m
784.360 / 139.740

 081 842 62 78

 1277 Piz Bernina
268 Julierpass

 SAC Rätia,
7000 Chur

| 80 | | | | | | | | | | | |
|----|---|---|---|---|---|---|---|---|---|---|---|
| 20 | | | | | | | | | | | |

| I | II | III | IV | V | VI | VII | VIII | IX | X | XI | XII |
|---|----|-----|----|---|----|-----|------|----|---|----|-----|
|   |    |     |    |   |    |     |      |    |   |    |     |

☺
i R  Alois Kunfermann, La Tegia, 7513 Silvaplana,
081 828 87 77

@  info@coaz.ch
www.coaz.ch

**1** ☀  Pontresina - Val Roseg - Hotel Roseg - Margun da l'Alp Ota
(T2, 2 h 30' vom Hotel Roseg, 4 h von Pontresina)

**2** ☀  Murtèl - Fuorcla Surlej - Plaun dals Süts
(T2, 2 h 30')

**3** ❄  Pontresina - Val Roseg - Hotel Roseg - Vadret da Roseg
(WS, ↗, 3 h vom Hotel Roseg, 4 h 30' von Pontresina)

**4** ❄  Corvatsch - P.3099 - Murtel Sur
(WS, ↗, 1 h 30')

☀
↔  Pontresina (🚂), Hotel Roseg (Pferdetaxi/taxi à chevaux),
Murtèl (🚠)

❄
↔  Pontresina (🚂), Hotel Roseg (Pferdetaxi/taxi à chevaux),
Corvatsch (🚠)

  Fuorcla Fex-Roseg - Fex; Fuorcla dal Glüschaint - Bivacco Colombo;
Fuorcla da la Sella - Rifugio Marinelli-Bombardieri; Chamanna da
Tschierva

# Bivacco Colombo

 3186 m
784.120 / 136.960

 1277 Piz Bernina
268 Julierpass

 CAI Valtellinese,
I-23100 Sondrio

| 8 8 |  |  |  |  |  | |  |  | SOS  |  | | |
|---|---|---|---|---|---|---|---|---|---|---|---|---|

| I | II | III | IV | V | VI | VII | VIII | IX | X | XI | XII |
|---|---|---|---|---|---|---|---|---|---|---|---|

 CAI Sezione Valtellinese, via Trieste 27,
I-23100 Sondrio

**1** Sils/Segl-Maria - Fex Curtins - Plaun Vadret - Vadret dal Tremoggia
(WS, ↗, 4 h von Fex Curtins, 5 h von Sils/Segl Maria)

**2** Sils/Segl-Maria - Fex Curtins - Vadret da Fex - Vadret dal Tremoggia
(WS, ↗, 5 h 30' von Fex Curtins, 6 h 30' von Sils/Segl Maria)

**3** S. Giuseppe - P.2957 - Vedretta di Scerscen inferiore
(L, ↗, 5 h 30')

 Sils/Segl-Maria, Fex Curtins/Hotel (Pferde-🐎/taxi a cavalli),
S. Giuseppe (🚌/🐎)

 Sils/Segl-Maria, Fex Curtins/Hotel (Pferde-🐎/taxi a cavalli)

 Vedretta di Scerscen inferiore - Rifugio Marinelli-Bombardieri -
Rifugio Marco e Rosa; Fuorcla dal Glüschaint - Chamanna Coaz

# Cufercalhütte SAC

 2385 m
747.150 / 162.030

 1235 Andeer
257 Safiental

 SAC Rätia,
7000 Chur

| 30 |  |  |  |  | | | | | | | |
|----|---|---|---|---|---|---|---|---|---|---|---|
| 30 | | | | | | | | | | | |

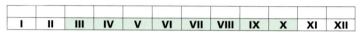

| I | II | III | IV | V | VI | VII | VIII | IX | X | XI | XII |
|---|----|----|----|---|----|-----|------|----|---|----|-----|

 Mahlzeiten nur auf Anmeldung
*Repas uniquement sur commande*

 Mathias Caduff, Block B, 6565 San Bernardino
091 832 14 13 / 079 346 05 08

 m-caduff@bluewin.ch
www.cufercal.ch

 **1** Sufers - Glattenberg oder Lai da Vons - Versais
(T2, 2 h 30')

 **2** Andeer - Pastgaglias - Caritsch
(T2, 4 h)

 Sufers (🚌), Andeer (🚌)

 Sufers (🚌), Andeer (🚌)

 Farcletta digl Lai Pintg - Alp Anarosa - Wergenstein; Farcletta digl
Lai Pintg - Farcletta digl Lai Grand - Alperschälli - Turrahus -
Thalkirch

# Berghaus Diavolezza

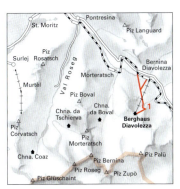

 2973 m
794.220 / 143.210

 081 842 62 05

 1277  Piz Bernina
268  Julierpass

 Diavolezza-Bahn AG,
7504 Pontresina

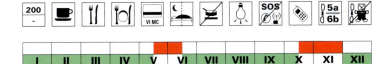

| I | II | III | IV | V | VI | VII | VIII | IX | X | XI | XII |
|---|----|-----|----|---|----|-----|------|----|---|----|-----|

Berghaus Diavolezza, Daniel Kern, 7504 Pontresina,
081 842 62 05 / Fax 081 842 61 58

@ gastronomie@diavolezza.ch
www.diavolezza.ch

**1** Bernina Suot/Diavolezza - Lej da Diavolezza
(T2, 3 h)

**2** Diavolezza
(T1, 2')

Diavolezza ( ), Bernina Suot/Diavolezza ( )

Diavolezza ( )

Isla Persa - Chamanna da Boval oder Morteratsch;
Piz Palü oder Fortezza - Rifugio Marinelli-Bombardieri;
Val d'Arlas - Passo del Bernina

# Chamonas d'Ela CAS

 2252 m
772.570 / 165.530

 1236 Savognin
258 Bergün

SAC Davos,
7260 Davos

| 38 | | | | | | | | | | | |
|------|----|-----|----|---|----|-----|------|----|---|----|-----|
| 38 | | | | | | | | | | | |

| I | II | III | IV | V | VI | VII | VIII | IX | X | XI | XII |
|---|----|-----|----|---|----|-----|------|----|---|----|-----|

**i R** Arthur Huber, Hauptstrasse 128, 7477 Filisur,
081 404 14 03

**@** ela@sac-davos.ch
www.sac-davos.ch

**1** Filisur - Sela - Val Spadlatscha - Pradatsch
(T1, 3 h 30')

**2** Bergün/Bravuogn - Uglix
(T2, 3 h)

**3** Savognin - Plang Begls - Bleis Ota - Pass digls Orgels
(T3, 5 h)

**4** Tinizong - Pensa - Alp Viglia - Pass d'Ela
(T3, 5 h)

Filisur (🚂), Bergün/Bravuogn (🚂), Savognin (🚌), Tinizong (🚌)

Filisur (🚂)

Pass d'Ela - Fuorcla da Tschitta - Preda

# Enderlinhütte SAC

 1498 m
760.570 / 211.910

 1156 Schesaplana
238 Montafon

 079 681 61 29

 SAC Piz Sol,
9470 Buchs

| 40 | | | | | | | | | | | |
|----|---|---|---|---|---|---|---|---|---|---|---|
| 21 | | | | | | | | | | | |
| I | II | III | IV | V | VI | VII | VIII | IX | X | XI | XII |

 Niclaus Saxer, Mühlbachweg 1, 7208 Malans,
081 322 95 54

 n.saxer@swissonline.ch
www.sac-piz-sol.ch

 Maienfeld - Steigwald - Loch
(T2, 3 h)

 Maienfeld (🚂)

 Fläscher Fürggli - Fläscher Alp - Kamm - Jenins oder Älpli - Malans;
Fläscher Fürggli - Ijes - Saanalada oder Barthümeljoch - Schesa-
planahütte - Carschinahütte; Fläscher Fürggli - Ijes - Barthümeljoch -
Pfälzerhütte

# Chamanna d'Es-cha CAS

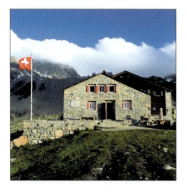

 2594 m
788.750 / 165.200

 1237 Albulapass
258 Bergün

 081 854 17 55

 SAC Bernina,
7500 St. Moritz

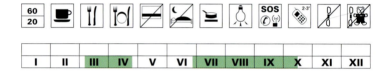

| I | II | III | IV | V | VI | VII | VIII | IX | X | XI | XII |
|---|----|-----|----|---|----|-----|------|----|----|----|-----|

 Josias Müller, Dischmastrasse 29, 7260 Davos Dorf,
081 416 33 74

 Josias Müller, Postfach 90, 7522 La Punt

 www.sac-bernina.ch

 Madulain oder Zuoz - Alp Es-cha Dadour
(T2, 2 h 30' von Madulain, 3 h von Zuoz)

 Punt Granda - Fuorcla Gualdauna - P.2511
(T2, 1 h 45')

 Madulain (🚌), Zuoz (🚌), Punt Granda (🚐)

 Madulain (🚌), Zuoz (🚌)

 Fuorcla Pischa - Chants - Bergün/Bravuogn oder Chamanna digl
Kesch; Porta d'Es-cha - Chamanna digl Kesch - Davos oder
Chamanna da Grialetsch

# Fergenhütte SAC

 2141 m
792.560 / 193.970

 1197 Davos
248 Prättigau

 SAC Prättigau,
7250 Klosters

| 24 |  |  |  |  |  |  |  |  |  |
| 24 | | | | | | | | | |

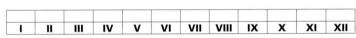

| I | II | III | IV | V | VI | VII | VIII | IX | X | XI | XII |
|---|----|-----|-----|---|----|-----|------|----|---|----|----|

 Seraina & Norbert Gruber-Stecher, Aeujerstrasse 15,
7250 Klosters, 081 422 54 88

 fergenhuette@sac-praettigau.ch
www.sac-praettigau.ch

 Klosters - Monbiel - Schwendi - Pardenner Wald
(T2, 2 h 30' von Monbiel, 3 h 30' von Klosters)

 Klosters - Monbiel - Pardenn - Obersäss
(T2, 3 h von Monbiel, 4 h von Klosters)

 Klosters (🚂), Monbiel (🚐), Pardenn (🚙)

 Fergenfurgga - Schijenfurgga - Seetalhütte; Fergenfurgga - Kübliser
Alp - Schlappin; Fergenfurgga - Schottensee - Saarbrücknerhütte
oder Tübingerhütte; Garfiun - Berghaus Vereina

# Alp di Fora

 1844 m
731.020 / 128.710

 091 828 14 67
(Capanna Buffalora)

 1294 Grono
277 Roveredo

 Associazione Sentieri Alpini
Calanca, 6548 Rossa

| 16 | | | | | | | | | | |
|----|----|----|----|----|----|----|----|----|----|----|
| 16 | | | | | | | | | | |

| I | II | III | IV | V | VI | VII | VIII | IX | X | XI | XII |
|---|----|----|----|----|----|----|-----|----|----|----|----|
|   |    |    |    |    |    |    |     |    |    |    |    |

i R ☺ Hansueli Baier, Hartbertstrasse 11, 7000 Chur,
081 253 09 66 / Fax 081 252 89 36

@ mail@hbaier.ch
www.sentiero-calanca.ch

**1** Braggio/Stabbio - Mondent - Alp di Fora
(T2, 1 h 30')

**2** Santa Maria in Calanca - Nadi - Pian di Renten
(T3, 3 h 30')

Braggio (⛪), Sta. Maria in Calanca (🚌)

Motta del Perdül - Fil de Nomnom - Capanna Buffalora

# Capanna del Forno CAS

 2574 m
774.840 / 133.690

 081 824 31 82

 1296 Sciora
278 M. Disgrazia

 SAC Rorschach,
9400 Rorschach

| 104 |  |  |  |  |  |  |  |  |  |  |
| 25 | | | | | | | | | | |

| I | II | III | IV | V | VI | VII | VIII | IX | X | XI | XII |
|---|----|----|----|---|----|-----|------|----|----|----|-----|

 Stefan Rauch, chesa Valetta, 7523 Madulain,
081 854 06 74 / 079 293 73 74

 Michael Anrig, Sonnenhaldenstrasse 8, 9403 Goldach,
071 845 20 38 / 079 336 25 55

 forno@gmx.ch
www.fornohuette.ch

 Maloja - Lägh da Cavloc - Plan Canin
(T3, 4 h)

 Maloja/Ca d'Maté (🚌)

 Maloja/Ca d'Maté (🚌)

 Pass da Casnil Sud - Capanna da l'Albigna; Sella del Forno o
Passo Vazzeda - Chiareggio

# Gafadurahütte

 1428 m
761.400 / 228.320

 079 260 14 58

 1136 Drei Schwestern
238 Montafon

 Liechtensteiner Alpenverein,
FL-9494 Schaan

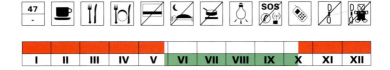

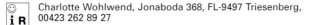

| I | II | III | IV | V | VI | VII | VIII | IX | X | XI | XII |
|---|----|-----|----|----|----|-----|------|----|----|----|-----|

 Charlotte Wohlwend, Jonaboda 368, FL-9497 Triesenberg,
00423 262 89 27

 Liechtensteiner Alpenverein, Stein-Egerta 26, FL-9494 Schaan,
00423 232 98 12 / Fax 00423 232 98 13

 liechtensteiner@alpenverein.li
www.alpenverein.li

Planken
(T1, 1 h 30′)

Planken (🚌)

 Sarojasattel - Drei-Schwestern-Steig - Fürstensteig - Gaflei;
Sarojasattel - Feldkircherhütte

# Rifugio Ganan

 2375 m
732.690 / 138.140

 1274 Mesocco
267 S. Bernardino

 091 828 14 67
(Capanna Buffalora)

 Associazione Sentieri Alpini
Calanca, 6548 Rossa

     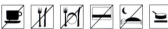     

| I | II | III | IV | V | VI | VII | VIII | IX | X | XI | XII |
|---|----|-----|----|---|----|-----|------|----|---|----|-----|
|   |    |     |    |   |    |     |      |    |   |    |     |

 Hansueli Baier, Hartbertstrasse 11, 7000 Chur,
081 253 09 66 / Fax 081 252 89 36

 mail@hbaier.ch
www.sentiero-calanca.ch

 Rossa - Valbella - Val Largè - Bocchetta del Büscenel
(T3, 5 h 30' da Rossa, 4 h 30' da Valbella)

 Mesocco - Bocchetta de Trescolmen - Bocchetta del Büscenel
(T3, 7 h 30' da Mesocco)

 San Bernardino - Rifugio Pian Grand - Bocchetta del Büscenel
(T3, 🚋, 7 h 30')

 Rossa (🚐), Valbella (🚐), Mesocco (🚐), San Bernardino (🚐)

 Piz de Ganan - Capanna Buffalora - Sta. Maria o Braggio;
Rifugio Pian Grand - San Bernardino

# Chamanna da Grialetsch CAS

 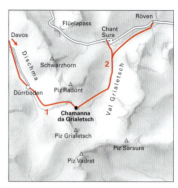

 2542 m
792.810 / 176.310

 1217  Scalettapass
258  Bergün

 081 416 34 36

 SAC St. Gallen,
9000 St. Gallen

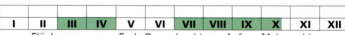

| I | II | III | IV | V | VI | VII | VIII | IX | X | XI | XII |
|---|----|-----|----|---|----|-----|------|----|---|----|-----|

Flüelapass von ca. Ende Dezember bis ca. Anfang Mai geschlossen
*Flüelapass fermé entre environ fin décembre et environ début mai*

 Militärische Sperrzeiten (Infos bei Flabschiessplatz, 7525 S-chanf)
*Tir militaire (Infos auprès de Flabschiessplatz, 7525 S-chanf)*

 Cécile & Hanspeter Reiss, Chumma, 7277 Davos-Glaris,
081 401 14 51

 www.grialetsch.ch

 Davos - Teufi - Dürrboden - Fuorcla da Grialetsch
(T2, 1 h 30' vom Dürrboden, 4 h von Teufi, 6 h von Davos)

 Röven oder Chant Sura - Alp d'Immez - Val Grialetsch
(T2, 2 h von Chant Sura, 2 h 30' von Röven, 4 h 30' von Susch)

 Dürrboden (🚐), Röven (🚐), Chant Sura (🚐),
Flüelapass Ospiz (🚐)

 Teufi (🚐/🚙), Susch (🚃)

 Scalettapass oder Fuorcla Vallorgia - Chamanna digl Kesch;
Flüelapass - Jöriflüelafurgga - Berghaus Vereina

# Heidelberger Hütte

 2264 m
814.860 / 199.270

 0043 5444 54 18

 1179 Samnaun
249 Tarasp

 DAV Heidelberg,
D-69120 Heidelberg

| I | II | III | IV | V | VI | VII | VIII | IX | X | XI | XII |
|---|----|-----|----|---|----|-----|------|----|---|----|-----|

 Bettina & Günter Salner, Nr. 269, A-6561 Ischgl,
0043 5444 56 12

 info@heidelbergerhuette.at
www.heidelbergerhuette.at

 Samnaun - Zeblasjoch
(T2, 4 h 30')

 Val Sinestra oder Vnà - Fimberpass
(T2, 6 h)

 Motta Naluns - Fuorcla Champatsch - Fuorcla Davo Lais
(T2, 5 h 30')

Ischgl - Pardatschalpe - Bodenalpe
(T1, 4 h ab Ischgl, 3 h ab Pardatschalpe, 2 h ab Bodenalpe)

 Heidelberger Hütte (🚐), Samnaun (🚌), Val Sinestra (🚌), Vnà (🚌),
Motta Naluns (🚠), Ischgl (🚌), Pardatschalpe (🚠), Bodenalpe (🚐)

 Samnaun (🚌), Motta Naluns (🚠), Ischgl (🚌), Pardatschalpe (🚠)

 Kronenjoch - Jamtalhütte; Ritzenjoch - Paznauntal;
Fuorcla da Tasna - Furcletta - Chamanna Tuoi

# Chamanna Jenatsch CAS

 2652 m
775.350 / 155.660

081 833 29 29

1256 Bivio
 268 Julierpass

SAC Bernina,
7500 St. Moritz

| 60 | 22 |
|---|---|

| I | II | III | IV | V | VI | VII | VIII | IX | X | XI | XII |
|---|---|---|---|---|---|---|---|---|---|---|---|

Röbi Hofer, Prada, 7745 Li Curt,
081 852 13 76

allegra@chamannajenatsch.ch
www.chamannajenatsch.ch

**1** Station Spinas - Alp Suvretta - Val Bever
(T2, 4 h)

**2** Julier/La Veduta - Val d'Agnel - Fuorcla d'Agnel
(T3, 3 h 30')

**3** Champfèr oder Piz Nair - Pass Suvretta - Fuorcla Suvretta
(T3, 3 h 30' vom Piz Nair, 5 h von Champfèr)

Spinas (🚂), Julier/La Veduta (🚐), Champfèr (🚐), Piz Nair (🚠)

Spinas (🚂), Julier/La Veduta (🚐), Champfèr (🚐), Piz Nair (🚠)

Fuorcla Suvretta - Champfèr; Fuorcla Laviner - Val d'Err - Tinizong;
Fuorcla Laviner - Val Mulix - Preda

# Chamanna digl Kesch CAS

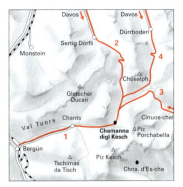

 2625 m
786.550 / 168.870

 081 407 11 34

 1237 Albulapass
258 Bergün

 SAC Davos,
7260 Davos

| I | II | III | IV | V | VI | VII | VIII | IX | X | XI | XII |
|---|----|-----|----|----|-----|-----|------|----|----|----|-----|

 Ruedi & Erika Käser, Ufm Ried, 7494 Wiesen,
 081 404 17 26

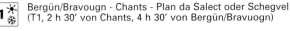 www.sac-davos.ch

**1** Bergün/Bravougn - Chants - Plan da Select oder Schegvel
(T1, 2 h 30' von Chants, 4 h 30' von Bergün/Bravuogn)

**2** Davos - Sertig - Chüealptal - Sertigpass - Val dal Tschüvel
(T2, 4 h 30' von Sertig)

**3** Cinuos-chel - Val Susauna - Alp Funtauna
(T1, 4 h 30')

**4** Davos - Teufi - Dürrboden - Scalettapass
(T2, 4 h 30' vom Dürrboden)

Bergün/Bravuogn (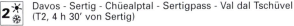), Chants (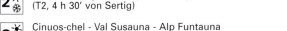), Sertig (),
Cinuos-chel (), Dürrboden ()

Bergün/Bravuogn (), Sertig (), Cinuos-chel (),
Teufi (/)

Porta d'Es-cha oder Fuorcla Pischa - Chamanna d'Es-cha;
Scalettapass oder Fuorcla Vallorgia - Chamanna da Grialetsch

# Läntahütte SAC

 2090 m
722.960 / 155.730

 1253 Olivone
266 V. Leventina

 081 935 17 13

 SAC Bodan,
8590 Romanshorn

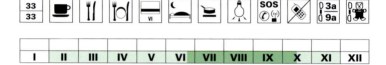

| 33 | 33 | | | | | | | | | | |
|---|---|---|---|---|---|---|---|---|---|---|---|
| I | II | III | IV | V | VI | VII | VIII | IX | X | XI | XII |

 Thomas & Marietta Meier-Hodel, Dorfplatz 81 / Postfach 96, 7132 Vals,
 081 935 14 05 / Fax 081 935 18 90

 Patrick Maly, Haldenstrasse 17, 9315 Neukirch,
071 477 18 39

 karto-vals@bluewin.ch
www.laenta.ch

 **1** Vals - Stausee Zervreila - Canalbrücke - Lampertsch Alp (T1, 2 h von
Canalbrücke, 2 h 45' vom Stausee Zervreila, 5 h von Vals)

 **2** Vals - Stausee Zervreila - Canalbrücke - Furggelti (T3, 4 h von
Canalbrücke, 4 h 45' vom Stausee Zervreila, 7 h von Vals)

 Canalbrücke (🚐), Stausee Zervreila (🚌), Gadastatt (🚠), Vals (🚌)

 Stausee Zervreila (🚐), Dachberg (🎿), Vals (🚌)

 Passo Soreda - Capanna Scaradra - Lago di Luzzone - Capanna
Motterascio oder Campo Blenio; Canallücke - Zapporthütte;
Bocchetta di Fornee oder Adulajoch - Capanna Adula;
Fuorcla Val Nova - Fuorcla Darlun - Vanescha - Vrin

# Chamanna dal Linard CAS

 2327 m
801.900 / 184.320

 1198 Silvretta
249 Tarasp

 079 629 61 91

 CAS Engiadina Bassa,
7537 Zernez

| 41 |
|----|
| 12 |

| I | II | III | IV | V | VI | VII | VIII | IX | X | XI | XII |
|---|----|----|----|---|----|----|----|----|---|----|----|

 Heidi Cuonz, 7543 Lavin,
081 862 27 82

 Rico Luppi, Chauols, 7551 Ftan,
081 864 15 22 / Fax 081 864 99 68

 www.jo-sac.ch/engiadinabassa

 Lavin - Plan dal Bügl
(T2, 2 h 30')

 Lavin (🚂)

Fuorcla da Glims - Vereinapass - Berghaus Vereina; Val Lavinuoz -
Chamanna Marangun - Fuorcla Gronda oder Fuorcla d'Anschatscha -
Chamanna Tuoi; Val Lavinuoz - Silvrettapass - Silvrettahütte

# Chamanna Lischana CAS

| | |
|---|---|
| 2500 m<br>821.160 / 183.460 | 1199 Scuol<br>249 Tarasp |
| 081 864 95 44 | CAS Engiadina Bassa,<br>7537 Zernez |

| 48 | | | | | | | | | | | |
|---|---|---|---|---|---|---|---|---|---|---|---|
| 12 | | | | | | | | | | | |

| I | II | III | IV | V | VI | VII | VIII | IX | X | XI | XII |
|---|---|---|---|---|---|---|---|---|---|---|---|

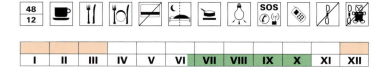

☺ i R    Heinz & Christina Enz, Postfach 61, 7550 Scuol

i R    Cla Duri Janett, 7559 Tschlin,
081 866 37 44 / Fax 081 860 10 86

@    www.jo-sac.ch/engiadinabassa

**1**    Scuol - San Jon - Val Lischana
(T2, 3 h von San Jon, 4 h von Scuol)

**2**    Sur En - Val d'Uina - Fuorcla da Rims
(T2, 6 h 30')

**3**    S-charl - Alp Sesvenna - Fora da l'Aua - Fuorcla da Rims
(T4, 🚠, 4 h)

↔    Scuol-Tarasp (🚂), Scuol/San Jon (🚐), Sent/Sur En (🚐),
S-charl (🚐)

↗    Fuorcla da Rims - Passo di Slingia - Sesvennahütte - Schlinig

# Camona da Maighels CAS

 2314 m
695.840 / 164.550

 081 949 15 51

 1232 Oberalppass
256 Disentis

 SAC Piz Terri,
7130 Ilanz

| 92 | | | | | | | | | | | |
|----|---|---|---|---|---|---|---|---|---|---|---|
| 14 | | | | | | | | | | | |

| I | II | III | IV | V | VI | VII | VIII | IX | X | XI | XII |
|---|----|----|----|----|----|-----|------|----|----|----|-----|

 Pia & Bruno Honegger, Tgèsa Scaletta, 7188 Sedrun,
081 949 18 50

 www.maighelshuette.ch

**1**  Oberalppass - P.1987 - Plidutscha
(T2, 1 h 45')

**2** Tschamut - Crest Darvun - Plidutscha
(T1, 2 h 45')

**3** Andermatt - Unteralp - Pass Tagliola
(T3, 4 h)

**4** Gemsstock - Vermigelhütte - Pass Maighels - Val Maighels
(T4, 4 h 30')

 Oberalppass ( ), Tschamut ( ), Andermatt ( ), Gemsstock ( )

 Oberalppass ( ), Tschamut ( ), Andermatt ( ), Gemsstock ( )

 Badushütte; Pass Tagliola oder Pass Maighels - Vermigelhütte;
Passo Bornengo - Capanna Cadlimo - Capanna Cadagno;
Fuorcla Paradis - Val Nalps

# Chamanna Marangun

 2025 m
802.180 / 187.540

 1198 Silvretta
249 Tarasp

 Gemeinde Lavin,
7543 Lavin

| 12 | | | | | | | | | | | | |
|----|--|--|--|--|--|--|--|--|--|--|--|--|
| 12 |  | | | | | | | | | | | |

| I | II | III | IV | V | VI | VII | VIII | IX | X | XI | XII |
|---|----|-----|----|----|-----|-----|------|----|---|----|-----|
|   |    |     |    |    |     |     |      |    |   |    |     |

 Otto Hässig, 7543 Lavin,
081 862 26 51

 Lavin - Val Lavinuoz - Alp d'Immez
(T1, 2 h 30')

 Lavin ( )

 Fuorcla Zadrell - Berghaus Vereina; Silvrettapass - Silvrettahütte;
Fuorcla d'Anschatscha - Chamanna Tuoi; Val Lavinuoz - Chamanna
dal Linard

# Camona da Medel CAS

 2524 m
712.940 / 166.540

 1233 Greina
256 Disentis

 081 949 14 03

 SAC Uto,
8000 Zürich

| I | II | III | IV | V | VI | VII | VIII | IX | X | XI | XII |
|---|----|-----|----|---|----|-----|------|----|---|----|-----|

 Ruth & Arnaldo Semadeni, Chasa Fionas 241, 7551 Ftan,
081 864 18 27 / Fax 081 864 95 72

 www.medelserhuette.ch

 Curaglia - Val Plattas - Alp Sura
(T2, 3 h 30')

 Tenigerbad (Val Sumvitg) - Crest - P.1856 - Alp Rentiert - Rentiert
Dadens - Stavelatsch (T3, 5 h)

 Curaglia (🚌), Tenigerbad (🚌/🚐)

Curaglia (🚌)

 Fuorcla Sura da Lavaz - Capanna Scaletta oder Capanna Motterascio
oder Camona da Terri; Fuorcla dalla Buora - Fuorns oder Platta;
Fuorcla da Stavelatsch - Fuorcla da Vallesa - Curaglia

# Capanna Miralago

 1265 m
737.710 / 124.520

 1294 Grono
277 Roveredo

078 759 42 27

 Famiglia Sonia Righetti,
6557 Cama

| 34 | | | | | | | | SOS | 2-3' | 3a | |
|---|---|---|---|---|---|---|---|---|---|---|---|
| - | | | | | | | | | | 5a | |

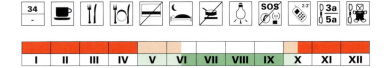

| I | II | III | IV | V | VI | VII | VIII | IX | X | XI | XII |
|---|---|---|---|---|---|---|---|---|---|---|---|

😊 i R — Solange Righetti, 6557 Cama,
091 830 13 73

😊 i R — Martino Righetti, 6557 Cama,
091 830 14 07

😊 i R — Piergiorgio Righetti, 6557 Cama,
091 830 11 14 / 079 221 53 43

1 ☀ — Cama - Ogreda - Provesc - Alp di Besarden
(T2, 2 h 45')

☀ ↔ — Cama (🚌)

↗ — Bocchetta del Notar - Bodengo o Rifugio Como; Alp de Vazzola -
P.2108 - Leggia o Grono; Bocchetta di Agnon - Dosso del Liro

# Pfälzerhütte

 2108 m
765.160 / 215.660

 1156 Schesaplana
238 Montafon

 00423 263 36 79

 Liechtensteiner Alpenverein,
FL-9494 Schaan

| 80 11 | | | | | | | | | | | | |
|---|---|---|---|---|---|---|---|---|---|---|---|---|
| I | II | III | IV | V | VI | VII | VIII | IX | X | XI | XII |

☺
**i R** Elfriede Beck, Rietle 783, FL-9497 Triesenberg,
00423 262 24 59

**i R** Liechtensteiner Alpenverein, Stein-Egerta 26, FL-9494 Schaan,
00423 232 98 12 / Fax 00423 232 98 13

**@** liechtensteiner@alpenverein.li
www.alpenverein.li

**1** Malbun - Vaduzer Täli
(T1, 1 h 30')

**2** Malbun oder Sareis - Augstenberg
(T3, 2 h 15' von Malbun, 1 h 45' von Sareis)

**3** Steg - Valüna - Naaftal
(T1, 2 h 30')

**4** Nenzinger Himmel - Stüber Fall
(T1, 2 h)

Malbun (🚌), Sareis (🚠), Steg (🚌), Nenzinger Himmel (🚌/🚐)

Steg (🚌)

Barthümeljoch - Enderlinhütte oder Seewis; Gross Furgga -
Chlei Furgga - Schesaplanahütte oder Mannheimer Hütte;
Rappastein - Lawena - Triesen

# Rifugio Pian Grand

 2398 m
732.580 / 141.680

 091 828 14 67
(Capanna Buffalora)

 1274 Mesocco
267 S. Bernardino

 Associazione Sentieri Alpini
Calanca, 6548 Rossa

| I | II | III | IV | V | VI | VII | VIII | IX | X | XI | XII |
|---|----|-----|----|---|----|-----|------|----|----|----|----|
|   |    |     |    |   |    |     |      |    |    |    |    |

**i R** Josef Bollhalder, Ebnater Strasse 58, 9642 Ebnat-Kappel,
071 993 18 93

**i R** Hansueli Baier, Hartbertstrasse 11, 7000 Chur,
081 253 09 66 / Fax 081 252 89 36

**@** mail@hbaier.ch
www.sentiero-calanca.ch

**1** San Bernardino - Pass di Passit - Bocca de Rogna
(T3, 🥾, 4 h)

**2** San Bernardino - Alp d'Ocola
(T2, 3 h)

**3** Pian San Giacomo - Alp d'Arbea
(T2, 4 h)

**4** Rossa - Valbella - Val Largè - P.2514
(T3, 🥾, 6 h 30' da Rossa, 5 h 30' da Valbella)

San Bernardino (🚌), Pian San Giacomo (🚌), Rossa (🚌),
Valbella (🚐)

Rifugio Ganan - Capanna Buffalora - Braggio o Sta. Maria

# Ramozhütte SAC

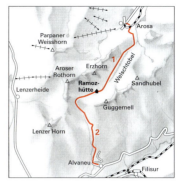

 2293 m
768.530 / 177.890

 1216 Filisur
258 Bergün

 SAC Arosa,
7050 Arosa

| I | II | III | IV | V | VI | VII | VIII | IX | X | XI | XII |
|---|----|----|----|---|----|-----|------|----|----|----|----|
| | | | | | | | | | | | |

 Michael Gerber, Im Wiesli, 7050 Arosa,
081 356 55 02

 www.sacarosa.ch

 Arosa - Welschtobel
(T2, 2 h 30')

 Alvaneu - Aclas Dafora - Furcletta
(T2, 4 h 30')

 Arosa (🚌), Alvaneu Dorf (🚃), Alvaneu Bad (🚌)

Arosa (🚌), Alvaneu Dorf (🚃), Alvaneu Bad (🚌)

 Sandhubel - Wiesen; Furcletta - Alp Sanaspans - Lenzerheide

# Bivacco Tita Ronconi

 3168 m
767.920 / 128.660

  1296 Sciora
278 M. Disgrazia

 Gruppo Edelweiss,
I-23017 Morbegno

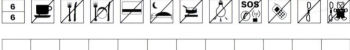

| I | II | III | IV | V | VI | VII | VIII | IX | X | XI | XII |
|---|----|-----|----|---|----|-----|------|----|---|----|----|
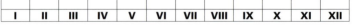

 Gruppo Edelweiss Morbegno, Via Merizzi 182, I-23017 Morbegno, 0039 348 244 05 14

 **1** Promontogno/Bondo - Capanna di Sciora - Vadrec da la Bondasca - Passo di Bondo (ZS, ⤳, 3-4 h dalla Capanna di Sciora)

 **2** San Martino - Bagni del Màsino - Rifugio Gianetti - Passo di Bondo (WS, ⤳, 3 h dal Rifugio Gianetti)

 Promontogno (🚌), Laret (🚐), San Martino (🚌)

Promontogno (🚌), San Martino (🚌)

 Vadrec da la Bondasca - Capanna di Sciora o Capanna Sasc Furä; Passo del Camerozzo - Bivacco Molteni-Valsecchi - Rifugio Allievi-Bonacossa; Rifugio Gianetti

# Rifugio Saoseo CAS

 1986 m
806.080 / 141.920

 081 844 07 66

 1278 La Rösa
269 Passo del Bernina

 SAC Bernina,
7500 St. Moritz

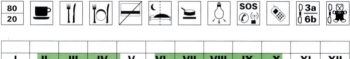

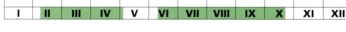

| I | II | III | IV | V | VI | VII | VIII | IX | X | XI | XII |
|---|----|-----|----|---|----|-----|------|----|----|----|-----|

 Bruno Heis, Bergführer, 7742 Poschiavo,
081 844 16 09

 www.sac-bernina.ch

 Sfazù - Salva - Salina - Lungacqua
(T1, 1 h 30' da Sfazù, 2' da Lungacqua)

 Sfazù (🚌), Lungacqua (🚌)

 Sfazù (🚐), Pedecosta (🚌), Ospizio Bernina (🚂)

 Pass da Val Viola - Rifugio Val Viola - Bormio; Pass da Val Mera -
Livigno; Pass da Sach - Rifugio Malghera

# Capanna Sasc Furä CAS

 1904 m
765.110 / 131.580

 1296 Sciora
278 M. Disgrazia

 081 822 12 52

 CAS Bregaglia,
7649 Promontogno

| 46 |  |  |  |  |  |  | SOS | 2-3' | 3a | |
| 4 | | | | | | |  |  | 6b |  |

| I | II | III | IV | V | VI | **VII** | **VIII** | **IX** | X | XI | XII |
|---|----|----|----|---|----|---------|----------|--------|---|----|------|

 Autorizzazione strada Bondo-Laret: distributore automatico a Bondo
*Bewilligung Fahrstrasse Bondo-Laret: Automat in Bondo*

 Barbara & Reto Salis-Hofmeister, Coltura, 7605 Stampa,
081 822 19 68

 Gian Ganzoni, 7606 Promontogno,
081 822 12 21

 www.bregaglia.ch/casbregaglia

 Promontogno/Bondo - Val Bondasca - Laret
(T3, 3 h 30' da Promontogno/Bondo, 2 h da Laret)

 Promontogno (🚌), Laret (🚗)

 Viäl - Capanna di Sciora; Passo della Trubinasca - Passo Porcellizzo -
Rifugio Gianetti; Passo della Trubinasca - (Bivacco Pedroni-Del Pra -)
Rifugio Luigi Brasca

# Schesaplanahütte

 1908 m
770.590 / 212.770

 081 325 11 63

 1156 Schesaplana
238 Montafon

 SAC Pfannenstiel,
8708 Männedorf

| I | II | III | IV | V | VI | VII | VIII | IX | X | XI | XII |
|---|----|-----|----|---|----|-----|------|----|---|----|-----|

 Hans Gansner-Lüthi, Schesaplanahütte, 7212 Seewis,
081 325 15 95

 haga@schesaplana-huette.ch
www.schesaplana-huette.ch

 Seewis - Stutz - Cani - Fasons
(T1, 4 h)

 Fanas - Eggli - Vordersäss
(T2, 3 h 30' von Eggli)

 Malans - Älpli - Fläscher Alp - Sanalada
(T2, 5 h von Älpli)

 Lünersee/Douglashütte - Cavelljoch
(T2, 3 h 30')

 Seewis (🚌), Eggli (🚠), Älpli (🚠), Lünersee (🚠)

 Seewis (🚌)

 Fläscher Fürggli - Enderlinhütte; Gross Furgga oder Chlei Furgga -
Nenzinger Himmel; Gross Furgga - Pfälzerhütte; Schesaplana oder
Gamsluggen - Douglashütte; P.2713 - Mannheimerhütte; Golrosa -
Carschinahütte

# Capanna di Sciora CAS

 2120 m
767.330 / 131.330

 1296 Sciora
278 M. Disgrazia

 081 822 11 38

 SAC Hoher Rohn,
8820 Wädenswil

| 42 | | | | | | | | | | | |
|---|---|---|---|---|---|---|---|---|---|---|---|
| 10 | | | | | | | | | | | |

| I | II | III | IV | V | VI | VII | VIII | IX | X | XI | XII |
|---|---|---|---|---|---|---|---|---|---|---|---|

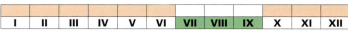

 Autorizzazione strada Bondo-Laret: distributore automatico a Bondo
*Bewilligung Fahrstrasse Bondo-Laret: Automat in Bondo*

 Bruno & Ruth Hofmeister, 7606 Promontogno-Bondo,
081 822 11 64

 Karl Rusterholz, Zugerstrasse 73, 8820 Wädenswil,
01 780 00 74 / Fax 01 787 69 06

 karu@bluewin.ch
www.sachoherrohn.ch

 Promontogno/Bondo - Val Bondasca - Laret - Camin - Naravedar
(T3, 4 h da Promontogno/Bondo, 2 h 30' da Laret)

 Promontogno/Bondo - Val Bondasca - Laret -
Clavera della Bondasca fino/bis ca. 2000 m (ZS, 4 h 30')

 Promontogno (🚌), Laret (🚕)

 Promontogno (🚌)

 Pass Cacciabella Sud - Capanna da l'Albigna; Viäl - Capanna Sasc Furä;
Passo di Bondo - (Bivacco Ronconi -) Rifugio Gianetti o Bivacco
Molteni-Valsecchi - S. Martino

# Seetalhütte SAC

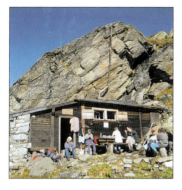

 2065 m
795.950 / 194.630

 1178 Gross Litzner
249 Tarasp

 00870 761 983 263
(07h-08h, ausser Mittwoch/
*sauf mercredi*)

 SAC St. Gallen,
9000 St. Gallen

| I | II | III | IV | V | VI | VII | VIII | IX | X | XI | XII |
|---|----|-----|----|----|----|-----|------|-----|----|----|-----|

Offen von Schneeschmelze bis Einschneien
*Ouverte de la fonte des neiges jusqu'à enneigement*

 Max Zangerl, Moos 4896, 9112 Schachen b. Herisau,
079 429 76 16

 www.sac-stgallen.ch

 Monbiel - Sardasca - Hüttenwang
(T2, 1 h von Sardasca, 3 h von Monbiel)

 Schlappin - Kübliser Alp - Schijenfurgga
(T3, 4 h)

 Klosters (🚂), Monbiel (🚐), Sardasca (🚐 081 422 29 72),
Schlappin (🚕)

 Seelücke - Saarbrücknerhütte; Schijenfurgga - Fergenhütte;
Plattenjoch - Tübingerhütte; Schijenfurgga - Schlappin oder
Fergenhütte; Schottenseefürggli - Hüenersee - Schlappin;
Scharte - Ober Silvretta - Silvrettahütte

# Silvrettahütte SAC

 2341 m
798.450 / 192.550

 1198 Silvretta
249 Tarasp

 081 422 13 06

 SAC St. Gallen,
9000 St. Gallen

| 75 |
|----|
| 22 |

| I | II | III | IV | V | VI | VII | VIII | IX | X | XI | XII |
|---|----|-----|----|----|----|-----|------|----|---|----|-----|

 Gerlinde Haas & Philipp Werlen, Postfach, 7250 Klosters

 silvrettahuette@bluewin.ch
www.silvrettahuette.ch

 **1** Monbiel - Garfiun - Sardasca - Birchenzüg
(T2, 2 h von Sardasca, 4 h von Monbiel)

 **2** Monbiel - Garfiun - Sardasca - Galtürtälli
(T2, 3 h 30' von Garfiun, 4 h 30' von Monbiel

 **3** Bielerhöhe - Klostertal - Rote Furka
(T3, 3 h 45')

 Klosters (🚌), Monbiel (🚐), Sardasca (🚙 081 422 29 72),
Bielerhöhe (🚐)

 Klosters (🚌), Monbiel (🚐), Garfiun (🚙 081 422 29 72),
Bielerhöhe (🚐)

Scharte oder Sardasca - Seetalhütte; Sardasca - Berghaus Vereina;
Silvrettapass - Chamanna Tuoi oder Wiesbadenerhütte; Rote Furka
oder Winterlücke - Saarbrücknerhütte; Rote Furka - Bielerhöhe oder
Wiesbadenerhütte; Plattenjoch - Tübingerhütte

# Camona da Terri CAS

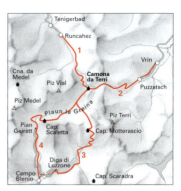

 2170 m
719.930 / 166.010

 1233 Greina
256 Disentis

 081 943 12 05

 SAC Piz Terri,
7130 Ilanz

| I | II | III | IV | V | VI | VII | VIII | IX | X | XI | XII |
|---|----|-----|----|---|----|-----|------|----|----|----|-----|

 Toni Trummer, Markal, 7134 Obersaxen,
081 933 32 93 (Tel+Fax)

 www.terrihuette.ch

 **1** Runcahez (Val Sumvitg) - P.1409 - Crest la Greina
(T3, 🚠, 3 h 30')

**2** Vrin - Puzzatsch - Alp Diesrut - Pass Diesrut
(T3, 3 h 45' h von Puzzatsch, 4 h 30' h von Vrin)

**3** Campo Blenio - Diga di Luzzone - Capanna Motterascio -
Crap la Crusch (T2, 1 h 30' von der Capanna Motterascio)

**4** Campo Blenio - Val Camadra - Capanna Scaletta -
Crap la Crusch (T2, 2 h von der Capanna Scaletta)

 Runcahez (🚌/🚠), Vrin (🚌), Puzzatsch (🚌), Campo Blenio (🚌),
Diga di Luzzone (🚌), Pian Geirètt (🚌)

 Vrin (🚌), Campo Blenio (🚌)

 Plaun la Greina - Capanna Motterascio; Passo della Greina -
Capanna Scaletta; Plaun la Greina - Fuorcla Sura da Lavaz - Camona
da Medel

# Chamanna da Tschierva CAS

 2583 m
787.720 / 142.090

 1277  Piz Bernina
268  Julierpass

 081 842 63 91

 SAC Bernina,
7500 St. Moritz

 100 / 30      VI MC    SOS   3a / 6b

| I | II | III | IV | V | VI | VII | VIII | IX | X | XI | XII |
|---|----|-----|----|---|----|----|----|----|---|----|----|

 Caroline Zimmermann, vietta Funtanella 13, 7505 Celerina,
081 833 02 64 / 079 307 57 87

 tschierva-sac@bluewin.ch
www.sac-bernina.ch

 Pontresina - Val Roseg - Hotel Roseg - Alp Misaun
(T2, 2 h vom Hotel Roseg, 3 h 30' von Pontresina)

 Pontresina (🚂), Hotel Roseg (Pferdetaxi/taxi à chevaux)

 Pontresina (🚂), Hotel Roseg (Pferdetaxi/taxi à chevaux)

 Aguagliouls - Fuorcla da la Sella - Rifugio Marinelli-Bombardieri;
Fuorcla da Boval - Chamanna da Boval; Fuorcla Surlej - Silvaplana;
Chamanna Coaz

# Chamanna Tuoi CAS

 2250 m
805.490 / 190.150

 1198 Silvretta
249 Tarasp

(phone) 081 862 23 22

CAS Engiadina Bassa,
7537 Zernez

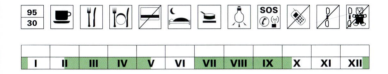

| I | II | III | IV | V | VI | VII | VIII | IX | X | XI | XII |
|---|----|-----|----|---|----|-----|------|----|---|----|-----|

 Franziska Baaumgartner,
076 335 86 83

 Cla Duri Janett, 7559 Tschlin,
081 866 37 44 / Fax 081 860 10 86

 Guarda - Clüs - Alp Suot
(T1, 2 h 30')

 Guarda Posta (bus)

 Guarda Posta (bus)

Jamjoch - Jamtalhütte; Fuorcla Vermunt - Wiesbadenerhütte;
Plan Rai - Silvrettapass - Silvrettahütte; Fuorcla d'Anschatscha -
Chamanna Marangun - Val Lavinuoz - Chamanna dal Linard;
Furcletta - Ftan

© Remo Kundert

Fergenhütte SAC

# Parkhütte Varusch

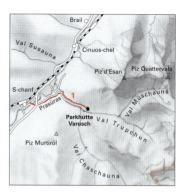

 1771 m
798.630 / 165.190

 1238 Piz Quattervals
259 Ofenpass

 081 854 31 22

 Gian Rico Blumenthal,
7524 Zuoz

 **40**
**-**

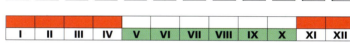

| I | II | III | IV | V | VI | VII | VIII | IX | X | XI | XII |
|---|----|----|----|---|----|-----|------|----|----|----|----|

 Emma Wiesler, Parkhütte Varusch, 7525 S-chanf,
081 854 31 22

 www.varusch.ch

 **1** S-chanf - Prasüras - Punt da Val da Scrigns
(T1, 1 h von S-chanf, 30' von Prasüras)

 S-chanf (🚂), S-chanf Parc naziunal / Prasüras (🚐),
Parkhütte Varusch (Pferdetaxi/taxi à chevaux 078 806 58 09)

 Fuorcla Val Sassa - Chamanna Cluozza - Zernez;
Fuorcla Trupchun - Livigno; Pass Chaschauna - Livigno

# Berghaus Vereina

 1943 m
794.120 / 187.930

 1197 Davos
248 Prättigau

 081 422 12 16

 Köbi Boner,
7250 Klosters

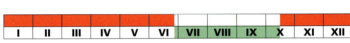

| I | II | III | IV | V | VI | VII | VIII | IX | X | XI | XII |
|---|----|----|----|----|----|-----|------|----|----|----|----|

 Köbi Boner, Berghaus Vereina/Sport Gotschna, 7250 Klosters,
081 422 11 97 / Fax 081 422 54 59

 Monbiel - Novai
(T1, 2 h 30' von Monbiel)

 Wägerhus - Jöriflüelafurgga - Jörital
(T2, 4 h)

 Röven - Val Fless - Flesspass - Süser Tal
(T2, 4 h 30')

 Klosters (🚌), Monbiel (🚐), Flüela/Wägerhus (🚐), Röven (🚐)

Vereinapass - Chamanna dal Linard oder Lavin; Fuorcla Zadrell - Chamanna Marangun; Garfiun - Fergenhütte; Sardasca - Seetalhütte oder Silvrettahütte

# Zapporthütte SAC

 2276 m
727.060 / 151.200

 1254 Hinterrhein
267 S. Bernardino

 081 664 14 96

 SAC Rätia,
7000 Chur

| I | II | III | IV | V | VI | VII | VIII | IX | X | XI | XII |
|---|----|-----|----|---|----|-----|------|----|---|----|-----|
|   |    |     |    |   |    |     |      |    |   |    |     |

 Militärische Sperrzeiten (Infos unter 081 660 11 11 / 081 725 11 95)
*Tir militair (Informations au 081 660 11 11 / 081 725 11 95)*

 Anita Engi Götte, 7414 Fürstenau,
081 651 19 37

 info@zapport.ch
www.zapport.ch

 Hinterrhein - Breewald - Zapportstafel - Höll (Sommer/*été*) oder
Paradies (Winter/*hiver*) (T3, 4 h)

 Hinterrhein/Tunnel Nordportal (🚌)

 Hinterrhein/Tunnel Nordportal (🚌)

 Vogeljoch oder Passo dei Cadabi - Capanna Quarnei - Val Malvaglia;
Adulajoch - Capanna Adula; Canallücke - Zervreilasee - Läntahütte
oder Vals; Läntalücke - Läntahütte

Capanna Campo Tencia CAS

# Alpi ticinesi

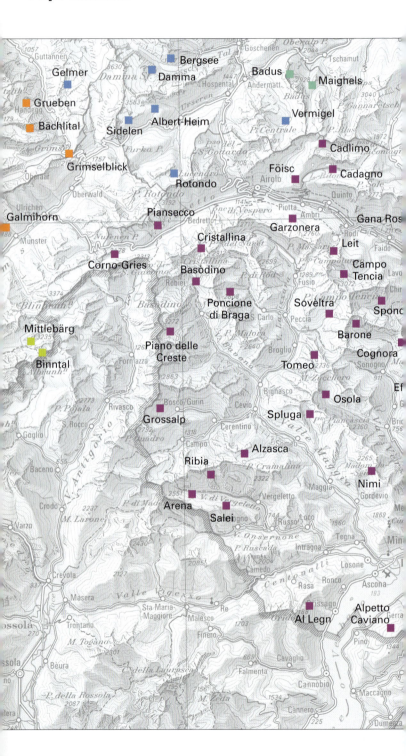

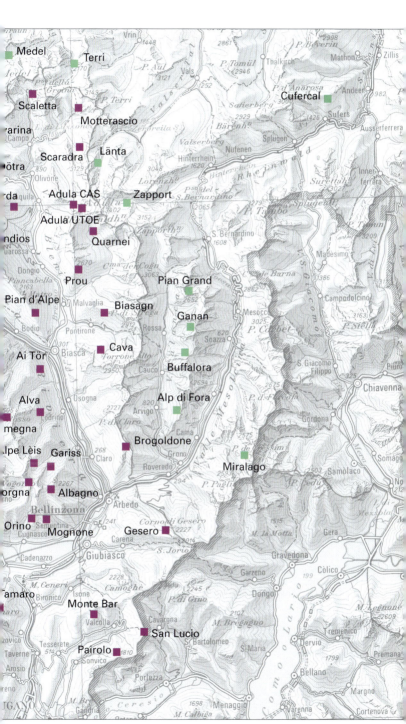

Medel
Terri
Scaletta
Motterascio
Scaradra
Länta
Adula CAS
Zapport
Adula UTOE
Quarnei
Prou
Pian Grand
Pian d'Alpe
Biasagn
Ganan
Cava
Ai Tör
Buffalora
Alva
Alp di Fora
Gariss
Brogoldone
Miralago
Albagno
Orino
Mognone
Gesero
Monte Bar
San Lucio
Pairolo
Cufercal

# Capanna Adula CAS

 2012 m
719.530 / 150.940

 1253 Olivone
266 V. Leventina

 091 872 15 32

 CAS Ticino,
6900 Lugano

| 34 |
|----|
| 34 |

| I | II | III | IV | V | VI | VII | VIII | IX | X | XI | XII |
|---|----|-----|----|---|----|----|----|----|----|----|----|

 Sergio Lutz, 6717 Torre,
091 871 18 67

**1**  Dangio - Val Soi
(T2, 3 h)

**2**  Diga di Luzzone - Val di Carassino
(T1, 2 h 30')

**3**  Olivone - Compietto - Val di Carassino
(T2, 4 h 15')

 Campo Blenio (🚌), Dangio (🚌), Olivone (🚌),
Diga di Luzzone (🚌)

 Campo Blenio (🚌), Dangio (🚌), Olivone (🚌)

Capanna Adula UTOE; Passo del Laghetto - Capanna Quarnei;
Adulajoch - Läntalücke - Zapporthütte; Adulajoch o Bocchetta di
Fornee - Läntahütte; Lago di Luzzone - Capanna Motterascio

# Capanna Adula UTOE

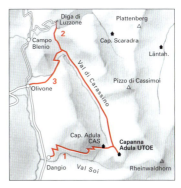

| | |
|---|---|
|  2393 m<br>720.450 / 150.550 |  1253 Olivone<br>266 V. Leventina |
|  091 872 16 75 |  UTOE Bellinzona,<br>6500 Bellinzona |

| 58 |
|---|
| 58 |

| I | II | III | IV | V | VI | VII | VIII | IX | X | XI | XII |
|---|---|---|---|---|---|---|---|---|---|---|---|
| | | | | | | | | | | | |

☺ i R  Luciano Schacher, Gradinata Pometta 3, 6900 Massagno,
079 240 16 61 / Fax 091 968 11 19

i R  Sandro Maretti, 6982 Pianezzo,
091 857 50 08 / 079 685 00 04

@  adula@utoe.ch
www.utoe.ch

**1**  Dangio - Val Soi
(T2, 4 h)

**2**  Diga di Luzzone - Val di Carassino
(T2, 3 h 30')

**3**  Olivone - Compietto - Val di Carassino
(T2, 5 h 15')

Campo Blenio (🚌), Dangio (🚌), Olivone (🚌),
Diga di Luzzone (🚌)

Campo Blenio (🚌), Dangio (🚌), Olivone (🚌)

Capanna Adula CAS; Passo del Laghetto - Capanna Quarnei;
Adulajoch - Läntalücke - Zapporthütte; Adulajoch o Bocchetta di
Fornee - Läntahütte; Lago di Luzzone - Capanna Motterascio

# Capanna Albagno

 1870 m
717.100 / 120.140

 091 827 17 73

1313 Bellinzona
276 V. Verzasca

UTOE Bellinzona,
6500 Bellinzona

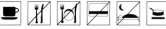

| 28 | | | | | | | | | | | |
|----|---|---|---|---|---|---|---|---|---|---|---|
| 28 | | | | | | | | | | | |

| I | II | III | IV | V | VI | VII | VIII | IX | X | XI | XII |
|---|----|----|----|----|----|----|----|----|----|----|----|
|   |    |    |    |    |    |    |    |    |    |    |    |

 Massimo Gabuzzi, via Nizzola 5, 6500 Bellinzona,
091 821 11 16 / Fax 091 821 11 12

 info@capanneti.ch
www.utoe.ch

 Monte Carasso - Mornera
(T2, 4 h da Monte Carasso, 1 h 30' da Mornera)

 Gorduno - Bedretto - Alpe Arami
(T2, 4 h 45' da Gorduno, 2 h da Bedretto)

 Monte Carasso (🚐), Mornera (🚡 091 825 81 88), Bedretto (🚐),
Gorduno (🚐)

 Bocchetta d'Erbea - Bocchetta della Cima dell'Uomo - Passo di
Ruscada - Capanna Borgna; Bocchetta d'Albagno - Capanna Gariss;
Bocchetta della Cima dell'Uomo - Bocchetta Cazzane - Capanna Alpe
Lèis; Cima di Morisciolo - Capanna Orino o Capanna Mognone

# Capanna Alpe d'Alva

 1570 m
716.650 / 128.740

 1293 Osogna
276 V. Verzasca

Patriziato di Lodrino,
6527 Lodrino

| 20 | | | | | | | | | | | |
|----|---|---|---|---|---|---|---|---|---|---|---|
| 20 | | | | | | | | | | | |

| I | II | III | IV | V | VI | VII | VIII | IX | X | XI | XII |
|---|----|----|----|---|----|----|------|----|---|----|-----|

☺ i R  Mario Bognuda, 6527 Lodrino,
091 863 28 71

☺ i R  Renato Bognuda, 6527 Lodrino,
091 863 12 64

i R  Ristorante Tonelli, 6527 Lodrino,
091 863 12 10

@  www.capanneti.ch

1  Lodrino - Lègri - Ciduglio - Grei - Piàncora
(T2, 3 h 30' da Lodrino, 2 h 30' da Lègri)

2  Pön - Alpe di Larecc
(T2, 2 h 15' da Pön)

↔  Lodrino (🚌), Lègri (🚐), Pön (🚐)

Alpe Stüell - Alpe Neghèisc - Forcarella di Lodrino - Alpe Fümegna -
Val Pincascia - Lavertezzo

# Capanna d'Alzasca CAS

 1734 m
688.700 / 125.080

 091 753 25 15

 1291 Bosco/Gurin
275 V. Antigorio

 CAS Locarno,
6601 Locarno

| 27 14 |  |  |  |  |  |  |  | SOS |  |  | |

| I | II | III | IV | V | VI | VII | VIII | IX | X | XI | XII |
|---|----|-----|-----|---|----|-----|------|----|----|-----|------|

 Pasti e mezza pensione solo su richiesta
*Mahlzeiten und Halbpension nur auf Anfrage*

 Angelo Meni, via Ferrera 81, 6612 Ascona,
091 791 62 39

 infoalzasca@freesurf.ch
www.cas-locarno.ch

 **1** Someo - Cascata del Soladino - Faéd di Fuori - Corte di Fondo
(T2, 4 h 30')

 **2** Vergeletto - Valle della Camana - Fümegn - Bocchetta di Doia
(T2, 4 h)

 **3** Gresso - Monte - Alpe di Remiasco - Bocchetta di Doia
(T2, 4 h)

 **4** Vergeletto - Valle della Camana - Fümegn - Bocchetta di Catögn -
Bocchetta di Cansgéi (ZS, 5 h)

 Someo (🚌), Vergeletto (🚌), Gresso (🚌)

 Vergeletto (🚌)

 Bocchetta di Doia o Bocchetta di Catögn - Capanna Ribia;
Bocchetta di Cansgéi - Bocchetta di Sascòla - Cevio o Linescio;
Bocchetta di Cansséi - Niva

# Capanna Alpe Arena

 1689 m
683.000 / 120.700

 091 797 18 31

 1311 Comologno
275 V. Antigorio

 Patriziato generale
d'Onsernone, 6662 Russo

| 30 | | | | | | | | | | | |
|----|----|----|----|----|----|----|----|----|----|----|----|
| 30 | | | | | | | | | | | |

| I | II | III | IV | V | VI | VII | VIII | IX | X | XI | XII |
|---|----|----|----|----|----|----|----|----|----|----|----|
|   |    |    |    |   |    |     |      |    |   |    |     |

**i R** Tarcisio Terribilini, 6664 Vergeletto,
091 785 05 04 / Fax 091 797 12 33

**1** Vergeletto - Piano delle Cascine
(T2, 3 h 30' da Vergeletto, 1 h 30' dal Piano delle Cascine)

**2** Comologno o Spruga o 🚡 Salei - Pièi Bachei
(T2, 3 h 30' da Comologno o Spruga, 1 h 30' da 🚡 Salei)

**3** Cimalmotto - Passo della Cavegna - Alpe di Porcaresc
(T2, 4 h 30')

⟨⟩ Vergeletto (🚌), Piano delle Cascine (🚐), Comologno (🚌),
Spruga (🚌), Cimalmotto (🚌), Salei (🚡 091 797 17 07)

⌇ Pièi Bachei - Capanna Salei; Piano delle Cascine - Capanna Ribia;
Passo del Lago Cavegna - Rifugio Primo Bonasson

# Rifugio Barone

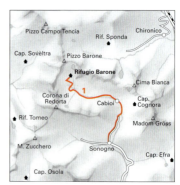

 2172 m
700.780 / 139.100

 1272 P. Campo Tencia
266 V. Leventina

 Società Escursionistica
Verzaschese, 6632 Vogorno

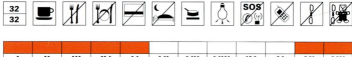

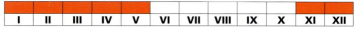

| I | II | III | IV | V | VI | VII | VIII | IX | X | XI | XII |
|---|----|-----|----|---|----|-----|------|----|---|----|----|

 Chiavi sulla porta d'entrata
*Schlüssel über der Türe*

 Rosanna Tenconi, 6632 Vogorno,
091 745 28 87 (Tel+Fax) / 079 214 66 52

 www.verzasca.com

 Sonogno - Cabioi - Piodoo
(T2, 4 h)

 Sonogno (🚍)

 Bocchetta della Campala - Capanna Sovèltra - Prato Sornico;
Bassa del Barone/P.2582 - Rifugio Sponda;
Passo di Piatto o Cabioi - Capanna Cognora

# Capanna Basòdino (Robiei) CAS

 1856 m
682.650 / 143.700

 1271 Basòdino
265 Nufenenpass

 091 753 27 97

 CAS Locarno,
6600 Locarno

| 60 | | | | | | | | | | |
|----|---|---|---|---|---|---|---|---|---|---|
| 29 |  |  |  |  |  |  |  |  | 3a | D |
| | | | | | | | | | 5a | |

| I | II | III | IV | V | VI | VII | VIII | IX | X | XI | XII |
|---|----|----|----|----|----|-----|------|----|----|----|-----|

 Familia Martinoli,
091 753 27 97, 079 643 49 46

 infobasodino@freesurf.ch
www.cas-locarno.ch

**1**  ⛫ Robiei
(T1, 10')

**2** San Carlo - Campo
(T2, 2 h)

**3** Ossasco - Passo di Cristallina
(T2, 5 h da Ossasco, 2 h dalla Capanna Cristallina)

 Robiei (⛫), San Carlo (🚐), Ossasco (🚐)

 Ossasco (🚐)

 Capanna Cristallina; Passo Grandinagia - Capanna Corno-Gries;
Ghiacciaio del Basòdino - Rifugio Piano delle Creste; Bocchetta del
Lago Nero - Passo del Sasso Nero - Lago del Narèt; Bocchetta di Val
Maggia - Rifugio Maria Luisa; Bocchetta della Froda - Rifugio
Poncione di Braga

# Rifugio Biasagn

 2023 m
722.900 / 139.250

 1273 Biasca
266 V. Leventina

 Patriziato di Biasca,
6710 Biasca

| 6 |  |  |  |  |  |  |  |  |  |  |  |
| 6 | | | | | | | | | | | |

| I | II | III | IV | V | VI | VII | VIII | IX | X | XI | XII |
|---|----|-----|----|----|----|-----|------|----|----|----|----|

Nessuna prenotazione
*Keine Reservationen*

 Chiavi sulla porta d'entrata
*Schlüssel über der Türe*

 Patriziato di Biasca, via Lucomagno 17, 6710 Biasca,
091 862 11 74

 patriziato.biasca@bluewin.ch

 Biasca - Pontirone - Fontana - Mazzorino
(T2, 5 h 30' da Biasca, 2 h da Fontana)

 Biasca (🚂), Fontana (🚐)

 Biborgh - Capanna Cava; Bocchetta di Bòrsgen - Val Malvaglia

# Capanna Borgna

 1912 m
714.660 / 120.900

 1313 Bellinzona
276 V. Verzasca

 Società Escursionistica
Verzaschese, 6632 Vogorno

| 25 / 25 | | | | | | | | | | | |
|---|---|---|---|---|---|---|---|---|---|---|---|
| I | II | III | IV | V | VI | VII | VIII | IX | X | XI | XII |

 Chiavi sulla porta d'entrata
*Schlüssel über der Türe*

 Giovanni Graber, 6597 Agarone,
091 859 00 69

 www.verzasca.com

 Medoscio - Monti Velloni - Monti della Gana - Forcola
(T2, 4 h 30' da Medoscio, 2 h 30' dai Monti della Gana)

 Vogorno - Mosciöi - Rienza
(T2, 4 h)

 Mornera - Capanna Albagno - Bocchetta della Cima dell'Uomo
(T3, 4 h 30' da Mornera, 3 h dalla Capanna Albagno)

 Medoscio (🚍), Monti della Gana (🚐), Vogorno (🚍),
Mornera (☎ 091 825 81 88)

 Passo di Ruscada - Bocchetta della Cima dell'Uomo - Capanna
Albagno o Capanna Gariss; Bocchetta Cazzane - Capanna Alpe Lèis;
Bocchetta Cazzane - Poncione di Piotta - Poncione dei Laghetti -
Alpe Fümègna; Bocchetta di Rognoi - Lavertezzo; Alpe di Ruscada -
Capanna Orino o Capanna Mognone

# Capanna Bovarina

 1870 m
711.200 / 157.550

091 872 15 29

 1253 Olivone
266 V. Leventina

UTOE Bellinzona,
6500 Bellinzona

| 50 | | | | | | | | | | |
|----|---|---|---|---|---|---|---|---|---|---|

| I | II | III | IV | V | VI | VII | VIII | IX | X | XI | XII |
|---|----|----|----|---|----|-----|------|----|---|----|-----|

 **i R** Edvige Dell'Ambrogio
079 314 47 07

 **i R** Marco Rezzonico, 6503 Galbisio,
091 825 11 26

@ bovarina@utoe.ch
www.utoe.ch

**1** Campo Blenio - Ronco di Gualdo (- Pradasca)
(T2, 2 h 15' da Campo Blenio, 30' da Pradasca)

**2** Passo del Lucomagno - Passo di Gana Negra
(T2, 2 h 30')

Campo Blenio (🚌)

Campo Blenio (🚌)

 Cantonill - Capanna Dötra; Passo del Lucomagno - Capanna Cadlimo
o Capanna Cadagno; Lago Retico (- Val Cristallina) - Pass d'Uffiern -
Capanna Scaletta

# Capanna Brogoldone

 1904 m
725.250 / 124.780

 1294 Grono
277 Roveredo

 091 829 43 50

 Ass. Amici Capanna
Brogoldone, 6533 Lumino

| I | II | III | IV | V | VI | VII | VIII | IX | X | XI | XII |
|---|----|-----|----|----|-----|------|------|-----|----|----|-----|

 Laura Resinelli, 6702 Claro,
091 863 16 90 / 079 681 31 65

 resinellilaura@bluewin.ch

**1**  Lumino - Monti Savorù
(T2, 1 h 30' dai Monti Savorù, 4 h 30' da Lumino)

**2**  Claro - Maruso - Alpe Domàs
(T2, 5 h)

**3**  Giova - Prepiantò - Alp de Martum
(T2, 3 h)

**4**  Landarenca - Alp di Rossiglion - Pian del Baitel
(T2, 4 h 30')

 Monti Savorù (🚠 091 829 20 19), Lumino (🚌), Claro (🚌),
Landarenca (🚠)

 Monti Savorù (🚠 091 829 20 19), Lumino (🚌), Claro (🚌)

Bocchetta del Lago Nord - Passo del Mauro - Capanna Cava;
Alp di Rossiglion - Landarenca; Alp di Rossiglion - Boliv - Bocchetta
di Pianca Geneura - Passo del Mauro - Capanna Cava

# Capanna Cadagno

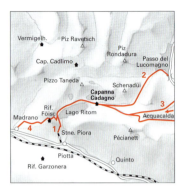

 1987 m
698.250 / 155.830

091 868 13 23

1252 Ambrì-Piotta
266 V. Leventina

SAT Ritom,
6775 Ambri

| 60 | | | | | | | | | SOS | | | |
|----|---|---|---|---|---|---|---|---|-----|---|---|---|
| 50 | | | | | | | | | | | | |

| I | II | III | IV | V | VI | VII | VIII | IX | X | XI | XII |
|---|----|----|----|---|----|-----|------|----|---|----|----|

In inverno guardiano solo in caso di gruppi
*Im Winter Hüttenwart nur für Gruppen*

☺
**i R**
Franco Dellatorre, casella postale 7, 6776 Piotta,
091 825 09 50

@ cadagno@bluewin.ch

**1** ☀❄
Stazione Piora - Lago Ritòm - Cadagno di fuori
(T1, 20' da Cadagno di fuori, 1 h 30' dalla Stazione Piora)

**2** ☀❄
Passo del Lucomagno - Passo dell'Uomo
(T1, 2 h 30')

**3** ☀❄
Acquacalda - Passo del Sole o Passo delle Colombe
(T2, 3 h 15')

**4** ☀❄
Airolo - Madrano - Bocchetta di Föisc - Lago Ritòm
(T2, 4 h 30')

☀❄
↔
Stazione Piora (🚂), Cadagno di fuori (🚕),
Passo del Lucomagno (🚐), Acquacalda (🚐), Airolo (🚂)

❄
↔
Stazione Piora (🚂), Airolo (🚂), Passo del Lucomagno (🚐)

🏂
Bassa del Lago Scuro - Capanna Cadlimo - Passo Bornengo -
Camona da Maighels; Passo di Gana Negra - Capanna Bovarina;
Acquacalda - Capanna Dötra; Passo del Sole - Passo Predèlp - Carì;
Lago Ritòm - Rifugio Föisc

# Capanna Cadlimo CAS

 2570 m
696.330 / 158.590

 1232 Oberalppass
256 Disentis

 091 869 18 33

 SAC Uto,
8000 Zürich

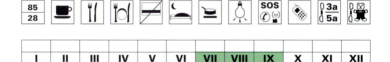

| I | II | III | IV | V | VI | VII | VIII | IX | X | XI | XII |
|---|----|-----|----|---|----|-----|------|----|----|-----|------|

 Erich Rüegsegger, 6781 Madrano/Airolo,
091 869 18 33 / 091 880 50 31 / Fax 091 880 50 30

 ruegsegger.erich@bluewin.ch
www.cadlimo.ch

**1** Stazione Piora - Lago Ritòm - Bassa del Lago Scuro
(T2, 3 h)

**2** Airolo - Alpe di Lago - Lago di Stabbiello - Pian Bornengo
(T2, 4 h 30')

**3** Passo del Lucomagno - Val Cadlimo
(T2, 3 h 30')

**4** Oberalppass - Val Maighels - Passo Bornengo
(T3, 5 h)

 Stazione Piora (🚌), Airolo (🚌), Passo del Lucomagno (🚐),
Oberalppass (🚌)

 Stazione Piora (🚌), Passo del Lucomagno (🚕), Oberalppass (🚌)

 Bassa del Lago Scuro o Bocchetta della Miniera - Capanna Cadagno;
Passo del Lucomagno - Capanna Bovarina o Capanna Dötra; Passo
Bornengo - Pass Maighels - Vermigelhütte - Andermatt; Val Canaria -
Pontino - Passo del San Gottardo

# Capanna Campo Tencia CAS

2140 m
699.440 / 144.470

091 867 15 44

1272 P. Campo Tencia
266 V. Leventina

CAS Ticino,
6900 Lugano

| 77 30 | ☕ | 🍴 | 🍽 | | 💤 | | 💡 | SOS 📞 | 📱 | 3a 6b | 🧸 |

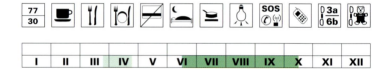

| I | II | III | IV | V | VI | VII | VIII | IX | X | XI | XII |

Franco Demarchi, via Malmera 31, 6500 Bellinzona
091 826 33 43 / 079 445 20 28

info@campotencia.ch
www.campotencia.ch

1
Dalpe - Piumogna - Croslina
(T2, 3 h)

2
Lago Tremorgio - Alpe Campolungo - Capanna Leit - Passo di Leit
(T2, 3 h 30' dal Lago Tremorgio)

Dalpe (🚌), Rodi (🚌), Lago Tremorgio (🚠 091 822 20 14)

Dalpe (🚌)

Passo di Leit - Capanna Leit; Passo di Ghiacciaione - Rifugio Sponda;
Passo Mognoi - Fusio; Pizzo Campo Tencia - Capanna Sovèltra -
Prato Sornico

# Capanna Cava

 2066 m
722.500 / 135.250

 1273 Biasca
266 V. Leventina

091 870 14 44

UTOE Torrone d'Orza,
6710 Biasca

| 50 50 | ☕ | 🍴 | 🍽 | | | | | 💡 | SOS | 📱 | | |
|---|---|---|---|---|---|---|---|---|---|---|---|---|

| I | II | III | IV | V | VI | VII | VIII | IX | X | XI | XII |
|---|---|---|---|---|---|---|---|---|---|---|---|

☺ i R  Franca Marcionetti, via Coira 4, 6710 Biasca,
091 862 38 57 / 079 517 88 58

i R  Ente Turistico Biasca & Riviera, 6710 Biasca,
091 862 33 27 / 091 862 42 69 (Fax)

@  www.utoe-biasca.ch

1  Biasca - Alpe di Compiett - Rifugio Alpe di Lago - Forcarella di Lago
(T3, 6 h)

2  Biasca - Svall - Forcarella di Cava
(T3, 5 h 45′)

3  Biorgh - Ponte di Giümela - Alpe di Sceng
(T2, 2 h 45′)

Biasca (🚌), Biborgh (🚐)

Biasca (🚌), Biborgh (🚐)

Passo del Mauro - Bocchetta del Lago Nord - Capanna Brogoldone;
Passo del Mauro - Bocchetta di Pianca Geneura - Landarenca o
Capanna Brogoldone; Biborgh - Rifugio Biasagn

# Alpetto Caviano

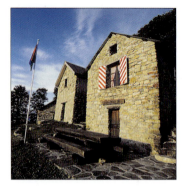

 1255 m
704.370 / 106.210

 1332 Brissago
286 Malcantone

Patriziato di Caviano,
6578 Caviano

| I | II | III | IV | V | VI | VII | VIII | IX | X | XI | XII |
|---|----|-----|----|----|----|-----|------|----|----|----|-----|

i Ente Turistico del Gambarogno, 6574 Vira,
091 795 18 66 / Fax 091 795 33 40

@ info@gambarognoturismo.ch
www.capanneti.ch

1 Caviano o Scaiano - Monti di Caviano
(T2, 2 h 30')

2 Armio - La Forcora - Alpe di Piero
(T2, 2 h)

Caviano (🚌), Scaiano (🚌), Ranzo-S. Abbondio (🚍), Armio (🚌)

Covreto - Indemini o Alpe di Neggia - Capanna Tamaro

# Capanna Cognora

 1938 m
705.750 / 137.050

 1272 P. Campo Tencia
266 V. Leventina

 Società Escursionistica
Verzaschese, 6632 Vogorno

| I | II | III | IV | V | VI | VII | VIII | IX | X | XI | XII |
|---|----|-----|----|---|----|----|-----|----|---|----|-----|

 Chiavi sulla porta d'entrata
*Schlüssel über der Türe*

 Felice Guidotti, 6596 Gordola,
091 745 37 25

 Carlo Matasci, 6598 Tenero,
091 745 45 18

 Luciano Tenconi, 6632 Vogorno,
091 745 28 87 (Tel+Fax)

 www.verzasca.com

 Sonogno - Cabioi
(T3, 3 h 30')

 Sonogno (🚐)

 Passo di Piatto - Rifugio Sponda o Chironico; Passo di Piatto o
Cabioi - Rifugio Barone; Madom Gröss - Capanna Efra

# Capanna Corno-Gries CAS

 2338 m
674.610 / 146.650

 1251 Val Bedretto
265 Nufenenpass

 091 869 11 29

 CAS Bellinzona e Valli,
6500 Bellinzona

| 52 |
|----|
| 52 |

| I | II | III | IV | V | VI | VII | VIII | IX | X | XI | XII |
|---|----|-----|----|---|----|-----|------|----|----|----|-----|

 Francesco Ponzio, 6534 San Vittore,
091 827 17 87

 CAS Sezione Bellinzona e Valli, casella postale 1282,
6501 Bellinzona

 info@capanneti.ch
www.casbellinzona.ch

 Ronco - All'Acqua - Alpe di Cruina (P.2002)
(T2, 1 h dall'Alpe di Cruina, 2 h 15' da All'Acqua, 3 h da Ronco)

 Nufenen/Abzw. Griespass (P.2303) - Passo del Corno
(T2, 1 h 30')

 Cruina (🚌), Nufenen/Abzw. Griespass (🚌)

Ronco (🚌)

San Giacomo - Rifugio Maria Luisa o Capanna Basòdino o Capanna
Cristallina; Griespass - Rifugio Città di Busto - Rifugio Cesare Mores;
Cruina - Capanna Piansecco

# Capanna Cristallina CAS

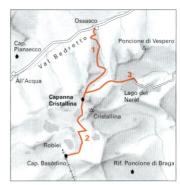

 2575 m
683.550 / 147.300

 091 869 23 30

 1251 Val Bedretto
265 Nufenenpass

 CAS Ticino,
6900 Lugano

| I | II | III | IV | V | VI | VII | VIII | IX | X | XI | XII |
|---|----|-----|----|---|----|-----|------|----|----|-----|-----|

 Eliana & Idalgo Ferretti, 6984 Pura,
091 606 51 04 / 079 686 15 96 / Fax 091 606 57 44

 info@capannacristallina.ch
www.capannacristallina.ch

 **1** Ossasco - Alpe di Cristallina - Passo di Cristallina
(T2, 4 h)

**2** Robiei / Capanna Basòdino - Passo di Cristallina
(T2, 2 h)

**3** Fusio - Lago del Narèt - Passo del Narèt - Passo di Cristallina
(T2, 2 h dal Lago del Narèt)

 Ossasco (🚌), Robiei (🚠), Lago del Narèt (🚐)

 Ossasco (🚌)

 Passo del Sasso Nero - Rifugio Poncione di Braga o Piano di Peccia;
Capanna Basòdino; San Giacomo - Capanna Corno-Gries; Bocchetta
di Val Maggia - Rifugio Maria Luisa; Passo della Cima di Lago -
All'Acqua - Capanna Piansecco; Passo del Narèt - Passo Sassello -
Rifugio Garzonera

# Capanna Dötra

 1749 m
710.545 / 154.375

 1253 Olivone
266 V. Leventina

📞 091 872 11 29

 SAT Lucomagno,
6718 Olivone

| I | II | III | IV | V | VI | VII | VIII | IX | X | XI | XII |
|---|----|----|----|---|----|----|----|----|----|----|----|

 Michael Reiter, 6822 Arogno,
079 478 55 42

 SAT Lucomagno, casella postale 175,
6718 Olivone

@ www.capanneti.ch

**1** Olivone - Sommascona - Piera - Calzanigo
(T1, 1 h 15' da Piera, 2 h 30' da Olivone)

**2** Campo Blenio - Cantonill
(T2, 3 h 30')

**3** Acquacalda - Croce Portera
(T2, 1 h)

 Camperio/Piera (🚌), Olivone (🚌), Campo Blenio (🚌),
Acquacalda (🚌)

 Olivone (🚌), Campo Blenio (🚌)

 Cantonill - Capanna Bovarina; Camperio - Capanna Gorda; Passo del
Sole o Passo delle Colombe - Capanna Cadlimo o Capanna Cadagno

# Capanna Efra

 2039 m
708.770 / 132.880

 1293 Osogna
276 V. Verzasca

 Società Escursionistica
Verzaschese, 6632 Vogorno

| 24 24 | | | | | | | | | | | |

| I | II | III | IV | V | VI | VII | VIII | IX | X | XI | XII |
|---|----|-----|----|---|----|----|------|----|----|-----|-----|

 Chiavi sulla porta d'entrata
*Schlüssel über der Türe*

 Lauro Nembrini, v. S. Nazario, 6515 Gudo,
091 857 85 29 / 076 548 67 98

 Luciano Tenconi, 6632 Vogorno,
091 745 28 87 (Tel+Fax)

 www.verzasca.com

 Frasco - Val d'Efra
(T2, 3 h 30')

 Bodio - Personico - Baséria - Monastéi - Passo del Gagnone
(T2, 6 h 30' da Bodio, 5 h 30' da Baséria)

 Frasco (🚌), Bodio (🚌), Baséria/Bacino Val d'Ambra (🚐)

 Bocchetta dello Scaiee - Bassa di Motto - Lavertezzo;
Cima di Gagnone - Cima di Bri - Alpe Fümegna;
Madom Gröss - Capanna Cognora

# Rifugio Föisc

 2200 m
694.300 / 154.275

 1252 Ambrì-Piotta
266 V. Leventina

 Patriziato di Altanca,
6776 Altanca

| I | II | III | IV | V | VI | VII | VIII | IX | X | XI | XII |
|---|----|-----|----|----|----|-----|------|----|----|----|-----|
|   |    |     |    |    |    |     |      |    |    |    |     |

**i R** Giulio Mottini, 6776 Altanca,
091 868 13 36

**i R** Arturo Mottini, 6776 Altanca,
091 868 13 92

**i** Leventina Turismo, 6780 Airolo,
091 869 15 33 / Fax 091 869 26 42

**@** arturo.mottini@bluewin.ch
www.ritom.ch / www.capanneti.ch

**1** Stazione Piora - Piatto dei Larici
(T2, 1 h 15')

**2** Lago Ritòm - Bocchetta di Föisc
(T2, 1 h 15')

**3** Brugnasco - Rütan - Piatto dei Larici
(T2, 3 h)

**4** Airolo - Madrano - Vadre - Rütan - Piatto dei Larici
(T2, 3 h 30' da Madrano, 4 h da Airolo)

Stazione Piora (🚂), Lago Ritòm (🚡), Brugnasco (🚐), Airolo (🚂)

Brugnasco (🚐), Airolo (🚂)

 Bocchetta di Föisc - Passo del Camoghè - Bochetta del Camoghè -
Lago di Tom - Capanna Cadagno o Capanna Cadlimo; Pian Alto -
Alpe di Lago - Val Canaria - Airolo o Passo del San Gottardo

# Alpe Fümegna

 1810 m
712.500 / 128.320

 1293 Osogna
276 V. Verzasca

 Compadroni
dell'Alpe Fümegna

| 15 15 | | | | | | | | | | |
|---|---|---|---|---|---|---|---|---|---|---|---|
| **I** | **II** | **III** | **IV** | **V** | **VI** | **VII** | **VIII** | **IX** | **X** | **XI** | **XII** |

 In estate possibilità di acquistare latte e formaggio
*Im Sommer Käse und Milch erhältlich*

 Dario & Rosanna Foletta, 6597 Agarone,
091 859 11 30 / 079 223 96 09

 www.verzasca.ch

 Lavertezzo - Cognera - Forno - Val Pincascia
(T2, 3 h 45')

 Lavertezzo (🚌)

 Forcarella di Lodrino - Alpe Stüell - Capanna Alpe d'Alva;
Poncione dei Laghetti - Poncione di Piotta - Bocchetta Cazzane -
Capanna Borgna o Capanna Alpe Lèis; Cima di Bri - Cima di
Gagnone - Capanna Efra

# Rifugio Gana Rossa

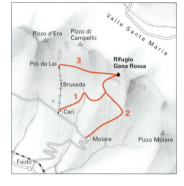

 2270 m
708.000 / 151.530

 1253 Olivone
266 V. Leventina

UTOE Pizzo Molare,
6760 Faido

| I | II | III | IV | V | VI | VII | VIII | IX | X | XI | XII |
|---|----|-----|----|----|-----|------|------|----|----|-----|-----|
|   |    |     |    |    |     |      |      |    |    |     |     |

 Trudy Pina, 6760 Carì,
091 866 28 13 / 079 711 47 60

**1** Carì - Carì di Dentro - Pesc Vert - Alpe di Vignone - Segna
(T2, 2 h)

**2** Molare - Tidöcc - Stou di Sotto - Alpe di Vignone - Segna
(T2, 2 h)

**3** Pro da Lei (⌐) - P.2198 - Piotte della Segna
(WS, 1 h)

 Carì (🚌), Molare (🚌)

 Molare (🚌), Pro da Lei (⌐)

 Carì di Dentro - Capanna Prodör; Passo Bareta - Capanna Gorda o
Capanna Piandios; Bassa di Canariscetto o Sella di Ör Languosa -
Valle Santa Maria

# Capanna Gariss

 1422 m
717.070 / 122.600

 1293 Osogna
276 V. Verzasca

 Patriziato di Preonzo,
6523 Preonzo

| | I | II | III | IV | V | VI | VII | VIII | IX | X | XI | XII |
|---|---|---|---|---|---|---|---|---|---|---|---|---|

**i R** Marco Genazzi, 6523 Preonzo,
091 863 19 23

**i R** Adriano Genazzi, 6523 Preonzo,
091 863 28 75

**i R** Patriziato di Preonzo, 6523 Preonzo,
091 863 31 81

**1** Moleno - Monti della Valle - Alpe di Ripiano
(T2, 3 h 30')

**2** Preonzo - Cher - Alpe di Ripiano
(T2, 4 h)

**3** Mornera - Capanna Albagno - Bocchetta d'Albagno
(T3, 4 h)

Moleno (🚌), Preonzo (🚌), Mornera (🚠 091 825 81 88)

Bocchetta d'Albagno - Capanna Albagno; Bocchetta della Cima
dell'Uomo - Passo di Ruscada - Capanna Borgna; Alpe di Lai -
Capanna Alpe Lèis

# Rifugio Garzonera

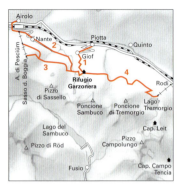

1973 m
693.870 / 150.480

1252 Ambrì-Piotta
266 V. Leventina

SAT Ritom,
6775 Ambri

| I | II | III | IV | V | VI | VII | VIII | IX | X | XI | XII |
|---|----|-----|----|----|----|-----|------|----|----|----|-----|

Riservazione obbligatoria
*Reservation obligatorisch*

**i R** Mariateresa Coppa, 6775 Ambrì,
091 868 11 77

**@** sat.ritom@ticino.com

**1** Piotta - Giof
(T1, 2 h 30' da Piotta, 1 h 30' da Giof)

**2** Airolo - Nante - Segna - Zemblasca
(T2, 3 h 30' da Airolo, 2 h 30' da Nante)

**3** Alpe di Pesciüm (estate/Sommer) o Sasso della Boggia
(inverno/Winter) - Alpe di Ravina - Zemblasca (T2, 2 h 30')

**4** Lago Tremorgio - Pian Mott - Cassin
(T2, 4 h)

Piotta (🚆), Airolo (🚌), Nante (🚆), Pesciüm (🚡),
Sasso della Boggia (🚡), Lago Tremorgio (🚡 091 822 20 14)

Piotta (🚆), Airolo (🚌), Nante (🚆), Pesciüm (🚡),
Sasso della Boggia (🚡)

Passo Sassello - Passo del Narèt - Capanna Cristallina;
Valle dei Cani - Capanna Leit

# Capanna Gesero

 1765 m
729.880 / 115.820

 091 827 12 71

 1314 Passo San Jorio
277 Roveredo

 UTOE Bellinzona,
6500 Bellinzona

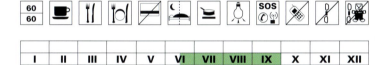

| I | II | III | IV | V | VI | VII | VIII | IX | X | XI | XII |
|---|----|-----|----|---|----|-----|------|----|----|----|-----|

| ☺ i R | Carletto Crotta, 6517 Arbedo,<br>091 829 39 20 / 076 528 13 40 |
|---|---|
| i R | Gabriele d'Andrea, via Pedemonte 40, 6500 Bellinzona,<br>091 825 28 30 |
| i R | Reto Capadrutt, via Pizzo di Claro 34, 6500 Bellinzona,<br>091 825 79 73 |
| @ | info@capanneti.ch<br>www.utoe.ch |
| 1 | Carena - Alpe Croveggia<br>(T2, 2 h 30') |
| 2 | Roveredo - Monti Laura - Alpe di Cadinello<br>(T2, 1 h 30' dai Monti Laura) |
| 3 | Arbedo - Valle d'Arbedo - Monti di Cò - Er del Gesero<br>(T2, 4 h 30') |
| | Carena (🚌), Monti Laura (🚌 091 825 25 25), Arbedo (🚌) |
| | Carena (🚌) |
| | Monti di Cò - Valle d'Arbedo - Arbedo; Passo S. Jorio - Gazzirola -<br>Capanna Monte Bar o Capanna San Lucio |

# Capanna Gorda

| | |
|---|---|
| 1800 m | 1253 Olivone |
| 713.020 / 150.700 | 266 V. Leventina |
| 091 871 16 40 | Società Nido d'Aquila, 6719 Aquila |

| 34 / 10 | ☕ | 🍴 | 🍽 | — | — | — | 💡 | SOS | 📱 | — | — |
|---|---|---|---|---|---|---|---|---|---|---|---|

| I | II | III | IV | V | VI | VII | VIII | IX | X | XI | XII |
|---|---|---|---|---|---|---|---|---|---|---|---|

**i R** Chiara Cima, 6717 Dangio,
079 671 86 80

**@** www.capanneti.ch

**1** Aquila - Grumarone - Gambanetto - Rambött - Sgianaresc
(T1, 3 h)

**2** Ponto Valentino - Largario - Fontanedo
(T1, 3 h da Largario, 30' da Fontanedo)

**3** Camperio (inverno/*Winter*: Pianezza) - Rambött - Sgianaresc
(T1, 2 h)

**4** Cambra - Pian Laghetto - Nàssera
(T2, 1 h 30')

Aquila (🚌), Ponto Valentino (🚌), Fontanedo (🚠), Camperio (🚌),

Ponto Valentino (🚌), Olivone/Sommascona (🚌),
Cambra/Nara 2000 (🚡)

Camperio - Capanna Dötra; Nàssera - Foiada - Capanna Piandios;
Passo Bareta - Rifugio Gana Rossa

# Capanna Grossalp

 1907 m
679.530 / 129.980

 1291 Bosco/Gurin
275 V. Antigorio

 091 754 16 80

 UTOE Locarno,
6600 Locarno

| 36 | ☕ | 🍴 | 🍽 | ⊘ | ☾⊘ | ⊘ | 💡 | SOS⊘ | 📱 | 3a 6b | 🚠⊘ |
|----|---|----|----|----|----|----|-----|------|-----|-------|-----|
| -  |   |    |    |    |    |    |     |      |     |       |     |

| I | II | III | IV | V | VI | VII | VIII | IX | X | XI | XII |
|---|----|----|----|---|----|----|------|----|---|----|----|

**i R** Centro turistico Grossalp SA, 6685 Bosco/Gurin,
091 759 02 02

**1** ☀❄ Bosco/Gurin - Naatscha
(T2, 1 h)

**2** ☀❄ ⛵ Grossalp/Rossboda
(T1, 10')

**3** ☀ Fondovalle - Alpe Stavello - Guriner Furggu
(T2, 3 h 30')

**4** ☀ Cimalmotto - Passo Quadrella
(T2, 3 h)

☀↔ Bosco/Gurin (🚌), Grossalp/Rossboda (⛵), Fondovalle (🚌),
Cimalmotto (🚌)

❄↔ Bosco/Gurin (🚌), Grossalp/Rossboda (⛵)

🔨 Bocchetta Formazzöö - Bocchetta dei Laghi della Crosa - Rifugio
Piano delle Creste

# Rifugio Al Legn

 1785 m
 694.960 / 108.620

 1332 Brissago
286 Malcantone

091 793 44 20

 Ass. Amici della Montagna,
6614 Brissago

| 12 |  |  |  |  |  |  |  |  |  |  |  |
|----|--|--|--|--|--|--|--|--|--|--|--|
| 12 | | | | | | | | | | | |

| I | II | III | IV | V | VI | VII | VIII | IX | X | XI | XII |
|---|----|----|----|----|----|-----|------|----|----|----|-----|
|   |    |    |    |    |    |     |      |    |    |    |     |

 Amici della Montagna di Brissago, Maurizio Pozzorini,
6614 Brissago, 091 793 14 63

Amici della Montagna di Brissago, Giuseppe Berta, 6614 Brissago,
091 786 80 50 (lu-ve / Mo-Fr 8-12h)

 giuseppeberta@bluewin.ch
www.capanneti.ch

**1** Brissago - Incella - Mergugno
(T2, 4 h da Incella, 1 h 45' da Mergugno)

**2** Brissago - Piodina - Cortaccio
(T2, 4 h da Piodina, 1 h 45' da Cortaccio)

**3** Rasa - Bordei - Val di Bordei - Bocchetta di Valle
(T3, 4 h 30' da Bordei, 5 h 30' da Rasa)

 Brissago (▭), Piodina (▭), Incella (▭), Rasa (🚠), Bordei (🚐)

 Brissago (▭), Piodina (▭), Incella (▭)

 Comasca - Alpe di Naccio - Arcegno o Rasa

# Capanna Alpe Lèis

 1801 m
715.240 / 122.970

 1293 Osogna
276 V. Verzasca

📞 Patriziato di Preonzo,
6523 Preonzo

| 14 | | | | | | SOS | | | |
|---|---|---|---|---|---|---|---|---|---|
| 14 | | | | | | | | | |

| I | II | III | IV | V | VI | VII | VIII | IX | X | XI | XII |
|---|---|---|---|---|---|---|---|---|---|---|---|

**i R** Marco Genazzi, 6523 Preonzo,
091 863 19 23

**i R** Adriano Genazzi, 6523 Preonzo,
091 863 28 75

**i R** Patriziato di Preonzo, 6523 Preonzo,
091 863 31 81

**1** Moleno - Monti della Valle - Alpe di Ripiano - Alpe Confienn
(T2, 5 h)

**2** Preonzo - Cher - Alpe di Ripiano - Alpe Confienn
(T2, 5 h 30')

**3** Mornera - Capanna Albagno - Bocchetta della Cima dell'Uomo -
Bocchetta Cazzane (T3, 5 h 30')

Moleno (🚌), Preonzo (🚌), Mornera (🚠 091 825 81 88)

Alpe di Lai - Capanna Gariss; Bocchetta Cazzane - Capanna Borgna
o Capanna Albagno; Bocchetta di Lèis - Lavertezzo o Poncione di
Piotta - Alpe Fümegna

# Capanna Leit

 2257 m
698.330 / 146.980

 1252 Ambrì-Piotta
266 V. Leventina

 091 868 19 20

SAT Mendrisio,
6850 Mendrisio

| 64 | | | | | | | | | | | |
| 64 | | | | | | | | | | | |

| I | II | III | IV | V | VI | VII | VIII | IX | X | XI | XII |
|---|----|-----|----|----|----|-----|------|----|----|----|-----|

periodo invernale (15.10.-1.6.) solo locale invernale con 5 posti
*im Winter (15.10.-1.6.) nur Winterraum mit 5 Plätzen*

**i R** SAT Mendrisio, casella postale 32, 6850 Mendrisio-Borgo,
079 632 83 55

**i** Enrico Zoppi, via Preagrossa 22, 6850 Mendrisio,
091 646 67 59

**i** Guido Sisini, via Pasta, 6850 Mendrisio,
091 646 17 52

**@** leit@satmendrisio.ch
www.satmendrisio.ch

**1** Rodi - Cassin di Venn - Lago Tremorgio - Alpe Campolungo
(T2, 3 h 30' da Rodi, 1 h 30' dal Lago Tremorgio)

**2** Dalpe - Scontra - Alpe Cadonighino - Passo Vanitt - Fris
(T2, 3 h 30')

**3** Fusio - Passo Campolungo
(T2, 4 h)

Rodi (🚌), Lago Tremorgio (☎ 091 822 20 14), Dalpe (🚌),
Fusio (🚌)

Passo di Leit - Capanna Campo Tencia; Valle dei Cani - Rifugio
Garzonera

# Capanna Mognone

 1463 m
716.720 / 117.230

 1313 Bellinzona
276 V. Verzasca

Patriziato di Sementina,
6514 Sementina

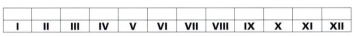

| I | II | III | IV | V | VI | VII | VIII | IX | X | XI | XII |
|---|----|-----|----|---|----|-----|------|----|---|----|----|

 Omar Guidotti, 6514 Sementina,
091 857 86 32 / 079 621 30 18

 Municipio di Sementina, via al Ticino 6, 6514 Sementina,
091 857 13 91

 www.capanneti.ch

**1** Sementina - San Defendente (Monti di Cima) - Monti di Boscaloro
(T2, 2 h da San Defendente, 3 h 30' da Sementina)

Sementina (🚌), San Defendente (🚐)

Sementina (🚌), San Defendente (🚐)

Capanna Orino; Alpe di Ruscada/Corte di Mezzo - Monti della Gana;
Alpe di Ruscada - Capanna Borgna o Capanna Gariss o Capanna
Alpe Lèis; Cima di Morisciolo - Capanna Albagno - Mornera

# Capanna Monte Bar

 1600 m
721.800 / 106.610

 1333 Tesserete
286 Malcantone

 091 966 33 22

 CAS Ticino,
6900 Lugano

 34 / 8    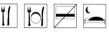     SOS

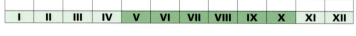

| I | II | III | IV | V | VI | VII | VIII | IX | X | XI | XII |
|---|----|-----|----|---|----|-----|------|----|----|-----|-----|

 In inverno acqua e servizi chiusi
*Im Winter Wasser und Toiletten geschlossen*

 Rosangela Morosoli, 6950 Tesserete,
091 943 18 49

 rosimoro@bluewin.ch
www.capanneti.ch

 Albumo/Corticiasca - Alpe Musgatina
(T2, 1 h 30')

 Roveredo - Monti di Roveredo - Alpe Rompiago
(T2, 4 h)

 Medeglia - Gola di Lago - Alpe Davrosio - Motto della Croce
(T2, 2 h 30' da Gola di Lago, 3 h 30' da Medeglia)

 Albumo/Corticiasca (🚌), Roveredo (🚌), Medeglia (🚌),
Gola di Lago (🚐)

 Albumo/Corticiasca (🚌), Roveredo (🚌), Medeglia (🚌),
Gola di Lago (🚐)

 Capanna San Lucio - Capanna Pairolo; Val di Serdena - Isone;
Bocchetta di Revolte - Valle Morobbia - Capanna Gesero

# Capanna Motterascio (Michela) CAS

 2172 m
720.060 / 161.420

 091 872 16 22 (Tel+Fax)

 1233 Greina
256 Disentis

 CAS Ticino,
6900 Lugano

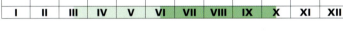

| I | II | III | IV | V | VI | VII | VIII | IX | X | XI | XII |
|---|----|-----|----|----|----|----|----|----|----|----|----|

 Ornella & Mimo Schneidt, 6964 Davesco,
091 941 56 56 / Fax 091 941 59 47

 emilioschneidt@bluewin.ch
www.capanneti.ch

 Campo Blenio - Diga di Luzzone - Garzott
(T2, 3 h 30' da Campo Blenio, 2 h 30' dalla Diga di Luzzone)

 Campo Blenio - Val Camadra - Capanna Scaletta - Crap la Crusch
(T2, 2 h dalla Capanna Scaletta)

 Vrin - Puzzatsch - Alp Diesrut - Pass Diesrut - Crap la Crusch
(T2, 4 h 30' da Puzzatsch, 5 h 15' da Vrin)

 Campo Blenio (🚌), Diga di Luzzone (🚌),
Ghirone/Pian Geirètt (🚌), Vrin (🚌), Puzzatsch (🚌)

 Campo Blenio (🚌)

 Diga di Luzzone - Capanna Scaradra - Passo Soreda - Läntahütte;
Diga di Luzzone - Val di Carassino - Capanna Adula; Crap la Crusch -
Camona da Terri o Capanna Scaletta; Plaun la Greina - Fuorcla Sura
da Lavaz - Camona da Medel

# Capanna Nimi

 1718 m
702.480 / 123.160

 1292 Maggia
276 V. Verzasca

 Patriziato di Maggia,
6673 Maggia

| I | II | III | IV | V | VI | VII | VIII | IX | X | XI | XII |
|---|----|-----|----|---|----|-----|------|----|----|----|-----|
|   |    |     |    |   |    |     |      |    |   |    |     |

 Pasti: solo polenta
*Mahlzeiten: nur Polenta*

 Pietro Zanoli, casella postale 14, 6672 Gordevio,
079 230 48 79

 info@gaissepeter.ch
www.gaissepeter.ch

**1** Gordevio - Brié - Archeggio - Brunescio
(T2, 4 h)

**2** Maggia - Ovia - Aiarlo - Costa di mezzo
(T2, 4 h)

**3** Cimetta - Cima della Trosa - Madone - Pizzo di Corbella -
Alpe di Valaa (T3, 4 h 30')

**4** Lavertezzo - Orgnana - Bocchetta di Orgnana
(T3, 5 h 30')

 Gordevio (🚐), Maggia (🚐), Cimetta (🚡), Lavertezzo (🚐)

 Bocchetta di Orgnana - Corippo o Mergoscia

# Capanna Orino

 1395 m
715.320 / 117.260

 1313 Bellinzona
276 V. Verzasca

 Patriziato di Gudo,
6515 Gudo

| 15 | | | | | | | | | | | |
|---|---|---|---|---|---|---|---|---|---|---|---|
| I | II | III | IV | V | VI | VII | VIII | IX | X | XI | XII |

 Silvano Antonini, 6515 Gudo,
091 859 18 27

 Claudio Verzasconi, 6515 Gudo,
091 859 15 33

 www.capanneti.ch

 Gudo/Progero - Monti del Laghetto
(T2, 3 h 30')

 Monti della Gana - Corte di Mezzo
(T2, 2 h)

 Sementina - San Defendente - Capanna Mognone - Pianche
(T2, 2 h 45' da San Defendente, 4 h 15' da Sementina)

 Gudo/Progero (🚌), Monti della Gana (🚐), Sementina (🚌),
San Defendente (🚐)

 Gudo/Progero (🚌)

Capanna Mognone; Alpe di Ruscada/Corte di Mezzo - Monti della
Gana; Alpe di Ruscada - Capanna Borgna o Capanna Gariss o
Capanna Alpe Lèis; Cima di Morisciolo - Capanna Albagno - Mornera

# Capanna Osola

 1418 m
697.470 / 131.460

 1292 Maggia
276 V. Verzasca

 Consorzio Alpe Osola,
6634 Brione Verzasca

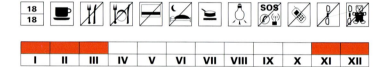

| | | | | | | | | | | | |
|---|---|---|---|---|---|---|---|---|---|---|---|
| I | II | III | IV | V | VI | VII | VIII | IX | X | XI | XII |

 Consorzio Alpe Osola, Casella postale 7,
6634 Brione Verzasca

 www.verzasca.ch
www.capanneti.ch

 Brione (Verzasca) - Daghéi di Dentro
(T2, 3 h)

 Brione Verzasca (🚌)

Passo del Cocco - Brontallo; Bocchetta di Tomè - Rifugio Tomeo;
Bocchetta di Mügaia - Sonogno; Bocchetta Canòva - Alpe di Spluga -
Giumaglio

# Capanna Pairolo

 1347 m
724.290 / 102.530

 091 944 11 56

1333 Tesserete
286 Malcantone

SAT Lugano,
6900 Lugano

| 40<br>21 | ☕ | 🍴 | 🍽 | | 🌙 | | 💡 | SOS | 📱 | 3a<br>6b | 🧸 |
|---|---|---|---|---|---|---|---|---|---|---|---|

| I | II | III | IV | V | VI | VII | VIII | IX | X | XI | XII |
|---|---|---|---|---|---|---|---|---|---|---|---|

 Michela Dellatorre, 6702 Claro,
091 863 28 46

 capannasanlucio@hotmail.com
(T1, 1 h)

 Cimadera - Costa del Roccolo
(T1, 1 h)

 Sonvico - Cioascio
(T2, 2 h 30')

 Cimadera (🚌), Sonvico (🚌)

 Cimadera (🚌), Sonvico (🚌)

 Cima di Fojorina - Capanna San Lucio - Capanna Monte Bar;
Denti della Vecchia - Pian di Scagn - Alpe Bolla - Brè Paese;
Passo Pairolo - Valsolda

# Capanna Pian d'Alpe

 1764 m
715.360 / 139.240

 1273 Biasca
266 V. Leventina

 091 864 25 25
078 841 81 60

 UTOE Torrone d'Orza,
6710 Biasca

| 37 |
|---|
| 8 |

| I | II | III | IV | V | VI | VII | VIII | IX | X | XI | XII |
|---|---|---|---|---|---|---|---|---|---|---|---|
|   |   |   |   |   |   |   |   |   |   |   |   |

☺ / i R — Alfreda Caprara-Chiecchi, Stradone Vecchio Sud 40, 6710 Biasca,
091 862 48 77

@ — fabio.chiecchi@bluewin.ch
www.utoe-biasca.ch

**1** Loderio - Visnóv - Censo - Pozzo di Dentro
(T2, 4 h)

**2** Alpe di Gardosa o Cancorì - Monte Püscett - Sosto
(T1, 1 h 30' dall'Alpe di Gardosa, 3 h da Cancorì)

**3** Sobrio - Cascine - Bassa dei Cantói
(T2, 2 h 30')

**4** Sobrio - Valècc - Ghis - Tenciaréu
(T2, 2 h 30')

Loderio (🚌), Semione (🚌), Alpe di Gardosa (🚐), Cancorì (🚠),
Sobrio (🚌)

Loderio (🚌), Semione (🚌), Alpe di Gardosa (🚐), Cancorì (🚠),
Sobrio (🚌)

Monte Püscett - Cancorì - Capanna Piandios

# Capanna Piandios

 1875 m
711.000 / 148.800

 076 400 03 01

 1253 Olivone
266 V. Leventina

 Sci Club Crap,
6724 Ponto Valentino

| 45 | | | | | | | | | | | |
|----|----|----|----|----|----|----|----|----|----|----|----|
| 14 | | | | | | | | | | | |

| I | II | III | IV | V | VI | VII | VIII | IX | X | XI | XII |
|---|----|----|----|----|----|----|----|----|----|----|----|

 Simone Banchini, via Miralago 16, 6963 Pregassona,
076 443 44 01 / 076 400 03 01

 banchinisimone@dcom.ch
www.capanneti.ch

 **1** Cancorì - Pianezza - Gariva
(T1, 1 h 30' da Cancorì, 40' da Gariva)

 **2** Cambra - Pian Laghetto
(WS, 30')

 Cancorì (⛟), Gariva (🚐)

 Cambra/Nara 2000 (⛟)

 Garina - Monte Püscett - Capanna Pian d'Alpe; Nàssera - Capanna
Gorda; Bassa di Nara o Passo Bareta - Rifugio Gana Rossa;
Passo Bareta - Passo del Sole - Capanna Cadagno

# Rifugio Piano delle Creste

2108 m
680.630 / 138.280

091 755 14 14

1271 Basòdino
265 Nufenenpass

Società Alpinistica
Valmaggese, 6676 Bignasco

| I | II | III | IV | V | VI | VII | VIII | IX | X | XI | XII |
|---|----|-----|----|----|-----|------|------|-----|----|----|-----|

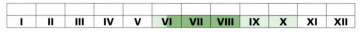

Fiorenzo De Rungs, 6675 Cevio,
091 754 16 79

Società Alpinistica Valmaggese, casella postale 45,
6676 Bignasco

**1** San Carlo - Corte Grande
(T2, 3 h 30')

**2** Rosèd - Alpe di Solögna - Bocchetta Fornasèl
(T4, 5 h)

San Carlo (🚌), Rosèd/Roseto (🚌)

Bocchetta della Crosa - Capanna Grossalp - Bosco/Gurin; Ghiacciaio
del Basòdino - Capanna Basòdino; Bocchetta di Fiorera - Valdo;
Tamierpass - Rifugio Maria Luisa o Canza

# Capanna Piansecco CAS

 1982 m
679.280 / 149.760

 1251 Val Bedretto
265 Nufenenpass

 091 869 12 14

 CAS Bellinzona e Valli,
6500 Bellinzona

 50 / 25        SOS  3a / 9a

| I | II | III | IV | V | VI | VII | VIII | IX | X | XI | XII |
|---|----|-----|----|---|----|-----|------|----|---|----|-----|

 Fam. Gisella Vella, 6781 Bedretto,
079 240 37 61 / 091 869 18 02 / Fax 091 869 18 94

 CAS Sezione Bellinzona e Valli, casella postale 1282,
6501 Bellinzona

 info@capanneti.ch
www.casbellinzona.ch

 **1** All'Acqua
(T2, 1 h)

 **2** P.2099 (Cruina) - Alpe di Maniò
(T2, 1 h 30')

 **3** Ronco - Cioss Prato
(T2, 1 h 30')

 **4** Passo del S. Gottardo/Galleria Banchi (ca. 1970 m) - P.2045 -
Rosso di dentro - Cassina dei Sterli - Alpe di Ruino (T3, 3 h)

 All'Acqua (🚌), Cruina (🚌), Ronco (🚌),
Airolo/Galleria Banchi (🚌)

Ronco (🚌)

Passo di Rotondo - Witenwasserenpass - Rotondohütte; Gerenpass -
Geretal - Oberwald; Passo San Giacomo - Rifugio Maria Luisa;
Cruina - Capanna Corno-Gries o Capanna Cristallina

# Rifugio Poncione di Braga

 2003 m
687.140 / 142.570

 1271 Basòdino
265 Nufenenpass

UTOE Locarno,
6600 Locarno

| 22 | | | | | | | SOS | | | |
|----|---|---|---|---|---|---|-----|---|---|---|
| 22 | | | | | | | | | | |

| I | II | III | IV | V | VI | VII | VIII | IX | X | XI | XII |
|---|----|----|----|----|----|-----|------|----|----|----|-----|
|   |    |    |    |   |    |     |      |    |   |    |     |

**i R** Livio Biadici, 6695 Piano di Peccia,
091 755 11 70

**@** www.capanneti.ch

**1** Piano di Peccia - cava di marmo/*Marmorbruch* - P.1452 - Corte di
Fondo di Sròdan (T2, 2 h 45')

Piano di Peccia (🚌)

Piano di Peccia (🚌)

 Bocchetta della Froda o Bocchetta del Masnee - Capanna Basòdino;
Cavallo del Toro - Passo del Sasso Nero - Capanna Cristallina

# Capanna Prou

 2015 m
720.080 / 143.920

 1273 Biasca
266 V. Leventina

 Ass. Amici della Valle
Malvaglia, 6713 Malvaglia

| 15 | | | | | | | | | | | |
|----|----|----|----|----|----|----|----|----|----|----|----|
| 15 | | | | | | | | | | | |

| I | II | III | IV | V | VI | VII | VIII | IX | X | XI | XII |
|---|----|----|----|----|----|-----|------|----|----|----|----|

 Associazione Amici della Valle Malvaglia, casella postale 255,
6713 Malvaglia, 091 870 15 64 / 091 825 10 36

 www.capanneti.ch

 Malvaglia - Dagro - Cascina di Dagro
(T2, 1 h 45' da Dagro, 4 h 30' da Malvaglia)

 Dagro ( 091 870 24 30), Malvaglia ( )

 Dagro ( 091 870 24 30), Malvaglia ( )

Prato di Cüm - Capanna Quarnei - Passo del Laghetto -
Capanna Adula UTOE / CAS

# Capanna Quarnei

2108 m
721.700 / 148.075

091 870 25 05

1253 Olivone
266 V. Leventina

Società Alpinistica Bassa
Blenio, 6713 Malvaglia

| 58 | ☕ | 🍴 | 🍽 | | 🌙 | | 💡 | SOS | 📱 | 3a | 🧸 |
|----|----|-----|-----|----|-----|----|-----|-----|-----|-----|-----|
| 15 |    |     |     |    |     |    |     |     |     | 6b  |     |

| I | II | III | IV | V | VI | VII | VIII | IX | X | XI | XII |
|---|----|----|----|---|----|-----|------|----|----|----|-----|
|   |    |     |     |   |    |     |      |    |   |    |     |

Raffaele & Nadia Califano, 6829 Riva San Vitale,
091 648 29 40 (Tel+Fax) / 079 230 45 21

Società Alpinistica Bassa Blenio, 6713 Malvaglia,
091 870 11 45 / Fax 091 870 14 77

sabb.quarnei@bluewin.ch
www.quarnei.ch

Dagro - Monda o Cusié - Alpe di Pozzo
(T2, 3 h 30' da Dagro, 1 h 30' da Cusié)

Malvaglia - Val Malvaglia - Dandrio - Alpe della Bolla -
Alpe di Prato Rotondo (T2, 5 h da Malvaglia, 2 h 15' da Dandrio)

Dagro - Alpe di Prou - Alpe di Sceru - Alpe di Pozzo
(T2, 4 h 30')

Dagro (🚠 091 870 24 30), Malvaglia (🚌), Cusié (🚙)

Dagro (🚠 091 870 24 30), Malvaglia (🚌)

Passo del Laghetto - Capanna Adula UTOE - Capanna Adula CAS;
Passo dei Cadabi o Vogeljoch - Zapporthütte

# Capanna Ribia

 1996 m
685.050 / 122.800

 1291 Bosco/Gurin
275 V. Antigorio

 Patriziato generale
d'Onsernone, 6662 Russo

| I | II | III | IV | V | VI | VII | VIII | IX | X | XI | XII |
|---|----|-----|----|----|----|-----|------|----|----|----|-----|
|   |    |     |    |    |    |     |      |    |    |    |     |

**i R** Tarcisio Terribilini, 6664 Vergeletto,
091 785 05 04 / Fax 091 797 12 33

**1** Vergeletto - Pièi - Alpe del Pianaccio
(T3, 4 h)

**2** Vergeletto - Valle della Camana - Alpe d'Albezzona
(T3, 4 h)

Vergeletto (🚌)

Bocchetta di Doia o Bocchetta di Catögn - Capanna d'Alzasca;
Piano delle Cascine - Capanna Alpe Arena; Pièi - Capanna Salei

# Capanna Salei

 1777 m
686.710 / 119.450

 091 797 20 32

 1311 Comologno
275 V. Antigorio

 Patriziato di Comologno,
6663 Comologno

| I | II | III | IV | V | VI | VII | VIII | IX | X | XI | XII |
|---|----|-----|----|---|----|-----|------|----|---|----|----|

☺ i R  Claudia Garzoli,
079 456 46 30

i R  Franco Remonda, 6661 Comologno,
079 648 27 62

1 ☀  ⛺ Salei
(T1, 10')

2 ☀  Comologno - Ligünc
(T2, 2 h)

3 ☀  Spruga - Pian Secco
(T2, 2 h)

☀ ↔  Salei (⛺ 091 797 17 07), Comologno (🚌), Spruga (🚌),
Vergeletto (🚌)

↗  Pièi Bachei - Capanna Alpe Arena; Pièi - Capanna Ribia; Vergeletto

# Capanna San Lucio

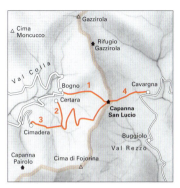

 1542 m
727.630 / 105.240

 091 944 18 29

 1334 Porlezza
287 Menaggio

 Propaganda Turistica,
6951 Bogno

| 22 |  |  |  |  |  |  |  | SOS |  |  |  |
|----|----|----|----|----|----|----|----|----|----|----|----|

| I | II | III | IV | V | VI | VII | VIII | IX | X | XI | XII |
|---|----|----|----|----|----|----|----|----|----|----|----|

 Gianni Mandelli, via del Tiglio 31, 6900 Lugano,
091 944 18 29 / 079 375 25 22

 capannasanlucio@hotmail.ch
www.capanneti.ch

 **1** Bogno - Alpe Cottino
(T2, 1 h 30')

**2** Certara - La Corte
(T1, 1 h 30')

**3** Cimadera - Nendum
(T1, 1 h 30')

**4** Cavargna - Colonè
(T1, 1 h 30')

 Bogno (🚐), Certara (🚐), Cimdera (🚐), Cavargna (🚐)

 Bogno (🚐), Certara (🚐), Cimdera (🚐), Cavargna (🚐)

 Bocchetta di San Bernardo - Capanna Pairolo; Alpe Pietrarossa -
Capanna Monte Bar; Rifugio Gazzirola - Gazzirola - Rifugio
Sommafiume - Capanna Gesero

# Capanna Scaletta

 2205 m
715.050 / 162.920

 1233 Greina
256 Disentis

091 872 26 28

SAT Lucomagno,
6718 Olivone

| 52 | 12 |
|----|----|

| I | II | III | IV | V | VI | VII | VIII | IX | X | XI | XII |
|---|----|-----|----|----|----|-----|------|----|----|----|-----|

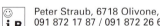 Peter Straub, 6718 Olivone,
091 872 17 87 / 091 872 26 68

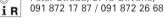 SAT Lucomagno, casella postale 175,
6718 Olivone

@ www.capanneti.ch/scaletta

Campo Blenio - Daigra - Ghirone/Pian Geirètt
(T2, 45' da Pian Geirètt, 2 h 30' da Daigra, 3 h 15' da Campo Blenio)

Ghirone/Pian Geirètt (🚌), Campo Blenio (🚌)

Campo Blenio (🚌)

Plaun la Greina - Camona da Terri; Crap la Crusch - Capanna
Motterascio; Pass Uffiern - Lago Retico - Capanna Bovarina;
Fuorcla Sura da Lavaz - Camona da Medel

# Capanna Scaradra

 2173 m
720.190 / 157.250

 1253 Olivone
266 V. Leventina

 Patriziato generale Aquila-
Torre-Lottigna, 6719 Aquila

| 13 |  | | | | | | | | | |
|----|---|---|---|---|---|---|---|---|---|---|
| 13 | | | | | | | | | | |

| I | II | III | IV | V | VI | VII | VIII | IX | X | XI | XII |
|---|----|-----|----|----|-----|-----|------|----|----|-----|------|
|   |    |     |    |    |     |     |      |    |    |     |      |

 Antonio Cima, 6707 Iragna,
076 465 21 37

 Alessio Rigozzi, 6719 Aquila,
091 872 13 85

 www.capanneti.ch

**1** Campo Blenio - Diga di Luzzone - Garzott - Val Scaradra
(T2, 3 h 30' da Campo Blenio, 2 h 30' dalla Diga di Luzzone)

Campo Blenio (🚌), Diga di Luzzone (🚌)

Campo Blenio (🚌)

Passo Soreda - Läntahütte - Vals; Garzott - Capanna Motterascio;
P.2450 - Dolee - Garzora - Garzott

# Capanna Sovèltra

 1534 m
 697.840 / 140.200

 1272 P. Campo Tencia
266 V. Leventina

(☎) 00873 762 602 293

(⌂) Società Alpinistica
Valmaggese, 6676 Bignasco

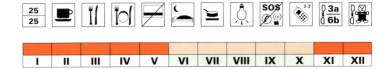

| 25 | ☕ | 🍴 | 🍽 | 🚫 | 🛏 | 🍲 | 💡 | SOS | ◇2-3' | 3a | 🧸 |
| 25 | | | | | | | | | | 6b | |

| I | II | III | IV | V | VI | VII | VIII | IX | X | XI | XII |
|---|----|-----|----|---|----|-----|------|----|---|----|-----|

**i R** Società Alpinistica Valmaggese, casella postale 111,
6676 Bignasco

**i** Arturo Rothen, 6678 Lodano, 091 753 13 25 (12-13h, 19-20h),
rothena@bluewin.ch

**i** Vallemaggia Turismo, 6673 Maggia,
091 753 18 85

(🔑) Efrem Foresti, 6694 Prato Sornico,
091 755 13 67

(@) sav@ticino.com
www.sav-vallemaggia.ch

**1** ☀ Prato Sornico - Monti di Predee - Capanna Sovèltra
(T2, 2 h 30')

☀ Prato Sornico (🚌), Fusio (🚌)
↔

(↰) Passo Fornale - Fusio o Mogno; Pizzo Campo Tencia - Capanna
Campo Tencia; Bocchetta della Campala - Rifugio Barone;
Schièd - Rifugio Tomeo; Larecc - Passo di Redorta - Rifugio Tomeo
o Sonogno

# Capanna Alpe Spluga

 1838 m
695.550 / 130.070

 1292 Maggia
276 V. Verzasca

 (telephone)

 Patriziato di Giumaglio,
6678 Giumaglio

| 14 | | | | | | | | | | | | |
|----|---|---|---|---|---|---|---|---|---|---|---|---|
| 14 | | | | | | | | | | | | |

| I | II | III | IV | V | VI | VII | VIII | IX | X | XI | XII |
|---|----|----|----|----|----|-----|------|----|----|----|-----|
| | | | | | | | | | | | |

**i R** Aron Piezzi, 6678 Giumaglio,
079 205 72 59

**i R** Silvano Sartori, 6678 Giumaglio,
091 753 12 49

**@** info@alpespluga.ch
www.alpespluga.ch

**1** Giumaglio - Arnau - Cortone
(T2, 4 h 45')

Giumaglio (bus)

Costa - Arnau - Giumaglio; Bocchetta Caanova - Capanna Osola;
Bocchetta di Spluga - Bignasco; Poncione Piancascia - Madom da
Sgióf - Capanna Nimi

# Rifugio Sponda

 1997 m
703.580 / 141.570

 1272 P. Campo Tencia
266 V. Leventina

 091 864 23 52

 SAT Chiasso,
6830 Chiasso

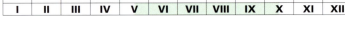

| I | II | III | IV | V | VI | VII | VIII | IX | X | XI | XII |
|---|----|-----|----|---|----|-----|------|----|---|----|-----|

⚠ Pasti solo su comanda, monete da -.20 per contatore gas
*Mahlzeiten nur auf Anfrage, Münzstücke -.20 für Gaszähler*

**i R** Mario Manzo, via F. Chiesa 10, 6833 Vacallo,
091 683 70 67

**i R** SAT Chiasso, casella postale 213, 6830 Chiasso,
091 682 84 21 (giovedì sera / Donnerstag abend)

@ mario.manzo@bluewin.ch
www.satchiasso.ch

**1** Chironico - Nalpes - Cala - Alpe Sponda
(T3, 3 h 30')

**2** Chironico - Nalpes - Cala - P.1497 - Piano del Ör - P.1567 -
Alpe Sponda (T2, 4 h)

Chironico (🚌)

Chironico (🚌)

 Passo di Ghiacciaione - Capanna Campo Tencia; Passo di Piatto -
Capanna Cognora; Bassa del Barone/P.2582 - Rifugio Barone;
Cala - Doro - Ces - Gribbio - Dalpe

# Capanna Tamaro

 1867 m
711.520 / 107.330

 091 946 10 08

 1333 Tesserete
286 Malcantone

 UTOE Bellinzona,
6500 Bellinzona

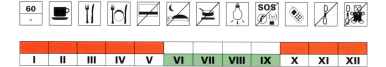

| I | II | III | IV | V | VI | VII | VIII | IX | X | XI | XII |
|---|----|-----|----|---|----|-----|------|----|----|----|-----|

☺
**i R** Jonatha Columberg, 6516 Gerra Piano,
091 859 12 46

🔑
**i R** Enrico Delzanno, Al Mai 51,
091 857 35 38

@ info@capanneti.ch
www.utoe.ch

**1** Alpe Foppa (Corte di Sopra) - Manera
(T1, 1 h)

**2** Alpe di Neggia - Tamaretto
(T2, 1 h 30')

Alpe Foppa (⛩), Alpe di Neggia (🚟)

Monte Gradiccioli - Monte Lema - Miglieglia; Alpe Foppa - Monte
Ceneri; Bassa di Indemini - Indemini

# Rifugio Tomeo

 1739 m
696.210 / 135.730

 1272 P. Campo Tencia
266 V. Leventina

 Patriziato di Broglio,
6693 Broglio

| I | II | III | IV | V | VI | VII | VIII | IX | X | XI | XII |
|---|----|-----|----|----|----|-----|------|----|----|----|-----|

 Mario Donati, 6693 Broglio,
091 755 13 05 / Fax 091 755 13 20

 donatism@ticino.com

**1** Broglio - Val Tomè
(T3, 3 h)

Broglio (🚌)

Passo di Redorta - Sonogno; Bocchetta di Tomè - Capanna Osola;
Alpe Pertüs - Val di Prato - Capanna Sovèltra

# Rifugio Ai Tör

 1275 m
715.520 / 133.590

 1293 Osogna
276 V. Verzasca

 Patriziato d'Iragna,
6707 Iragna

| I | II | III | IV | V | VI | VII | VIII | IX | X | XI | XII |
|---|----|-----|----|----|----|-----|------|----|----|----|-----|

 Rossano Martinetti, 6707 Iragna,
079 227 18 26

 Iragna - Pozzo
(T2, 2 h 45')

 Iragna/Prealberto - Monda - Sceresa - Pozzo
(T2, 3 h)

 Iragna (🚌), Iragna/Prealberto (🚌)

Iragna (🚌), Iragna/Prealberto (🚌)

 Malsegro - Monda - Bacino Val d'Ambra - Personico; Pozzo -
Traversa - Citt - Alpe di Larecc - Capanna Alpe d'Alva

# Index
## Indice

© Marco Volken

Voralphütte SAC